Cultural Tourism

문화유산 관광자원관리론

Bob Mckercher · Hilary du Cros 저
조 명 환 역

The Partnership Between Tourism
and Cultual Heritage Management

백산출판사
BAEKSAN Publishing

저자약력

Bob McKercher박사는 홍콩폴리테크닉 대학교 호텔관광경영학과 관광전공 부교수로 재직중이다. 그는 1990년 이후 호주와 홍콩 2곳에서 관광학위를 받았다. 그 이전에는 캐나다 관광산업 현장에서 일하였다. 그의 현장경험으로는 캐나다에서 가장 큰 지역 자연관광협회의 최고책임자로서 정책을 수립하였을 뿐만 아니라 자연중심관광부문에서 실무경험도 가지고 있다. Dr. McKercher는 자연중심관광, 지역관광개발, 관광마케팅, 관광교육관련 다양한 주제에 관한 100여 편 이상의 논문과 연구보고서가 있다. 그는 호주 Melbourne 대학교에서 박사학위를, 캐나다 Ottawa Carleton 대학교에서 석사학위를, 캐나다 Toronto 대학교에서 학사학위를 받았다.

Hilary du Cros박사는 홍콩에서 문화유산분석가 및 이론가로 활동중이다. 그녀는 호주에서 15년간 유산자문가로서 일해왔다. 호주에서 가장 큰 유산자문회사 가운데 하나를 운영하기도 했다. Dr. du Cros는 문화관광에 관한 International Scientific Committee인 International Council on Monuments and Sites (ICOMOS) 회원이기도 하다. 그녀는 1997~1999년 사이 호주지역 ICOMOS의 최고위원 중에 한 사람으로 활동해왔다. Dr. du Cros는 2000년에는 세계관광기구가 추진한 중국 운남성 관광마스터플랜 수립시 사회문화분석가로 참여하기도 했다. 그녀는 현재 UNESCO에서 추진하고 있는 아시아지역 관광프로젝트에 문화유산전문가로 조언을 하고 있다. Dr. du Cros는 호주 Melbourne에 있는 Monash 대학교에서 박사학위를 받았고, Sydney 대학교에서 학사학위를 받았다. 그녀는 Much More than Stone and Bones : Australian Archaeology in the Late 20th Century and Women in Archaeology : A Feminist Critique를 포함한 40여 편의 연구물들이 있다.

옮긴이의 글

1999년 8월에 G. Richards가 편저한 『*Cultural Tourism in Europe*』을 『문화관광론』이라는 번역서를 출간 후, 이번에는 2002년 Bob McKercher와 Hilary du Cros가 공저한 『*Cultural Tourism : The Partnership and Cultural Heritage Management*』를 『문화유산 관광자원관리론』이라는 번역서를 출간하게 되었다. 앞의 책이 문화관광의 중요성, 사회적·경제적·정책적 배경을 바탕으로 EC 12개국 문화관광자원별 이용객 추이분석과 이를 효과적으로 관리하기 위한 제반 정책을 다루고 있다면, 이번의 번역서에서는 문화유산을 어떻게 효과적으로 관리하면 관광객들에게는 관광욕구를 충족시켜주고, 관광산업에 도움이 될 것인지, 한 걸음 더 나아가 문화유산의 보존·보호에도 도움이 될 수 있는지 이른바 일거양득의 동반자 관계를 다루고 있다고 할 수 있다.

지금까지 문화유산, 문화재라는 용어만 나오더라도 절대로 손이 닿아서는 안 되는 신성불가침한 것으로 인식되어온 것도 사실이다. 그리고 모든 개발정책들과는 맞서는 그런 분야이기도 하다. 그러나 아이러니하게도 우리나라의 경우 국내외 관광객들이 많은 유산자원을 관람하고 있다는 사실이다. 박물관, 고궁, 미술관, 축제, 민속마을도 마찬가지 경향을 보이고 있다. 그렇다면 보존·보호 때문에 그 어느 누구도 접근할 수 없다는 명분은 약한 게 사실이다. 최소한의 수입으로 문화유산자원의 보존·보호에 필요한 비용을 충당할 수 있는 게 효과적인 관리정책이 될 수 있다. 물론 어느 것 하나를 강조하게 되면 그에 따른 폐해가 있기 마련이다. 책 제목에서도 시사하듯이 관광과 문화유산관리는 별개가 아닌 동반자적 관계를 유지하는 게 무엇보다 중요하다.

관광도 그렇지만 문화유산관리정책이 아직까지 우리나라에서는 피상적이라 할 수 있다. 그러한 예로 문화재청이 2007년도에 발간한 『문화재 연감』 내용 중에는 문화재의 관광자원화, 문화유적의 관광자원화, 문화관광상품화지원, 문화재 안내판 정비, 문화재 전시관 건립이 있다. 이들 목차만 봐도 너무 구태의연한 성과주의의 냄새가 짙다. 즉 문화관광자원을 이용하는 관광객을 고려하지 않고 있음을 알 수 있다. 이와는 달리 이번에 출판되는 번역서의 하위 목차들을 살펴보면 관광과 문화유산관리의 핵심이슈를 비롯해 지속가능한 문화관광 달성과정에서의 도전들은 어떤 것이 있으며, 관광의 역할, 문화유산관리, 유형문화유산, 무형문화유산 및 관리, 문화관광상품, 상품화, 문화관광시장, 관광정보제공원천, 평가, 자원감사 및 계획화, 마케팅, 연출과 유산관리들로 구성되어 있다. 말 그대로 관광적 측면에서나 문화유산관리 측면 모두에서 어떻게 하면 효과적으로 관리할 수 있을 것인가에 대한 소프트웨어적 대안들을 제시하고 있는 게 특징이다.

이 책을 번역하면서 우리말로 표현하기 어렵거나 애매한 경우는 괄호안에 원어를 제시하였다. 혹시라도 독자들의 견해와는 다를 수 있음을 양지해 주시기 바라며, 관광분야의 학생들이나 관광상품을 기획하는 기획자들, 문화유산의 관리자나 관련정책 입안자들에게 이 책의 내용이 조금이라도 보탬이 되었으면 하는 바람이다. 그리고 어려운 출판사 사정에도 불구하고 기꺼이 번역서 출판에 응해주신 백산출판사 진욱상 사장에게 고맙다는 말씀을 드리고 싶다.

2008년 4월

동아대학교 경영대학 국제관광학부

옮긴이 **조 명 환**

저자서문

과거 몇 년 동안 세계 전역을 여행하는 과정에서, 문화관광과 문화유산관리(CHM: cultural heritage management)는 같은 맥락에서 그 활동효과를 논의하고 있다. 이같은 사실은 문화유산관리와 관광산업은 문화와 유산자원의 관리, 보호, 제시와 밀접한 관계를 유지하고 있음을 의미하고 있다. 걸출한 관광상품을 생산하는 데는 문화 및 유산이 영향력을 주지만, 역사적 고립은 문화관광을 빈약하게 만들기도 한다.

그 결과 사회적·환경적·윤리적인 책임과 지속가능한 방법으로의 자원관리가 되지 않고 훼손됨으로써 방문객에게 질 높은 관광경험을 제공하는 데 대부분 실패하고 있다.

때때로, 이러한 실패는 지방문화유산자원을 부도덕한 관광오퍼레이터들이 그들의 개인적인 이해관계 때문에 이기적으로 이용하는데 기인하고, 이로 인해 자원들의 지속적인 보호와 관광지에 돌아가는 이익은 거의 없는 경우도 있다.

마찬가지로, 일부 문화유산 관리자들은 관광에 대한 깊은 증오와 관광과 관련해서는 무조건 반대하는 입장을 가지고 있다.

이런 상황에서의 관광객은 기대수준 이하의 경험을 함으로써 실망을 하게 된다. 결국, 이런 문화유산들과 지역주민이 방문객의 관광경험의 질과 기대를 충족시켜 주지 못한다면, 이들 방문객은 다른 곳으로 발길을 돌릴 수밖에 없다. 하지만 대부분의 경우, 많은 문화관광활동들에 대한 기대수준 이하의 효과는 문화관광에 대한 이해 부족과 각 영역들이 지나칠 정도로 고지식한 데도 그 원인이 있다. 좋은 의미에서 문화유산 관리자들은 그들 자신이 문화관광자원의 관리자로서, 촉진자로서의 역할을 맡은 이상 이를 지켜 나가기 위해서는 투쟁을 해야 하는 경우를 많이 보고 있다. 반면에, 투어 오퍼레이터와 관광마케터들은 지방문화와 유산자원에 대해 거의 무지한 상태로서 신뢰할 수 없는 문화적 우둔함을 보이고 있는 경우도 많다.

그리고 많은 관광객들은 적절치 못한 방법으로 행동하는 경우도 많이 목격되고 있는 것도 사실이다. 물론 이들 관광객들은 악의는 아니지만 그들에게는 관광산업의 주어진 상황 하에서 받아들일 수 있는 행동이라는 범주 내에서 행동하거나 아니면 어떻게 행동해야 할지에 관한 정보가 없는 데서 비롯된다.

이 책은 문화유산관리와 관광 사이의 갭을 줄이려는 시도에서 저술되었다. 이 책은 문화유산관리와 관광분야의 직업을 가진 사람이나 학생들에게 읽혀져서 문화관광관리 그 자체의 역할 이해는 물론 관심, 가치형성에 도움이 되었으면 한다. 가장 중요한 점은, 어떻게 하면 문화유산관리가 관광산업과 상호 이익을 실현시켜가면서도 동반자로서 작용할 수 있을 것인지에 관한 대안을 제시하는 데 있다.

실질적인 의미에서, 이 책의 내용은 관광과 문화유산관리와는 결합관계임을 전제하고 있다. 이 책은 관광마케팅과 문화유산관리 측면, 그리고 실제적으로 많은 문화유적지에서 발생하고 있는 사례까지를 포함하고 있다. 이 책의 저자인 Bob McKercher는 처음에는 관광관련 직장에서 오퍼레이션 역할을 오랫동안 해왔고 최근에는 학문적인 영역에 관심을 가지고 있다. Hilary du Cros는 문화유산관리직에 오랫동안 종사해 왔다. 그리고 그는 호주 고고학과 유산관리 기업의 자문역을 수행해 왔을 뿐만 아니라 관련 학문분야에서도 왕성한 연구활동을 하고 있다. 지난 십년 동안 세계인들은 이 두 분야 학문의 독특성을 이해하려는 데 많은 노력을 기울여 왔다. 이 책은 전문성도 띠지만 일반 교양적인 측면의 내용도 다루고 있다.

감사의 글

이 책이 발간되기까지는 많은 조직과 개인들의 직·간접적인 역할이 있었다. 무엇보다도 먼저 홍콩특별자치구와 특히 홍콩문화관광에 관한 대규모 연구를 수행해오고 있는 Grants 대학 위원회에 감사드린다.

더불어, 홍콩의 지속가능한 문화관광계획을 수립하고 있는 Lord Wilson Heritage Trust사에도 감사드린다.

그리고 Chris Johnston of Context Proprietary Ltd.와 호주 Melbourne의 Cultural Heritage Planners, 그리고 이 책 내용에 대해 여러 가지 조언을 해준 홍콩의 Billie Chow So Ming과 Pamela Ho Sau Ying에게도 감사의 말을 전한다. 이 밖에도 몇 년에 걸쳐 구두로 공식적, 비공식적으로 조언을 해준 수많은 문화유산 관리자, 소유주, 관광자원 오프레이터와 학자들에게도 감사를 드린다. 끝으로 Oscar, Lily, Poppy, Ben, Mimi의 격려도 고맙게 생각한다. 많은 사람들이 이 책의 성공적인 출판을 위해 도와주었지만, 부족한 점이 많음을 양해해주기 바란다.

목 차

제4장 문화유산관리 61

제5장 유형문화유산 83

제6장 무형의 유산 및 관리 101

제1장

도 입 부

문화유산
관광자원관리론

문화관광은 새로운 관광현상으로서 가장 오래된 논쟁의 대상이 되어 왔다. 로마 시대 이후 사람들은 지금 문화관광이라 부르는 관광동기 목적으로 여행을 계속해오고 있다. 그러나 이런 사람들을 다른 여행자집단과 분리하여 인식하지는 않았다. 역사유적지, 문화행사가 펼쳐지는 곳의 방문이나, 스페셜이벤트와 축제 참가, 박물관 관람 모두는 전체 관광경험의 일부를 구성하게 된다. 실제로 모든 여행이 문화관광요소를 포함하고 있다. 그러나 문화관광의 본질적인 측면에서 본다면 하나의 분리된 여행자집단으로 인식을 결코 해보지 않았다는 점이다. 역사유적지, 이목이 집중되는 문화행사지 방문이나, 특별이벤트와 축제참가, 박물관 방문은 언제나 전체 관광경험의 일부분으로서 작용하고 있다.

실제 모든 여행은 문화적 요소를 포함하고 있다. 그러나 본질적인 면에서 여행의 의미는 인근의 도시이든, 원거리이든 간에 그들의 거주지와 문화를 떠나서 일시적으로 다른 문화적 환경 속으로의 이동을 뜻한다. 그러므로 문화관광은 관광객과 관광객을 맞이하는 커뮤니티 모두에 또다른 무엇을 제공하는 것으로 볼 수 있다.

1970년대 관광마케터와 관광연구자들은 문화관광을 많은 사람들이 특별히 목적지의 문화와 문화유산에 대해 보다 깊은 이해를 위해 여행하는 것으로 이해했다(Tighe 1986). 처음에는 문화관광은 교육을 많이 받고, 보다 잘사는 소수의 관광객들이 휴가철에 기존의 모래, 바다, 태양과 같은 것이 아닌 다른 무엇을 추구해 떠나는 것으로 이해되었다. 그러나 1990년대에 접어들어 대량관광시장이 세분화되기 시작하면서 문화관광은 보다 분명한 대량관광활동으로 인식되기 시작했다. 관계자료에 따르면, 국제관광객의 35～70%가 문화관광객이라는 것이다(Richard 1996c ; Antolovic 1999). 이런 통계수치에 근거한다면, 매년 2억 4천만 명 정도의 문화관광객이 국제여행을 하고 있다는 결론이다. 오늘날 다소 논쟁이 있을 수 있지만, 문화관광은 새로운 관광의 추세인 생태관광을 능가하고 있다. 그리고 관광지들은 관광이 가져다 줄 부정적 영향은 고려하지 않고 관광객 소비를 위해 그들의 문화 및 유산자원을 촉진하는 문화관광 시류에 편승하는 분위기이다. 그 결과 문화관광에서는 문화유산관리에 대해 지금까지 전혀 주의를 기울이지 않고 있다는 점이다. 사실상, 문화관광의 성장은 문화유산자원을 황폐화시킬 위험이 크기 때문에 보호와 보존의 필요성이 범사회적 이해를 수반하고 있는 것도 사실이다. 그러나 문화관광은 지역사회의 문화유산관리와는 양면의 칼날과도 같다.

다른 한 측면은 관광객의 문화관광에 대한 증가된 수요는 보존활동을 확대시켜 나가야 한다는 강력한 정치적·경제적 정당성을 부여하게 된다. 방문객의 증가, 지나친 사용, 부적절한 사용, 극단적인 경우 이런 자원들에 대한 문화적 가치들을 고려하지 않은 채 상품화를 시도하여 보전조차도 위협을 받는 경우가 있다. 그로 인해 문화유산관리 옹호자들은 관광으로 인한 부적절한 사용으로부터 문화적 가치를 보호하기 위해 정책들을 제시하기 시작했다(국제 기념물·유적지 위원회 : International Council on Monuments and Sites [ICOMOS] 1976).

따라서 하나의 상품으로서 그리고 문화유산관리 이슈가 서로 평행선을 긋고 있기 때문에 문화관광이 하나의 독립된 영역으로서의 진화가 크게 이루어지지 않고 있다.

크게는 이 두 부분은 여전히 평행선으로 나갈 것이며, 이 둘 사이는 진정한 동반자 관계를 보일 것이라는 실질적인 증거도 거의 없다. 그러나 문화관광은 문화관광관리(문화유산자원의 보존에 대한 학습)와 관광관리대상(관광시장에의 소구, 관광상품화) 양자 모두를 성취할 수 있고, 그리고 성취 가능하며, 또 그렇게 되어야만 한다. 이론적으로는 이 목적을 성취하는 데는 어려움이 많다. 한 가지 목적을 추구하자면 다른 한 가지 목적달성에는 배치되기 때문이다(Berry 1994; Boniface 1998; Jacobs · Gale 1994; Jansen-Verbeke 1998). 그 대신 많은 경우 한 가지 요소가 희생되거나 또다른 하나의 목적달성을 위해 자리바꿈을 하게 된다. 문화자원의 완전성이 유지되거나, 문화가치가 관광으로부터의 이익과 타협하지 않는다는 범위에서 관광가치가 결정되어야 한다. 관광 혹은 문화유산관리 어느 것 하나를 성취하기 위해 심사숙고하지 않는다면 문화관광부문의 결과는 최상이 아닌 차선에 머무를 것이다.

지속가능성(sustainability)은 하나의 가치 세트가 다른 하나의 가치 세트를 위해 절충하는 그런 상황을 중지할 때 발생가능하다. 그 대신 관광과 문화유산관리는 공동의 목표 달성을 위해 서로 노력하는데 관심을 가져야 한다. 그러나 이 과업은 각자의 역할 수행시 역사의식 부족으로 인해 복잡해지며, 이 양자가 서로 다른 방향으로 노력하거나 양립불가능한 목표들로 생각하고 있다. 같은 자원을 공유한다는 생각보다는 통상적으로 당사자들은 자신들의 이해관계에서만 이해하려고 하고 또다른 부분이 있음을 인정하지 않으려고 한다.

이들 양 부문은 학문적 기반의 상이성과 지지 그리고 다른 역할을 수행하고 있다. 그리고 이들 두 부문은 다른 정치적 지배를 받고 있고, 서로 다른 이해자 집단을 고려하고 있다. 결과적으로 상대편을 무시하거나, 다른 집단의 동기를 의심스럽게 느끼게끔 만든다. 이 책은 관광과 문화유산관리가 문화관광에 상호작용하고 있다는데 대한 이해를 촉진시키고자 하는 데 있다.

1. 문화관광의 정의

문화관광이란 무엇인가? 이것은 간단한 질문처럼 보이나 문화관광객의 수만큼이나 많은 정의와 정의간 차이 때문에 실제적으로는 매우 대답하기 어렵다. 국제기념물 · 유적지위원회(INCOMOS) 미국 지부에서는 문화관광이란 명칭을 사람들마다 그리고 문화관광 대상을 다양하게 제시하고 있어 거기에는 장단점이 있음을 지적하고 있다(USICOMOS 1996:17). 이 책을 집필하기 위해 문화관광과 관련한 일련의 정의들을 검토한 결과 바로 위의 주장이 사실임을 알 수 있었다. 학자들의 정의는 크게 4가지 범주 즉 관광중심적 정의(tourism derived), 동기부여적 정의(motivational), 경험적 정의(experiential), 조작적 정의(operational)로 분류되고 있었다.

아마 이런 정의의 다양성은 각 부문의 성격과 문화관광을 구성하고 있는 상품과 경험의 다양성 때문에 어느 정도 예상될 수 있다. 더욱이 연구자들은 그들 자신의 연구목적에 부합시키기 위해 애매한 개념으로 유형화시킨다. 몇몇 정의들은 매우 포괄적이며, 또다른 정의들은 너무 좁고 이기주의적인 경향도 있다. 문화관광의 정치지향적 정의들은 가능하면 소비자들의 관심수준을 나타내 보이기 위해 포괄적으로 정의하는 경향이 있다. 그를 통해서 문화유산관리활동에 투자를 정당화시키는 것이다. 마찬가지로, 마케팅 중심의 정의에는 해당 부문에 마케팅자원들을 보다 많이 할당하려고 노력하고 있다. 반면에 문화관광을 그와 관련된 활동 혹은 세트로 좁게 정의하는 경우는 진정한 문화관광이 되기 위해서는 다른 주변적인 활동도 포함시키는 경향을 보이고 있다.

가. 관광중심적 정의

관광중심적 정의에서는 관광과 관광경영이론이라는 보다 폭넓은 체계 속에서의 문화관광을 위치시키고 있다. 예를 들면, 문화관광은 특별흥미관광(special interest tourism)의 한 형태로서 인식되고 있다. 이런 경우 문화는 관광객을 유치하거나 사람들로 하여금 여행하게끔 동기부여시키는 역할을 하게 된다(McIntosh · Goeldner 1990; Zeppel 1992; Ap 1999). 다른 하나는 하나의 관광시스템 상황하에 두게 될 경우, 문화관광은 사람, 장소, 문화유산과의 상호관련성까지도 포함하게 되거나(Zeppel · Hall, 1991), 사람들의 일시적 이동까지도 문화관광으로 정의하는 경우도 있다(Richards 1996c). 문화관광은 국내관광은 물론 외국인 관광객을 위한 다양한 유적지 혹은 자원들에 대해 개발과 마케팅을 포함한 하나의 사업적 관점으로 개념화되고 있다(Goodrich 1997).

나. 동기부여적 정의

일련의 연구자들과 비정부기구(nongovernmental organization ; NGOs)는 꼭 관광목적이 아닌 다른 동기로 인한 여행인 경우도 문화관광을 정의하는데 매우 중요한 요소로 생각하고 있다(Richards 1996b). 세계관광기구(World Tourism Organization ; WTO)는 문화관광을 기본적으로 사람들이 학술관광, 예술공연, 문화관광, 축제 및 이벤트 참가여행, 유적지와 기념물 방문, 자연, 민속, 예술연구 및 종교여행을 목적으로 이동하는 것으로 정의하고 있다(WTO 1985:6). 이와 유사하게 캐나다 온타리오시에서는 문화관광을 관광지 외부에서 지역사회, 지역, 단체 혹은 기관에서 제공하는 역사적, 예술적, 과학적, 혹은 생활스타일 내지 문화유산에 대해 일부 또는 전체적으로 동기부여되어 방문하는 것으로 정의하고 있다(Silberg 1995: 361).

다. 경험적, 열망적 관점에서의 정의

하지만 동기부여만으로는 문화관광의 중요성을 충분히 요약하지 못한다. 문화관광은 역시 경험적 활동이고, 많은 사람들이 문화관광자원을 보고자 하는 열망적인 요소까지도 포함한다. 문화관광은 독특한 사회적 구조, 유산, 지역의 독특한 특성을 지닌 최소한의 다른 강도의 접촉 내지는 경험을 포함하고 있다(TC 1991: Blackwell 1997; Schweitzer 1999). 관광객의 문화적인 경험은 즐거움은 물론 교육적인 측면에서도 바람직하며(VICNET 1996), 그리고 지역사회에 관한 학습의 기회도 가지며(IDCCA 1997), 특정지역이나 지역사회와의 연상된 내용, 그 지역의 유산과 문화적·자연적 경관의 중요성을 알 수 있는 계기가 될 것이다(AHC·TCA 1999). 심지어 어떤 사람들은 문화관광을 보다 폭넓은 이해를 위한 탐색 및 연구로 인식하고 있다(Bachleitner·Zins 1999 ; Hannabus 1999). 이런 사람들은 문화관광을 과거 문화관찰을 통하여 현재라는 상이한 관점에서 이해하는데 도움을 준다는 주장이다.

라. 조작적 정의

조작적 측면의 정의는 가장 일반적인 정의의 접근법이다. 관광중심적, 동기부여적, 경험적 정의 모두는 관점을 설명하는 조작적 요소를 포함하고 있다는 주장이다. 조작적 정의에서의 문화관광은 무한한 활동 혹은 경험 가운데 참여하는 한 부분만을 가지고 정의하고 있다. 실제, 문화관광을 정의하는 것을 피하고 그 대신 문화관광은 어디어디를 방문하는 것을 포함하는 형식을 취하고 있다. 추론에 의해, 어떤 사람이 이런 자원들 중 어느 한 가지를 보기 위해 방문한다면, 그 사람은 문화관광객이 되며, 그런 활동은 문화관광활동임에 틀림없다.

동기부여, 목적, 경험의 깊이는 참여보다는 못한 것으로 간주할 수 있다. 관광관련문헌에서는 사람과 그들의 문화를 나타내는 고고학적 유적지, 박물관, 궁, 역사적 건물, 유명한 빌딩, 성터, 미술, 조각, 공예, 화랑, 축제, 이벤트, 음악과 춤, 민속예술, 극장, 원시문화, 하위문화, 민속적 사회, 교회, 성당까지 문화유산자원의 범주에 포함시키고 있다(Richards 1996a; Goodrich 1997; Miller 1997; Jamieson 1994). 마찬가지로, 문화관광상품화에는 현존의 구조물, 보수된 시설, 그리고 특정 목적을 위해 세워진 자원까지 포함할 수 있다. 그 척도는 하나의 빌딩에서 빌딩군, 거리의 풍경, 커뮤니티 내의 주변, 도시 전체, 나라 전체에 이르기까지 다양할 수 있다. 조작적 정의는 활동의 잠재적인 범위를 강조하고 있다. 이와 동시에 무엇이 문화관광인지의 여부에 관한 의미있는 제한이 실질적으로 어렵다.

본질적인 측면에서, 문화관광은 관광객들이 절대적으로 이용하는 자원과 그 자원을 이용하게 하는 요인을 확인하는 것이 거의 불가능하기 때문에 애매모호한(fuzzy) 경계를 가지고 있다. 그렇기 때문에 문화관광은 역사관광, 민족관광, 예술관광, 박물관 관광, 기타를 포함한 폭넓은 범위의 활동이라는 우산의 개념(an umbrella term)에 비유할 수 있다. 그러나 문화관광에는 자원, 관리이슈, 그리고 바람직한 열망의 결과라는 공유된 세트(sets)를 가지고 있다.

2. 문화관광의 개념화-주제적 접근

지금까지 논의된 문화관광에 관한 정의들이 불충분하다기보다는 한두 문장으로 문화관광의 필수적인 요소들을 모두 언급하는 것의 거의 불가능한데 따른 약점들이 있다. 불완전한 정의들만 추가시켜 나가기보다는 오히려 문화관광 관련 정의들과 이러한 현상의 이해를 유형화 해주는 다른 정의들을 바탕으로 일련의 공통된 주제를 찾아내는 것이 더 바람직하다. 이 책에서는 이런 주제들과의 상호관계를 살펴보는데 초점을 두고자 한다.

공통된 주제들로는 ① 관광(tourism), ② 문화유산자원의 이 용(use of cultural heritage assets), ③ 경험과 상품의 소비(consumption of experiences and products), ④ 관광객(the tourist) 4가지 요소들이다.

가. 관광

문화관광이 관광의 한 형태라고 말하는 것은 자명한 일이고 오히려 동의어처럼 보인다. 제3장에서 논의하고 있는 것처럼, 관광(tourism)은 하나의 명사이고, 문화는 관광이라는 명사를 수식하는데 사용하는 형용사이다. 무엇보다도 문화관광은 관광의 한 형태이다. 문화관광은 문화유산관리의 한 형태는 아니다. 관광의 한 형태이면서, 문화관광과 관계 짓는 것이 오히려 당연하듯이 문화관광 첫 번째 이유가 상용관광목적이고, 문화유산관리는 그 다음이다. 이같은 관점은 때때로 관광을 다른 문제를 성취하기 위한 하나의 수단으로서 그리고 관광자원으로서의 가치있는 것으로 만들 필요성에 대해 이해 못한 커뮤니티의 문화유산관리 분야 사람들에게는 제대로 이해되지 못하고 있다.

관광활동과 마찬가지로, 제한된 시간 안에서 즐거움 추구 목적으로 방문하는 방문객(관광객)에게는 방문지역의 문화유산자원의 중요성에 대해서는 거의 알지 못하나 유인대상이 되는 것은 사실이다.

나. 문화유산자원의 사용

그러나 위에서도 언급한 것처럼, 문화관광의 주요 기초단위는 지역 혹은 국가의 문화유산이다. 국제기념물·유적지위원회(ICOMOS)에서는, 문화유산을 자연적·문화적 환경, 주위 경관, 역사적인 장소, 유적지, 건축물과 같은 유형적 자원과 과거와 현재에도 지속되고 있는 문화적인 관습, 지식, 삶의 경험, 작품발표회와 같은 무형적인 자원까지도 포함하여 광범위하게 정의하고 있다(ICOMOS 1999). 이런 자원들은 관광자원으로서의 외재적 가치보다는 지역사회에서 이들 자원의 내재적 가치 혹은 그 중요성을 확인하고 보존되어야 한다. 사실 이런 자원들이 처음으로 확인되는 경우는 잠재적 관광가치를 거의 인식하지 못한다. 이 시점에서는 특정자원의 미학적, 건축학적, 역사적, 사회적, 정신적, 혹은 교육적 가치와 더불어 어렴풋이 관광적인 측면에서의 교육적 혹은 사회적 가치 부문의 자료수입에 초점이 모아진다.

문화관광의 역설 가운데 하나는 훌륭한 문화유산임을 확인할 때에는 관광적 측면을 고려하지만 이러한 자원들은 문화유산관리의 원리들에 의해서 관리되어져야 한다는 것이다. 덧붙여, 문화 혹은 유산자원들은 관광객을 포함한 다수의 사용자 집단에게 볼거리를 제공할 뿐만 아니라 지역학교 학생들, 전통적인 소유자들(특정 문화자원과 관련하여 토지소유, 혹은 지적·문화적 자원소유의 토착 혹은 민족집단) 그리고 기타 지역주민들에게도 제공된다. 이들 집단은 다른 이유 때문에 문화유산에 대해 가치를 가지거나 이런 자원들을 사용함으로써 얻는 상이한 편익들을 생각하게 된다. 그렇기 때문에 이런 자원들은 다른 사람에게 제공될 때에는 상당한 고민을 하게 된다. 이런 경쟁적 접근법들은 관광과 문화유산관리의 관심 사이의 마찰의 원인이 될 수도 있다. 제4장에서 제6장까지는 문화유산관리의 주요 원리와 어떻게 하면 이 이론들을 유형·무형자원에 적용할 것인가에 대해 설명하고 있다.

다. 경험과 상품소비

모든 관광은 경험과 상품소비를 수반한다(Urry 1990; Richards 1996c). 그리고 문화관광도 다르지 않다. 문화관광객들은 다양한 문화적인 경험을 원한다. 이런 소비를 촉진하기 위해서는 문화유산을 문화관광상품으로 변형시켜야 한다. 이 변형과정은 관광객들에게 효용을 가져다 줄 수 있게끔 전환시켜 자원의 잠재가치를 실제화하여야 한다. 혐오감을 주겠지만 이 변형과정은 문화관광상품의 성공적인 개발과 지속적인 관리의 통합이 이루어져야 한다. 이 이슈는 제7장, 제8장에서 보다 구체적으로 논의하게 될 것이다.

이 책을 통해 문화 혹은 유산자원 그리고 문화관광상품 간의 하나의 특징을 구축하고자 한다. 문화 혹은 유산자원은 그 자체의 내재적 가치를 인정하는 비상품화 및 원래 형태를 의미하며, 문화관광상품은 관광소비를 위해 구체적으로 변형과 상품화된 자원을 의미한다(〈사진 1.1〉 참조).

〈사진 1.1〉 중국 홍콩소재 오션파크의 중세 왕국

문화관광은 무엇보다도 먼저 관광소비를 위하여 목적지 문화 혹은 유산자원을 제시하는 관광활동이다. 대부분의 경우 소비는 고도의 상품화를 수반하게 된다. 홍콩의 Ocean Park 주제공원에서의 중세왕궁(Middle Kingdom) 내에서 전통무희들의 공연이 펼쳐진다. 여기서는 중국인들의 전통적 가치가 있는 것을 선별적으로 양식화하여 제시한다. 특히 유럽인과 북미 관광객들을 겨냥하고 있다. 처음 문을 열었을 때는 상당히 인기가 있었다. 그러나 외국인 관광객들에게 중국의 문호개방과 1997년 홍콩이 중국에 반환된 이후부터는 이 공연의 인기가 쇠퇴되기 시작했다. 결과적으로 이 공연은 막을 내리고 다른 활동들을 재개발하고 있는 실정이다. 고도로 상품화된 자원들은 상품화 정도가 낮은 것보다는 라이프 사이클이 짧다. 이런 볼거리들이 그들의 표적시장에게 계속적인 매력을 제공하려면 끊임없는 수정이 불가피하다.

라. 관광객

끝으로 문화관광은 관광객을 고려해야 한다. 모든 문화관광객은 심오한 학습, 경험, 자기탐색목적의 동기부여로 여행하게 된다는 것을 일련의 정의에서 강하게 암시하고 있다. 그리고 나머지 정의에서는 문화관광 참여는 하나의 연속체 선상에서 이해되어야 하는데, 한쪽은 주된 목적이 문화관광인 경우, 다른 한 쪽은 문화관광참여가 여행의 부수적인 요소인 경우를 말한다. 제9장에서는 5가지 문화관광객 유형별 행동특성을 살펴보고자 한다. 이 5가지 유형은 관광지 방문시 문화관광의 중요성과 관광경험의 깊이에 근거한 것이다.

덧붙여 관광객들이 관광지에 도착하여 우선 소비하고자 하는 그 대상, 질, 정보의 진실성은 방문하는 동안 그들의 유산자원에 대한 기대와 기대행동을 결정짓게 된다.

이상적으로는, 자원관리자들은 관광객과 직접적으로 대화하고 그들이 요구하는 바람직한 정보를 바람직한 방법으로 정확하게 알려주어야 한다. 제10장에서는, 많은 정보관리자는 방문에 앞서 소비자들에게 보다 직접적으로 다가가서 자원 그 자체보다는 경험의 기대를 형상화하는데 보다 중요한 역할을 해야 함을 강조하게 된다.

3. 핵심이슈 ; 문화유산관리와 관광경영과의 연계

문화관광부문에서 해결해야 할 현실적인 도전은 관광과 문화유산 관리와의 균형을 찾는 것이다. 이는 다른 말로 표현하면 관광객에 의한 외재적 가치 소비와 문화유산 관리자에 의한 내재적 가치 보존과의 균형을 의미한다. 이 도전은 지금으로부터 25년 전인 1978년 ICOMOS가 문화유산분야에 처음으로 제기한 데서 비롯되었다. 그리고 최근에는 관광분야에서도 그 중요성을 인식하기 시작했다. 문화유산에 관심을 가진 집단과 합법적 사용자집단의 경우 관광객의 출현은 문화유산 관리과정의 필요성을 더욱 강하게 만들었다. 경우에 따라서는 이 두 집단들은 같은 자원을 사용하면서도 경쟁이 야기되어 갈등을 조장할 수도 있다

(Bowes 1994; Jamieson 1994).

문화유산에 대한 수요증대와 외부의 압력보다 더 긴박한 문제는 많은 문화자원들을 사업성에 초점을 맞추어 관리하여 자금을 확보해야 한다는 입장이다(Sugaya 1999). 그 주요 장애물들을 운영면에서 살펴본다면 동반자로서보다는 평행선으로 나간다는 점이다. 통합과 동반자관계는 양쪽 모두가 어떻게 하면 상대편 입장에서 자원을 바라보고, 가치있게 함은 물론, 사용할 것인가에 대한 깊은 이해가 전제될 때만이 가능하다.

지역주민과 관광객에 의해 사용되고 있는 문화유산들에 대한 공공의 인식을 창출하도록 하고, 정치권에서는 보다 거시적 차원에서의 유형·무형 자원들의 보존을 위한 지원과 향상된 보존활동을 찾는 것이 중요한다(Sugaya 1999). 문화유산자원 보존문제와 관련해서도 때로는 열린 마음을 가지고 유산관리와 관광양자가 서로 필요하고 서로 이익이 되는 동반자라는 사실을 받아들여야 한다. 일반적인 법칙으로서, 역사적으로 관광산업은 동반자에 대한 필요성을 인식하는데 그 속도가 훨씬 느리다. 제11장에서 제14장까지는 관광과 문화유산이 상호 인정하는 목표설정과 이 목표를 달성하기 위한 자원관리라는 일련의 관리기법들을 제시하고자 한다.

제2장

지속가능한 문화관광의 달성을 위한 도전

문화유산 관광자원관리론

1. 도입부

관광활동으로서 문화관광의 출현은 비교적 최근의 일로서 20세기 후반에서부터 21세기에 접어들면서 그 중요성이 날로 더해 가고 있는데, 지속적인 관리측면에 있어서는 기회이자 위협이기도 하다. 제1장에서 지속가능한 문화관광을 관광과 문화유산관리 모두를 만족시키는 동반자(partnership)라고 정의하였다. 그런데 이것이 이상적인 현실이며 문화관광상품과 경험의 폭넓은 연속체 선상을 통해서 획득될 수 있을 것인가? 하는데 의문이다.

관념적으로는 대부분의 관광관계자(stakeholder)와 문화유산관리관계자들은 동반자로부터 얻을 수 있는 상호의 이익을 인정한다(Robinson 1999). 가령 INCOMOS관광헌장 제2조에서는 “관광은 유산이 가지고 있는 경제적 특질을 활용하여 보존에 따르는 기금을 마련할 수 있고, 지역사회를 교육시키며 관련정책에 영향력을 행사할 수 있다”라고 언급하였다(INCOMOS 1999; 제5항). 하지만 실제로는 관광과 문화유산관리는 종종 모순된 것처럼 보이기 때문에 동반자관계를 구축하기가 어렵다(Berry 1994; Bowes 1994; Boniface 1998; Jacobs

· Gale 1994; Jansen-Verveke 1998; Garrod · Fyall 2000).

2. 문화와 관광 – 협력자인가? 경쟁자인가?

협력관계는 이해관계자의 수가 많지 않으면서 각자가 비슷한 가치를 가지고 있을 때 그 기능을 가장 잘 발휘한다. 한편, 갈등 혹은 갈등이 발생할 가능성은 많은 이해관계자들이 다양한 가치를 가지고 있거나 한쪽 관계자들의 행동이 다른 쪽의 목표달성을 방해할 때 나타나게 된다(Jacob · Schreyer, 1980). 목표달성을 방해하는 경우도 한쪽 사람들의 직적접 행동이 상대의 즐거움에 영향을 미치는 경우에 발생할 수 있으며, 다른 사람들의 관점이 존재한다는 것을 인정하지 않으려고 하는 경우나 싫어하는 느낌이 만연되어 있을 때에는 간접적으로 발생할 수 있다(Jackson · Wong 1982). 시간이 지나도 갈등이 해결되지 않는다면 이해관계자들은 지적인데서부터 진화되어 본질적으로 개인적이고 감정적으로 되어 장기간 논쟁하는 경향이 있다(Burgess · Limb · Harrison, 1988).

문화관광에서 이런 상황은 종종 발생하거나 적어도 그럴 가능성을 가지고 있다. Kerr(1994:2)는 "보존의 측면에서 좋다고 해서 그것이 반드시 관광에 있어서 좋은 것은 아니며, 관광에 좋은 것이 보존에 좋은 경우는 극히 드물다"라고 하였다. 실제로 문화적 가치는 방문자가 문화자원을 쉽게 소비할 수 있도록 관광상품화(commodified tourism product)하는 과정에서 수입과 타협을 해왔다(Urry 1990; Daniel 1996; Stocks 1996; McKercher · du Cros 1998). 마찬가지로 관광의 가치는 문화자원들을 관광객풍(tourismification)으로 변화시키는 과정에서 해당자원의 질적인 저하를 가져올 것이라고 인식될 때 문화자원 보존을 위해 타협되었다(Hovinen 1995; Fyall · Garrod 1996).

최근 문화관광은 많은 역사적 자원사용을 놓고 상호 협력관계라기보다는 경쟁관계로 점철되어 왔다. 경쟁은 종종 승자와 패자를 생산해내는 zero-sum game처럼 잘못 보이기도 하지만, 실제 대부분의 경쟁에는 상호보완적 · 갈등적 이해관계 모두를 표출한다(Pinkely 1990; Quirk 1989). 다른 말로 하자면 관광과 문화적 이해관계자들은 상이한 목표를 가지고 있다 하더라도, 그들은 또한 많은 부분을 공유하고 있다. 양측은 이런 공통된 배경을 바탕으로 상호이익을 추구할 수 있다.

경쟁은 또한 많은 문화관광지에서 일어나고 있는 것처럼 이해관계자 사이에 힘의 균형에 변화가 일어날 때 심화될 수 있다(McKercher 1996). 관광이든지 문화유산관리든지를 막론하고 힘의 흐름변화는 새롭고 우세한 관계자가 나타나 상대편의 영향력 상실을 초래하는 나머지 새로운 참가자(player)를 향한 적의와 불신의 감정을 낳게 한다. 따라서 문화유산관리자들이 유산관광의 이익에 관해 의심하고 그러한 이익들이 객관적 자료에 의해서라기보다는 구전 혹은 희망에 근거한 주장을 할 경우 자주 적의와 불신감을 갖게 된다(Jamieson 1995).

문화관광의 역사를 살펴보면 관광발전 초기단계나 급속한 발전단계 동안 지배적 위치의 이해관계자들은 관광을 수용하게 되며, 그리고 문화적 가치는 관광에게 그 자리를 내어주게 되고 관광의 편익을 극대화 해 나가게 된다. 일반적으로 관광산업, 특히 관광마케터의 경우 그들의 최대 관심사는 방문자 수를 극대화하는 것으로, 자신들이 촉진시키고자 하는 문화자원에 대한 관광활동으로 인해 미치게 될 영향에 관해서는 거의 고려하지 않는다.

마찬가지로 특히 성숙된 관광지나 개발된 지역에서는 지배적 이해관계자로서 문화유산관리를 재주장하게 되고 방문객 수 감소나 제한을 가하려는 노력의 일환에서 보존관리의 역사로 시작된다. David Lowenthal(1998)은 문화유산관리자가 때로는 자원에 대한 책무 이행을 지나치게 심각하게 받아들여 다른 이해관계자들이 이런 자원을 다르게 사용하려거나, 중복 사용하려는 도전을 받았을 때 그런 자원을 지나치게 독점하고 싶어하거나 이기적이 될 수 있다는 주장을 하고 있다. 관광지 지역사회(communities) 역시 처음에는 의견 충돌을 보이다가 보존의 요구를 받아들인다.

3. 관광과 문화유산의 독립적 진화

관광과 문화유산관리의 견해가 서로간의 의구심을 갖게 하는 것은 놀랄 바 아니다. 왜냐하면 자원이라는 공유된 영역이 거의 없기 때문이다. 두 역영은 핵심이

데올로기 및 가치관이 상이하며, 이해자집단들도 다를 뿐더러 정책적 전문가들도 다르며, 목적 달성도 상이하며 사회속에서 현저히 다른 역할을 수행하기 때문에 독립적으로 진화한다. 관광산업전문가들은 관광활동과 부를 가져다주는 그들의 생산품에 대한 원재료로서 문화자원을 높이 평가하는 반면, 문화유산관리 전문가들은 동일한 자원의 내재적 가치를 높이 평가한다.

놀랄 일은 아니지만 문화관광이 20여 년 동안 독특한 관광상품의 범주를 형성해 왔지만 상호 의사소통 결핍은 실망스럽다. 세계여행시 관광객들은 유산부문에 의해 조직된 문화관광회의에 거의 참석하지 않으며, 문화유산전문가들 또한 관광부문에 의해 조직된 유사한 회의에 거의 참석하지 않는다는 사실은 무척 놀랍다. 이런 상호교류의 결핍은 상호간의 아이디어 교류를 부족하게 만들고 개발 이해관계자의 정당한 요구사항에 대한 이해 부족을 초래하였다. 서로에 대한 무시는 의구심을 자아내고 불신을 갖게 하였다.

〈표 2.1〉은 문화유산관리가 관광과는 어떻게 다른가를 나타낸 것이다. 문화유산관리는 미래를 위해 문화유산의 대표적 표본을 보존하고 보호하고자 진화하였다. 그것의 목표는 보다 폭넓은 공공이익을 위해 제공하는 것이다. 문화유산관리는 공공부문이나 비영리단체를 망라하여 폭넓게 조직되어 있다. 관계자들은 사회단체 혹은 지역의 대표자이거나 민족단체인 경향이 있으며 그들은 자원을 그들의 고유한 가치로 여긴다. 문화유산관리전문가들은 사회과학이나 인문과학분야 출신인 경우가 많다.

반대로 관광은 근본적으로 사적인 부문에 의해 지배되는 경제적 목적활동이고 경제목적 달성을 위해 정부의 기대에 부합하거나 수익창출이 기본이다. 그 관계자들은 영리적 부문을 대표하며 영리적 목적에 의해 움직이는 경향이 있다. 이 때문에 관광은 그들의 존재가치보다 자원의 사용가치에 보다 더 관심을 가진다. 관광산업전문가들은 상업계 출신이 많으며 점차 관광사업이나 마케팅에 초점을 둔 비즈니스 교육을 받는 경향이 있다.

〈표 2.1〉 문화유산관리와 관광의 비교

	문화유산관리	관광
구조	• 공공부문 지향적 • 비영리적	• 민간부문 지향적 • 영리적
목적	• 보다 광범위한 사회적 목적	• 영리적 목적
주요 관계자	• 사회단체 • 유산단체 • 소수민족/인종/토착 집단 • 지역 거주민 • 유산전문가집단/지역 역사단체/종교지도자	• 사업단체 • 비지역적 거주자 • 국제관광통상협회, 기타 산업단체
자원에 대한 경제적 태도	• 존재가치 • 본질적 가치를 보존	• 사용가치 • 본질적이거나 외부적 매력소비
주요 사용자단체	• 지역 거주민	• 지역 외 거주민
고용 배경	• 사회과학/인문과학 학위	• 경영/마케팅 학위
자원의 이용	• 유무형유산에 대한 연출로서의 지역사회	• 목적지에 대한 강한 인상을 심어 줄 수 있는 상품이나 활동으로서의 관광가치
국제적 행정단체/NGO	INCOMOS/ICOM/UNESCO(문화보존 장려)	WTO/WTTC(관광개발 장려)
국가/지역행정/관료 단체	국가, 지역 관계기관, 유산관리와 관련 있는 일부 박물관, 고문서 보관소	국가, 지역관광단체

4. 관광과 문화유산관리 간의 7가지 관계 설정

이런 역사적 단절 자체는 관광과 문화유산관리 간의 일련의 가능한 관계형성으로 이끈다. 가능한 관계에 대한 통찰은 25년이 넘도록 학술주제가 되어온 관광과 환경의 관계에 대한 고찰로부터 나왔다. Budowksi(1976, 1977)는 관광을 옹호하는 사람과 자연보호를 옹호하는 사람들 사이에 3가지 관계가 존재할 수 있다고 주장한다. 공존(coexistence)은 주로 소수의 오퍼레이터들이 상대적으로 적은 수의 고객을 자연지역으로 데리고 가는 관광개발의 초기단계에서 나타나게 된다.

그들의 활동은 넓은 지역에 퍼져 있기 때문에 관광객과 보존주의자들 간에 거의 접촉이 일어나지 않았다. 관광은 비위협적인 활동으로 인식하였다. 하지만 관광객의 수가 증가함에 따라, 특히 효과적인 보호관리 계획의 공백상태에서 갈등적 상태가 발생하기 쉽다. 갈등(conflict)은 대부분의 관광이 자연과 그 자원에 대해 해를 끼친다고 감지될 때 출현하기 쉽다. 공생관계(symbiotic relationship)는 관광이 총체적인 관리대상에 대해서 보완적으로 인식될 때 존재할 수 있지만, 공생은 잘 이루어지지 않고 오직 직접적인 관리개입 결과만 야기시킨다.

위의 3가지 유형은 많은 동일한 상황이 관광과, 유형·무형의 문화와 유산자원의 보호를 옹호하는 사람들 사이의 관계를 고려할 때 적용가능하다. 이 이슈는 Journal of Sustainable Tourism 의 특별판에서 상세히 다루고 있다(JOST 1999). 〈표 2.2〉는 완전협력자관계(full partnership)로부터 갈등(conflict)을 일

〈표 2.2〉 관광과 문화유산관리 간의 가능한 관계

협력/동반자관계 ←→ 갈등

완전협력 관계	상호작용 관계	공존관계	평행관계/상호 무관심한 관계	상호간에 성가신 단계	초기갈등 관계	완전갈등 관계
• 양 부분의 상호이익을 위한 진정한 협력관계 • 강제적으로 관리되거나 엄격하게 관리됨	• 공통된 필요와 이익을 실현 • 대화시도 • 상호의 이익보장을 위한 역할수행	• 동일한 자원 공유 • 자원 이용을 통한 상호 이익 창출은 되지만, 여전히 크게 분리되어 있으며 독립적임 • 약간의 대화가 이루어지지만, 협조나 협력에 대한 필요성 인식부재	• 분리 독립적임 • 접촉이 거의 없거나 아예 없음 • 눈에 보이지 않으면 멀어지는 관계	• 목표가 상대편 관계자에 의해 방해받음 • 만족 감소 • 한쪽 관계자가 불리한 효과를 발휘하지만, 진정한 갈등은 나타나지 않음 • 관계자 간의 이해 부족	• 문제대두 쉬운 해결책 거부 • 다른 확고한 관계자에 대해 불리한 것을 요구하는 지배적인 관계자의 출현과 더불어 역학관계에 변화 초래	• 관계자 간의 공개적인 갈등

으키기까지의 협력/갈등(cooperation/ conflict)의 연속체에 관한 7가지 가능한 관계를 나타낸 것이다. 협력자관계는 자연적으로 형성되는 것 같지는 않다. 그들은 관리감독기관의 중재를 요구하는 대신 관리공백 상태하에서는 갈등이 잦을 수밖에 없다.

연속체 선상의 한쪽 끝 관계자간의 진정한 협력관계가 이루어지게 된다. 이런 상황은 박물관, 미술관이나 유산테마파크와 같은 특정 목적시설과 댄스쇼와 소수민족/지역문화쇼와 같은 특별한 목적으로 설계된 문화관광체험에서 가장 쉽게 찾아볼 수 있다. 여기에서는 관광객이 희망하는 체험을 충족시키기 위해 바람직한 문화나 유산관리 대상을 중심으로 적절하게 기교를 발휘할 수 있게끔 할 수 있다(사진 2.1 참조). 역사 테마공원과 같은 대중관광의 볼거리(attractions)는 여전히 깊이는 없지만 방문자들에게 다소 의미있는 경험을 의도적으로 제공하는 오락(entertainment) -혹은 즐거움을 수반한 교육(edutainment)- 지속적인 관광경험을 제공하고자 노력하고 있다. 한편, 박물관, 미술관, 문화여행은 매우 깊이 있고 보다 지적으로 흥미를 유발하는 수준에서 볼거리와 경험을 보존하는 기회와 더불어 방문자에게 제공할 프로그램을 구체화시켜 나갈 것이다.

〈사진 2.1〉 영국 요크시의 Jorvik Viking Centre

관광과 문화유산관리는 강력한 제휴가 가능하다. 영국 요크시에 있는 요르빅바이킹센터를 방문함으로 인해 얻어지는 관광수입은 요크시 고고학 보존위원회의 조사 활동경비 대부분에 충당된다. 관광객 역시 과거에 대해 더욱 잘 배울 수 있는 생생한 발굴현장을 만날 수 있다. 요르빅 바이킹센터는 천년의 역사를 지닌 바이킹마을에 대한 고고학적 관찰에 기초한 역사적 매력물이다. 그것은 국제관광 뿐만 아니라 국내관광에도 제공되는데, 한편으로는 아이들에게는 역사에 대해 흥미를 느낄 수 있도록 유인하는 유인물이 되기 때문에 학교 측에서 볼 때에도 매력적이다. 바이킹센터는 고고학의 대중화차원에서 처음 개방될 때 유산관리자와 고고학자 사이에 상당한 논쟁의 여지가 있었던 것도 사실이다. 비록 논쟁의 여지가 있기는 했지만 그것의 성공은 많은 현장방문자센터들의 디자인 구상에 영향을 끼쳤다.

완전협력관계(full cooperation)는 경쟁적 관계자의 수가 제한되어 있기 때문에 그런 시설확보가 보다 쉽고, 확실하게 규정된 관리대상이 모든 구성원에 의해서 확인되고 동의되며, 관광의 경제적 필요성이 문화유산관리자의 이상적 목표에 따라 인정되며, 분명한 힘/관리위계는 양쪽의 목표가 모두 균형적으로 달성될 수 있다는 것을 보장할 때 존재한다. 상의하달식의 협력자관계는 그런 시설이 관광과 문화의 목적 양쪽 모두에 서비스한다는 공유되는 시각과 연결되고 필요한 절충안이 양쪽 구성원들의 요구를 만족시키기 위해 만들어졌다는 점을 확실히 할 때 가능하다.

진정한 협력자관계는 특별한 목적 없이 건설된 시설에서 이루어지기란 매우 어렵기는 하지만 불가능한 것은 아니다. 이 경우에는 모든 관계자 사이에서 상호동의가 있어야 하는데, 관광이나 문화유산관리자의 관심은 관리과정을 지배하려고 하기 때문에 다른 측의 요구가 총체적인 관리목표의 요구를 만족시키기 위해 수정될 필요가 있다. 그래서 그 잠재된 가치를 위해 우선적으로 보존되어야 한다기보다 관광의 이용을 위해 개발된 역사적 건물에 대해서는 상이한 관리기법과 태도를 적용해야 할 것이다. 전자의 경우 관광을 위한 시설들은 이용을 촉진할 수 있는 관리가 필요하며, 후자 즉 내재적 가치보존의 경우는 문화적 가치보존에 방해를 주지 않는 범위 내에서 이용이 되어야 한다.

상호작용관계(working relationships)는 완전협력자관계보다 더욱 관광과 문화유산관리에 의해 공유되는 현존 자원에서 구축되는 것 같다. 양쪽 관계자는 상대가 자원 자체에 정당한 관심을 가지는 것을 인정하며, 그들 간의 차이를 가지고 있지만 많은 부분을 공유하고 있다는 점 또한 인정한다. 시간이 지나면서 상호작용관계는 관계자들 사이에서 다른 쪽의 요구를 만족시켜 조화를 이루려는 의지를 보일 때 가능하다. 관리구조는 서서히 진화되어온 관계를 유지하는 입장을 취하게 된다.

이런 상황은 역학관계가 상대적으로 안정되어 있으면서 새로운 이해관계자가 자원에 대한 관심의 요구가 없는 경우에 잘 작동한다. 많은 관광객을 그곳으로 유치해 갈 것을 결정하는 새로운 투어오퍼레이터에 의한 문화자원의 '발견(discovery)'처럼, 한쪽 관계자에 대한 권한 부여나 다른 사람의 개입은 이 균형관계를 깨뜨릴 수 있다. 생산적인 상호작용관계는 방문자 수가 많은 문화관광상품이나 방문자 수가 적은 문화관광상품 모두에 존재할 수 있으며, 그들은 그런 이용수준에 맞추어 관리하여야 한다.

공존관계(peaceful coexistence)는 관계자들이 자원을 공유하지만 그다지 협력이 필요하지 않다고 느낄 때 존재한다. 이런 상황은 대부분 방문자 수가 적거나 많은 수의 관광객이 조심스런 태도로 상품을 소비할 때 발생한다. 또한 그들은 대부분 문화유산관리활동이 활발하지 않거나 관리가 관광 이용과 충돌되지 않을 때 형성되게 된다. 공존관계의 예로, 관광객들이 방문할 역사적 거리풍경이나 유산 건축물 보존을 들 수 있다. 여기에서는 많은 관광객이 거리풍경을 보고 즐기지만 보존된 건축물 관리측면에 대해서는 거의 부정적 영향을 끼치지 않는다. 실제로 대부분의 관광객의 이용이 소극적이기는 하지만 관광은 그런 장소에 대한 지속적 보존을 위한 정당화차원에서 논의되어야 한다. 마찬가지로 관리구조 역시 관광객에게 거의 제한을 가하지 않는다.

평행관계(parallel existence)는 관광과 문화유산관리가 독립적으로 작동하고 관광객이 목적지의 문화자원에 거의 흥미를 가지지 않을 때 발생한다. 이런 상황은 서로에 대해 무관심한 태도로 무시하거나 '눈에서 멀어지면 마음도 멀어진다'는 태도에 가깝다. 이런 상황은 관광활동이 잘 일어나지 않거나(사진 2.2 참고), 그 활동이 해변, 리조트, 야외레크리에이션이나 게임과 같이 목적지의 다른 특성에 초점이 맞추어져 있을 때 존재한다. 문화관광은 지역상품의 특성 부분으로 보이지 않고, 활성화되지 않으며, 자원은 거의 이용되지 않는다.

〈사진 2.2〉 남아프리카공화국 서부해안의 Midden패총

관광과 문화유산관리는 관광의 압력이 낮을 때 공존할 수 있다. 그렇지만 이것은 겉치레에 불과할 때가 가끔 있다. 적절한 관리가 이루어지지 않아 관광활동이 증가하게 되면 갈등이 일어날 수 있다. 그 예로 남아프리카공화국의 서쪽 해안을 들 수 있는데, 고대패총을 방문하는 관광객이 소수일 때는 그 영향이 최소화되었다. 만약 이 유적이 보다 인기가 많아지면 소란을 제한하는 관리활동이 도입될 것이다. 적절한 대책으로는 패총보다 높이를 높인 관람대(臺)나 패총의 가장자리를 중심으로 통로를 설치하여 방문객에 의해 패총을 제자리에 있게 해주는 초목이 훼손되거나 조개껍질이 짓밟히거나 부서지는 것을 방지해주어야 한다. 또한 안내표지판에는 패총과 과거의 생활양식에 대해서 그 역할을 잘 알지 못하는 방문객들에게 유적의 중요성을 설명해 둘 필요가 있다.

상호간에 성가신 관계(mild annoyance)에서는 갈등이 즉각적으로 일어나지는 않으며, 한쪽 관계자들의 행동이 다른 쪽의 목표를 방해할 때 일어난다. 이는 개인이 활동에 참여하지만 향유하는 수준을 낮추지 않는다. 이 관계는 관계자가 현재의 상황이 부정적인 방향으로 발전하고 있다고 느낄 때 일어난다. 자원을 방문하는 관광객의 수가 증가하기 시작하면 이용자의 즐거움은 줄어들 것이다. 관리계획의 변경은 그 목표를 달성하려는 관광관계자의 능력에 영향을 미칠 것이다.

초기갈등관계(nascent conflict)는 상호간에 성가신 관계와 완전갈등관계(full conflict)의 중간단계이다. 한쪽 관계자의 행동이 다른 쪽에 불리하게 작용한다. 게다가 야기된 문제는 쉽게 해결되지 않는다. 초기갈등관계는 안정된 시스

템이 외부적 요인으로 인해 균형상태가 깨어질 때 주로 발생한다. 또한 관계자 사이의 역학관계가 기본적으로 변화할 때 출현하는 경향이 있다. 따라서 자원관리자의 의견을 묻지 않고 여행일정에 문화관광자원을 포함하도록 결정하는 것은 초기갈등 상태를 초래할 것이다. 마찬가지로 관리계획의 변경으로 다른 쪽의 직접비로 그 반대쪽 관계자를 이롭게 하는 경우도 초기갈등관계를 형성시킨다. 이는 관광객 증가로 인해 문화유산관리 측면에서 유지 보수비가 많이 드는 경우를 의미한다.

연속체 선상의 제일 끝에서 유산과 관광관계자 사이에 전면적이고 공개적인 갈등(full-scale, open conflict)이 발생할 수 있다. 이는 갈등이 노골적으로 존재하며 관계자 사이에 차이가 존재한다는 것이 감지되고, 자원(McKercher 1992, 1993), 접근에 대한 위협이나 배타성(Pigram 1984; McKercher 1992), 활동스타일의 차이(Jacob · Schreyer 1980; Jackson · Wong 1982), 혹은 구체적인 활동을 추구하기 위한 참여자의 욕망과 동기차이(Manning 1985)를 어떻게 볼 것이가 할 때 발생하는 것 같다. 이런 유형의 갈등은 Walt Disney Company가 Gettysburg 전투지역 근처에 미국역사 테마공원을 지으려고 할 때 주목을 받았다(Gallagher 1995). 힘을 가진 새로운 관계자는 문화자원을 이용하는 과정에서 그 자원의 보전을 위협하는 것처럼 보이는 방식을 근본적으로 변화시키려고 노력하였다. 공개된 갈등관계는 대부분 변화를 멈출 수 없거나 변화의 속도를 늦출 수 없는 관리의 공백상태에서 발생하게 된다.

마찬가지로 관계자간의 역학관계의 변화는 갈등을 유발할 수 있다. 자원이 관광이용을 위해 그들의 고유한 가치에 대한 비용으로 관리되고 있다는 인식과 함께 지배적 이용자로서의 관광의 출현은 문화유산관리옹호자 사이에서 갈등상황을 야기할 수 있다(〈사진 2.3〉 참고). 이전에 허용되었던 많은 관광이용을 제한하는 엄격한 관리계획에 대한 부담은 관광관계자들 사이에서 힘의 상실과 갈등의 감정을 가져올 것이다.

〈사진 2.3〉 네팔 카트만두의 Boudhanath Stupa

대규모 관광객의 쇄도는 자원의 균형을 깨뜨리고 관광과 문화유산관리 간의 관계의 성격을 변화시킬 수 있다. 네팔 카트만두의 외곽에 있는 사리탑 지역에 관광편의시설이 성지의 언저리 바로 위쪽에 세워졌다. 신성한 지역이 작은 호텔과 기념품 가게로 둘러 싸여 있어 빠듯한 일정에 있는 관광객들이 참배자들을 밀치고 나가는 상황에서 사리탑 가장자리를 돌며 기도하는 불교도의 기도행렬을 흩어놓고는 한다. 이런 상황이 특히 1979년 이래로 세계유산목록에 기록되어 있는 유적에서 일어났으며, 대부분의 개발이 세계문화유산목록에 등재된 이후로 발생했다는 점이 이상하다. 유산자원에 대해 폐쇄적이고 무계획적인 관광인프라의 구축은 종종 도시계획 메커니즘이 부재한 개발도상국 유산관리에 있어서의 문제점이 되고는 한다. 유네스코유산센터는 현재 그런 곳들을 세계유산목록에 포함시키기 위해 그 이전이라도 그런 곳들을 추천해 줄 것을 권장하고 있다(UNESCO World Heritage Centre 2000).

5. 결 론

불행하게도 많은 경우에 문화유산관리와 관광간의 관계의 유형은 가장 보편적인 태도로 표현되고 있는 상호 무관심한 관계와 상호 성가신 관계와 더불어 연속체 선상의 끝에 있는 갈등 쪽으로 무게가 실리는 경향이 있다. 관광마케터(destination marketers)는 문화유산관리자가 지역 문화자원의 소비를 촉진하는 자신들의 전략모색을 무시하거나 관광이 가져다줄 이익을 이해하지 못한다는

데 대한 불만을 표출한다. 투어오퍼레이터는 지속적으로 부정확하거나 부적절한 태도를 조성한다. 한편, 문화유산관리자들은 관광의 실체를 무시하는 쪽을 선택하고 그 과정에서 관광이 유산자원에 강요한 부정적 영향에 대해서만 비통해한다.

이 책을 통해 논의되고 있는 것처럼, 문화유산관리와 관광간의 연계관계에 대한 성찰의 실패는 문화관광상품의 최적의 전달과 이 부문을 계속 유지할 수 없는 개발 결과에 따른 것이다. 관광이 합법적인 사용자라는 사실의 수용에 대한 실패는 관광객의 요구에 부응하지 못한 방식으로 문화자원을 개발하고 제시하여 결국 실패라는 결과를 가져온다. 그 결과 방문수준을 떨어뜨리고 만족을 감소시키며 자원의 영리적 활용가능성을 위협하게 될 것이다. 더욱 나쁜 것은 자원의 사용방식에 대해 아무런 대비책도 없이 지속적으로 많은 방문이 이루어졌을 때 관광객들 자신의 경험을 한정하며, 자원의 훼손도 초래하게 된다.

문화와 유산자원은 상품으로서의 사용가치 이상으로 정당한 내재 가치를 가지고 있으며 이런 가치들이 관광객 뿐만 아니라 다른 사용자에게도 의미가 있다는 것을 관광관계자들이 이해하지 못한다면, 관광이 우선적으로 그 자원을 매몰시키고 매력에 치명적인 손상을 가하게 된다. 게다가 관광산업 이해관계자들 사이의 내재적 가치에 대한 설명의 실패는 제공된 경험의 질을 저하시킨다. 더욱이 문화자원의 부당한 사용을 허용할 뿐만 아니라 일부 투어오퍼테이터들의 문화자원의 부당사용을 조장하는 비윤리적 행위는 자원의 파괴를 직접적으로 초래하거나 지역관리자나 전통전수자와 갈등을 일으킬 수 있다.

다행스럽게도 자원관리자들의 숫적 증가는 그들 시설에 대한 총체적 관리와 소개에 있어서 관광이 중요한 역할을 한다는 것을 깨닫고 있다. 그들은 관광의 요구를 그들의 활동에 통합시키기 위해 노력하고 있으며 관광산업에 대해 이해관계를 가진 상품을 개발하고자 노력하고 있다. 더구나 많은 관광전문가들이 문화관광상품은 다른 관광상품과는 다른 방식으로 취급되어야 하며 그것이 관광에 국한되기보다는 더 많은 부분의 사람들에게 만족을 주기 위해 존재한다는 사실을 인식하고 있다.

6. 해결책

협력자관계는 대체로 관계자가 다른 쪽의 요구를 이해하고 관광과 문화유산 관리 관계자 모두가 관광에 사용되고 있는 문화유산자원에 대해 정당한 관심을 가질 때 형성된다. 이해(understanding)는 다른 쪽의 이해관계와 가치에 대한 인식을 진정으로 진화시켜 나갈 때만 일어날 수 있다. 이것은 관광 측면에서도 문화유산관리 개념, 이상, 실천에 대한 인식을 개발해야 한다는 것을 의미한다. 마찬가지로 문화유산관리 관계자들 또한 무엇이 관광이며 그것이 어떻게 작용되어야 하는지에 대한 이해를 심화시켜야만 한다. 상호간의 이해를 통해서 양쪽 집단은 자원에 대해 공유하고 있는 이해관계를 돈독히 하고 차이를 없애기 위해 일할 수 있다. 이 책의 나머지 부분에서는 문화유산관리와 관광관리에 관해 논의하고 그들이 어떻게 총체적이고 상호 유익한 관리로 통합되어 문화관광으로 다가갈 수 있는지에 관해 설명할 것이다.

제3장

관광의 역할

문화유산
관광자원관리론

1. 도입부

사람들은 가끔 문화관광이 관광에 있어 가장 처음으로 나타난 관광의 형식이라는 사실을 잊곤 한다. 그들은 "문화적"이라는 단어가 명사인 "관광"을 수식하는 형용사라는 것 또한 잊곤 한다. 그래서 문화관광이 목적지의 문화적 혹은 유산을 이용하는 반면에 그것의 연출은 자연관광이나 산업관광과 같은 다른 형태 관광에서와 똑같은 원리의 적용을 받는다. 그러므로 문화관광을 이해하는 것은 관광이 무엇인지, 어떻게 작용하는지, 그리고 관광결정이 어떻게 이루어지는지에 대한 이해를 촉구함으로써 시작되어질 수 있다.

관광을 이해하는 사람은 극히 드물지만, 관광을 비판하거나 관광이 어떤 역할을 해야 하는지에 대해서는 누구나 한마디씩 하는 게 현실이다. 관광은 관광의 역할에 대한 전문적인 지식 없이 정서나 감정에 의해 말하는 터무니없는 즉석 전문가를 많이 만들어 내고 있다. 왜냐하면 어떤 사람이든지 여행을 해왔고, 또 그들은 그들이 방문한 장소에서 변화를 목격하여 왔고, 그들이 관광전문가가 될 수 있는 자격이 있음을 느끼기 때문이다. 관광과 관련된 연구문헌 중에는 지역사회와 문화의 파괴자로서 관광을 표현하고 있는 이야기가 많다(O'Grady 1981;

D'Sa 1999). 이런 연구들 대부분은 본질적으로는 개인적이고, 정황적인 측면에서는 감정적인 경우가 많다. Dana(1999)의 의견에 따르면, 많은 문헌에서 휴가 경험을 통해 어떤 직관적인 사실에 근거하기보다는 개인적인 실망감을 토대로 사회적 영향을 주장하는 경우가 전형적이다. 관광의 사회적 비용에 대한 그의 결론은, "섬 지역주민들에게 직접 질문한 것은 아니지만, 섬주민들은 금전적 부분에서는 더 부유한데 비해서, 그들과 그 섬이 관광객들이 방문하기 전에 그대로 유지되고 있는지에 대하여 의문점을 가진다"는 것이다(Dana 1999; 5).

하지만, 대부분의 실증연구에서는 관광에 영향을 받는 거주민들의 경우 그들이 감수하는 사회적 비용보다 그들이 향유하는 순수 편익이 큰 것으로 나타나고 있다(Liu · Sheldon · Var 1987 ; Perdue · Long · Allen 1987a,b; Milman · Pizam, 1988 ; Getz 1993, 1994; Clements · Schultz · Lime 1993 ; King · Pizam · Milman 1993 ; Madrigal 1993 ; Parleet · Fletcher · Cooper 1995 ; Derrett 1996; Fowler 1996). 마찬가지로 지역 전체의 영향은 관광 그 자체보다는 총체적인 현대화 혹은 개발과정과 관련된 것이 더 많은 것으로 밝혀지고 있다(Singh · Thuens · Go 1989 ; Pearce 1989). 그러한 사실 자체는 여전히 문화유적지의 관광화가 파괴를 초래한 것이라는 믿음이 널리 퍼져 있다. 물론 상반된 감정이 있을 수 있다(Berry 1994 ; Boniface 1998 ; Jacobs · Gale 1994; Jansen-Verbeke 1998).

실제로, 다양한 세계일주 여행을 하거나, 회의 참석, 혹은 공공의 분야 비관광 공무원과의 토론을 통해서 우리가 배울 수 있는 2가지 교훈이 있다면, 그것들은 바로 (1) 진정으로 관광에 대해서 아는 사람이 얼마나 되는가, 그리고 (2) 관광과 유적관리를 하는 사람 사이에 어느 정도 커뮤니케이션이 이루어지고 있는가이다. 진짜 문제의 해결책은 객관화되지 않은 주장을 통한 것이 아닌, 그러한 문제를 야기시키는 요인들에 대한 깊은 이해에 기초하여야 한다. 본질적으로, 문제 발생의 소지가 큰 문화관광의 경우 특히 더 그렇다. 이 장에서는 관광에 의해 파생되어질 수 있는 15가지 기초원리들의 실체들을 규명해보고자 한다(표 3.1 참조). 그들 일부는 관광에 관계되는 것도 있지만, 반면에 나머지 것들은 문화자원들을 관광목적에 어떻게 활용할 것인가에 관한 것이다. 여기서 제시한 목록은 관광 그리고 관광객의 관찰 및 조사를 토대로 한 개인적인 목록이다. 이 모든 항목에 동의하지 않을지도 모르나, 적어도 미래의 관광에 대해 논하기 전에 그러한 항목들을 고려해야 할 것이다.

〈표 3.1〉 문화관광의 기본원리

이 슈	원리
관광의 본질	• 관광은 상업적인 활동이다. • 관광은 경험의 소비를 포함하고 있다. • 관광은 오락적 요소를 가지고 있다. • 관광은 조정하기 힘들며, 수요주도형 활동이다.
자원중심의 관광	• 관광자원이 다양하다. • 문화유적자원은 관광의 한 부분이다. • 모든 문화자원이 문화관광자원은 아니다.
방문영향 요인	• 접근(access)과 근접성(proximity)이 잠재 방문객 수를 결정한다. •이용가능한 정도는 경험의 질과 깊이에 영향을 미친다.
관광객 행동	• 관광객의 활동을 조절하기 위해서는 관광객 경험을 조절하여야 한다. • 관광객들은 통제되어진 경험을 원한다. • 관광시장의 주된 흐름에 관심을 가질수록, 이용자 중심의 관광 상품개발의 필요성도 커진다.
문화 관광	• 모든 문화관광객들은 차별화된다. • 문화관광상품은 위협 혹은 비난이라는 도전에 직면할 수 있다. • 관광객들은 실제성(reality)이 아닌 고유성(authenticity)을 원한다.

2. 관광의 본질

가. 관광은 상업적인 활동이다

관광은 근본적으로 상업적인 활동이다. 이러한 자명한 원리가 다른 학문 혹은 지적인 관점에서의 연구에서는 관광에 대한 많은 문헌 조사 부분을 간과하고 있는 게 사실이다. 단순히 관광이 흥미로운 지적 현상일지도 모르나, 실제 문제로서 그것은 하나의 사업대상이며, 그것도 아주 큰 사업이다. 관광은 세계에서 가장 규모가 큰 것 중의 하나이다. 이러한 사업은 매년 여행을 하는 몇 억명을 위한 서비스와 상품을 제공하고, 이를 통해 이윤을 추구하는 과정으로서 관광부문(tourism sector)으로 분류된다.

목적지는 그것이 제공하는 경제적인 이익과 부를 창출하는 사회적인 편익 때문에 관광을 추구한다. 각 지역과 지방에서는 그들의 관할지역 내에 관광이 새로운 소득원이 되기 때문에 그 중요성을 깊이 인식하고 있다. 국가는 외화획득의 원천으로 관광을 추구한다. 비록 우리는 도피, 휴식, 기분전환, 혹은 배움과 같은 개인 내면의 욕구를 만족시키기 위해 여행을 하지만(Hawkins 1994), 목적지들은 관광으로 인해 가져다 주는 경제적인 이익 때문에 관광을 추구한다. 하지만 관광은 경험제공자에 의한 것이라기보다는 오히려 경험제공 시설에 의해 대부분의 수입이 되는 것이 독특하다. 그러한 관광산업은 관광객들이 경험을 쌓도록 하는 것을 가능하게 해주지만, 반드시 관광산업 자체가 경험을 제공해 줄 필요는 없다. 실제적으로 여행비용의 아주 작은 부분만이 자원에 소비되어진다. 나머지는 교통, 숙박, 식음료, 팁, 유람, 그리고 여행에 드는 수수료 등에 쓰여진다. 하지만 발생하는 이익의 나머지 부분들을 가능하게 해주는 그 첫 번째가 해당지역으로 유인해 주는 자원들이다.

나. 관광은 경험의 소비를 포함하고 있다

관광객은 즐거운 경험들을 체험하면서 그들의 개인적인 욕구를 만족시킨다(Urry 1990; Sharpley 2000). 어떤 비평가들은 관광소비를 사진 찍을 기회를 찾는 것에 불과하다고 하지만(Urry 1990; Allcock 1995; Richards 1996c; Human 1999), 어떤 학자들은 경험 그 자체가 가치 있는 목적이 된다는 주장이다(Sharpley) (사진 3.1 참조). 문화관광은 문화관광객들이 다양한 경험을 추구하고 있다는 점에서 다른 형태의 관광과 다를 바 없다. 하지만 관광은 소비형태를 수반하여 나타난다(McKercher 1993). 자원 사용을 기반으로 그들의 배타적 권리를 향유하는 대부분의 경제활동들과는 달리, 관광자원은 전형적인 공공영역이거나 지역사회의 사회적인 구조와 밀접하게 연결되어 있다.

특히 관광활동은 목적지 사회에서 소비활동을 조장하는 듯한 인상을 주게 되면 목적지 사회의 문화자원이나 질서를 침해하는 경향이 있다(Gorman 1988).

아주 색다른 경험을 추구하기 위하여 여행하고자 하는 관광객들의 욕구와 여행자로부터 재정상의 이익을 추구하는 지역사회의 요구들이 크게 다를 경우 일반적인 관광에 있어서나 문화관광에 있어서도 최대 도전에 직면하게 된다. 문화유산자원의 관광자원화에 있어 관광산업의 요구뿐만 아니라 문화유산 관리의 목표 두 가지 모두를 마찰 없이 조화시킬 방안에 대한 연구의 진행이 거의 전무한 실정이다(Bazin 1995; Cheung 1999; Peleggi 1996; Robb 1998; Sletvold 1996).

〈사진 3.1〉 Cook Islands

Cook Islands의 관광객들은 문화공연을 체험한다. 이 경우 소비는 외부로 표출될 수도 있고, 관광객들이 지역문화를 흡수할 경우 보다 포착하기 어려운 경우도 있다.

다. 관광은 오락적 요소를 가지고 있다

관광경험 특히 많은 문화관광 경험은 그들의 근간에는 오락적인 요소를 내포하고 있다. 관광객들의 경험도 만족시키면서 상업적으로도 성공하기 위한 관광상품은 대중에 의해 쉽게 체험이 이루어질 수 있는 방법으로 조작되거나, 패키지화되어야 한다(Eden 1990 ; Cohen 1972). 빡빡한 여행일정, 한정된 시간, 그리고 많은 방문객들을 한 번에 소화시키기 위해서는 상품을 규칙적인 공연시간과 보장된 경험을 제공하기 위해서는 수정을 가할 필요가 있음을 의미한다. 몇 년 전 Hawaiian Visitors Bureau 전임 회장은 "스케줄에 따라 실제 이벤트(real events)가 발생하지 않은 이후부터, 투어오퍼레이터들의 요구를 받아들여 정확히 매주 수요일 10시에 신녀의 춤(dance of the vestal virgins)이라는 가짜 공연을 만들었다"라고 말하였다(Stalker 1984). 비록 오래전부터 있어왔지만 아직도 적용 가능한 대안이다.

명백히 보고 듣고 이해하는 학습의 기회들은 경험으로부터 발생될 수 있지만, 관광경험의 기본적인 역할은 즐기는 것이다(Ritzer · Liska 1997). 심지어 교육적이고 문화적인 안목을 제공하기 위해 개발되어진 박물관이나 아트 갤러리들도 오락사업(enterainment business)으로 인식하고 거기에 맞추어 전시를 준비하고 있다(Zeppel · Hall 1991 ; Tighe 1986 ; McDonald · Alsford 1989 ; Prideaux · Kininmont 1999). 그 이유는 아주 소수의 관광객들만이 그들이 여행할 때 심오한 배움의 경험을 하길 원하기 때문이다. 대다수의 관광객들은 즐거움과 일상도피차원에서 여행을 하고 즐거움을 제공하는 활동에 참가하기를 희망한다. 어떤 사람들은 관광객들이 받아들이는 오락성이나 혹은 소비자 중심의 라이프스타일의 징후로써의 상품화된 경험들에 대한 논의로 이러한 현상을 설명하기도 한다. 관광은 그 자체가 목적이 되지만 어떤 최상의 목표를 의미하지는 않는다.

라. 관광은 수요중심의 활동으로 통제하기가 어렵다

관광 관련 정부기관과 NGOs가 촉진시켜야 할 관광의 최대의 신화 가운데 하나는 공급을 조절하는 것, 바꾸어 얘기하면 관광의 영향을 조절하는 것이다. 운영단계에서는 불필요한 요소들의 개입을 거부하거나 강하게 제거시켜 나가는 게 맞지만, 수요중심차원이라 하더라도 통제되지 못한 무차별적인 세계 관광개발의 역사적 맥락에서 본다면, 이런 정책이 지역 혹은 국가 차원에서 역할을 거의 못하는 게 사실이다. 어떤 목적지에 있어 가장 큰 도전은 관광이라는 요정(genie)을 그것이 병 밖으로 나오기 전에 조정하는 것이다(McKercher 1993). 어떤 목적지에서 관광을 촉진시키려고 할 때 최대의 도전은 자율적 개발역사와 그 결과로서 발생하는 사회적 환경비용과의 관계를 입증하는 것이다(Foster 1985;

Pearce 1989). 정부가 할 수 있는 최상의 선택은 관광의 방향제시에 영향을 미치는 것이다.

관광은 근본적으로 관광을 조정하고 관리하려고 애쓰는 정부보다는 관광욕구를 만족시키려는 관광객과 그 관련 산업과 같은 시장의 힘에 더 큰 영향을 받는 수요주도형 활동이다. 관광을 조정하기 위한 능력은 관광객을 조정하는 것이 가능하다는 가정하에 출발하여야 한다. 하지만 카오스 이론(chaos theory)의 지지자들은 관광시장은 역동적이고, 변덕스러우며, 비선형적이라고 설명하고 있고, 관광시장의 두드러진 변동성을 지적하고 있다(McKercher 1999; Faulkner·Russell 1997 ; Russell·Faulkner 1999 ; Diamond 1993). 만약 무질서한 방식으로 관광기능을 조정하여 움직인다면, 전체의 시스템은 혼돈의 원리에 의해 좌우 될 것이다. 관광, 관광객, 그리고 관광산업은 하위상달식이며, 자생적으로 조직화되고, 전통적인 뉴턴의 공급시스템(만류인력)을 사용해선 조정할 수 없는 현대의 생태계와 유사한 방식으로 움직인다.

더 나아가서 공급이 관광을 통제할 수 있다는 믿음을 가진 많은 이들의 태도가 너무 엘리트주의적임을 그동안 우리는 경험을 통해 알고 있다. 그들은 "최적의" 개발형태 권장은 "최적"의 공급자를 유인할 것이며, 그리고 그것은 "최적의" 관광객을 찾는 "최적의" 여행업자에게 소구하게 될 것이라는 주장이다. 이러한 최적의 여행객들은 지역문화를 잘 알고 이에 민감하며, 대체로 여행경험이 풍부하며, 지방 특유의 숙박시설에 머물거나, 지방특유의 음식을 먹기를 원할 것이고, 요금이 비싸더라도 기본적인 편의시설에 만족할 것이다. 문제는 이러한 사람의 유형이 여행 대중의 극히 적은 일부에 불과하다는 것이다. 만약 이러한 소수의 관광객들에게조차도 이상적인 설명이 맞지 않는다면, 대다수 여행자들의 욕구를 어떻게 만족시킬 것인가? 그들은 여행을 멈추지 않을 것이고, 그들은 서비스와 시설에 대한 수요를 계속 희망하게 될 것이다.

3. 자원중심의 관광

가. 관광자원은 다양하다

관광은 관광자원 혹은 마케팅 조건, 수요발생에 의해 좌우된다. 하지만, 모든 관광자원이 동등한 수요발생 잠재력을 가지고 있지는 않다. 방문하는 관광객들에 의해 느껴지는 개인 내부의 심리적인 요인의 정도에 따라 관광자원의 위계가 명백히 존재한다. 매력성이 더 주요하고 우세해질수록, 꼭 방문해야겠다는 인식도 커질 것이다(Bull 1991). 반면에 방문빈도가 낮은 관광자원에 대해서는 자유재량성이 커지며 가장 낮은 방문빈도의 자원을 방문할 때는 방문의사가 거의 없는 저관여 수준에서 결정된다.

어떤 자원이 어떤 계층에 위치하고 있는가를 올바르게 인식하는 것은 매우 중요하고, 그러한 올바른 인식은 얼마나 많은 방문객이 그 자원을 방문하게 될 것이며, 어떻게 그 자원이 이용되어질 것인가에 영향을 미치게 된다. 필수적으로 봐야할 자원은 구체적으로 보고 싶어하는 사람들을 유인하게 되고, 그들은 해당 자원에 대해서는 어느 정도 지식을 가지고 있다. 해석과 설명의 질적인 부분은 방문빈도가 낮은 자원들에게는 다르게 나타날 것이다. 반면에, 우선순위가 낮은 자원은 그 나름대로 상이한 경험을 추구하려는 관광객들을 유인하게 될 것이다. 보다 임의적인 활동의 경우, 이러한 자원들은 좀더 가벼운 경험을 추구하는 사람들 혹은 임의의 활동으로 그들의 여행을 완성하려는 사람들에게 유인책이 될 것이다. 이런 부류의 사람들은 자원에 대해서는 잘 알지 못할 것이며, 자원을 관람하는데 시간소비를 최소화하려고 하고, 경험을 위한 정서적 자원을 덜 투자할 것이다.

나. 문화유적자원은 관광의 한 부분이다

어떤 목적지에 있어 문화관광자원은 관광믹스(4P)의 주요한 요소로서 인식된다(Richards 1996a). 하지만 문화관광자원들의 상당한 부분은 방문빈도가 낮은 자원들의 범주에 속한다. 공적, 사적으로 소유하고 있는 문화관광자원, 미술관,

박물관, 사적지, 역사적 유적지 그리고 혹은 복합관광단지나 특정목적으로 지어진 주제공원들을 비롯하여 문화관광상품으로 활용할 수 있는 범위는 다양하다(Prentice 1993 ; Swarbrooke 1995). 하지만, 문화유적지의 많은 관리자들은 그들이 관리하고 있는 유적지가 관광객에게 소구력을 가지고 있다는 것을 쉽게 인정하려고 하지 않는다. 결과적으로 유적지 관리자들은 관광이 가지게 될 영향을 과소평가하여 관광하는 동안 경험의 질을 최대화시킬 수 있는 관리체계 도입에 반대하고 있다.

문화유산의 관광자원으로의 성공적인 관리의 첫 번째 요소는 해당 자원이 정말로 관광자원이라는 점과 적어도 관광이용의 한 부분으로 관리할 필요가 있음을 인정하는 것이다. 잠재관광과 관련하여 문화유산자원관리자들에게 도전이라는 것은 문화유산자원이 원하든 그렇지 않든 혹은 관리기법이 무엇이든 간에 방문이 일어난다는 사실이다. 위와 같은 사실의 의미를 이해한다면 혁신적인 관리자는 해당 자원들의 방문을 통해 관광객들의 요구나 욕구를 보장하기 위한 관리계획들을 개발하여야만 할 것이다. 그와 동시에 문화유산가치와 문화유산자원의 보존·유지를 확실하게 해야 한다.

다. 모든 문화자원이 문화관광자원은 아니다

문화관광자원은 관광믹스의 한 부분을 구성하고 있지만, 모든 문화자원들이 관광잠재력을 가지는 것은 아니다. 문화유적지들은 그들의 관광잠재력 뿐만 아니라 다른 이유들에 의해서 지역사회에 의해 설계되어진다(Belland·Boss 1994, Jamieson 1994). 문화유적지들은 아마도 지역적으로 중요하거나 혹은 진귀한 자원일 수 있다. 하지만, 하나의 자원이 목록화된 이유가 그것이 관광객들에게 매력적일 것이라는 것을 의미하지는 않는다. 어떤 악의를 가진 것은 아니지만, 인식된 자원의 관광가치를 극도로 부풀리는 실수가 나타나고 있다. 이럴 경우 가치있는 자원은 예상 관광객사용에 맞추어 공급한 하부구조와 서비스개발이 결국 낭비를 초래하는 결과가 되고 만다.

관광잠재력을 지닌 문화유적지들은 일반적인 특징들을 공유한다. 관광잠재력을 지닌 문화유적지들은 지역 유적지 범위를 넘어서서 알려지고; 소비가능한 경험을 제공하고; 흥미로우며 독특하고; 자원의 가치를 계속적으로 발휘하며 방문을 유도하고; 그리고 접근하기도 쉽다. 가장 중요한 것은 그것들이 우선순위로 봤을 때 그 순위가 낮을지라도 관광객을 방문하도록 하는 실마리를 제공한다는 것이다(〈사진 3.2〉 참조). 사찰이 관광객 방문을 부추기는 뭔가 독특하거나 혹은 평범하지 않은 어떤 것을 제공하지 않는다면 사찰은 단지 사찰일 뿐이다. 지역주민에게 이익을 제공하는 축제는 아마도 호기심을 자극하는 이벤트일 수 있으나, 만약 지역민의 기대치에 훨씬 만족하지 못한다면 관광객들에게는 소구력이나 관련성을 갖지 못할 것이다.

〈사진 3.2〉 호주 Tasmania에 소재한 Port Arthur

모든 문화유산자원이 반드시 문화관광상품일 필요는 없다. 문화관광상품은 다른 유산자원과는 별개로 뭔가 의미를 가지고 있어야 한다. 호주 Tasmania주에 위치한 19세기 감옥유물인 Port Arthur는 다양한 이유로 관광상품으로서 굉장히 성공을 거두고 있다. 그 이유로는 이곳은 원래의 규모를 유지하고 있고, 독특한 역사, 호주에서 가장 악명 높은 죄수들이 갇혀 있는 곳이기도 하고, 그곳은 인간의 고통 정도를 연상케 하기 때문이다. 그곳은 또한 호주에서 가장 먼저 문화관광지가 된 곳이기도 하다. 1890년대에도 그곳은 사람들을 유인하고 있었다. 그곳을 방문한 관광객들 가운데는 "모든 방문객은 그곳을 보기를 원한다. 그리고 잘 관리만 된다면, 그곳은 앞으로도 계속해서 수입원이 될 수 있을 것이다"라고 하였다(Ballard in Davidson and Spearitt 2000 : 26).

제1차 세계대전이 일어나기 전에 그곳은 간과되어져 온 유물이었지만, 1920년대 들어서 과거 호주의 죄수들에 대한 흥미의 자각이 Port Arthur와 이와 유사한 곳에 대한 새로운 인식을 불러일으켰다. 1970년대 들어서 Tasmanian National Parks and Wildlife Service(TASNPWS)는 유적지를 보존하고 유지하기 위한 기금과 급속히 낡아가는 방문객의 편의시설과 보다 용이한 접근성과 같은 관광객 하부시설들을 마련하기 위하여 국가와 정부에게 수많은 탄원을 하였다. 그 이후 유적지의 관리자들은 황폐해진 옛 유적지를 재건하고, 주제공원 형태를 좀 더 추가시켜야 하고, 유적지에 돈을 되돌려주는 재정적으로 자립을 제안하였다. TASNPWS는 Port Arthur가 으뜸가는 문화유적지라는데 의견을 모았고 어떤 상품화든 문화적인 가치를 나타낼 수 있는 것이어야 하며, 그 자체로부터 지나치게 상업화되거나 가치를 손상시켜서는 안 된다고 주장하였다.

4. 방문수준에 영향을 미치는 요인

가. 접근과 근접은 방문객의 잠재적 수요를 결정한다

관광상품 수요는 거리감(distance decay)(Greer · Wall 1979; Truong · Henshea 1985; Bull 1991; Drezner · Drezner 1996; McKercher 1998a,b), 시장접근성(market access)(Pearce 1989; McKercher 1998a,b), 그리고 이용가능시간(time availability)(Chavas · Stoll · Sellar 1989; Walsh. Sanders · McKean 1990; McKean · Johnson · Walsh 1995)에 영향을 받는다. 거리감 이론은 관광매력물의 수요는 여행거리와 역의 관계를 갖는다는 것으로서, 이것은 거리가 멀수록 수요는 급격하게 감소한다는 것이다. 이를 달리 표현하면, 시장접근성(market access)은 관광객들의 일상 거주지와 유망상품 혹은 목적지 사이 이용가능한 유사 또는 경쟁상품 내지 목적지 수에 의해 영향을 받음을 뜻한다. 이용가능 시간은 시장접근성과 거리감의 효과를 강조하거나 혹은 극소화하기 위한 것으로 볼 수 있다(Johansson · Montagari 1996; Sjögren · Brännäs 1996).

사람이 많이 거주하고 있는 대도시에 근접한 자원, 주요한 관광목적지 혹은 관문의 경우는 방문잠재력에 영향을 미치게 되고 결과적으로 자원의 활용도에도 영향을 미치게 된다. 수요는 곧 해당자원에 대한 잠재수익에 영향을 미치며, 규모, 개발수준, 투자수준에도 영향을 미치게 된다. 기본 경험칙은 인구밀집지역 혹은 관광객센터에 근접해서 위치한 자원들은 훨씬 멀리 위치한 자원보다 상당히 많은 방문객을 유인하고 있다는 것이다. 그같은 격언은 구체적 하나의 목적지에서도 사실이다. 실제로, 접근 용이한 자원은 그렇지 못한 자원보다 방문빈도가 높게 마련이다. 예를 들어, 시내 중심지역이나 관광객 지역에 위치한 박물관들은,

교외에 위치하여 고립된 박물관보다 훨씬 큰 방문객을 유인하고 있다. 그래서 관광잠재력을 평가할 때 문화유산의 물리적인 입지, 주요 관광 송출시장과의 근접성을 고려해야 한다. 진정으로 빼어난 볼거리 자원만이 먼 거리 그리고 시장접근성의 악조건을 극복할 수 있다. 그런 자원들은 유인력이 매우 강해서, 사람들은 노력, 비용, 혹은 거리에도 불구하고 그것들을 보기 위한 동기가 부여되게 될 것이다.

나. 이용가능 시간은 경험의 질과 깊이에 영향을 미친다

대부분의 관광객들은 관광 오퍼레이터나 혹은 자녀에 의해 엄격한 시간통제하에서 여행을 하고 있다. 그들은 어떤 한 목적지에서 이용할 수 있는 시간은 한정될 수밖에 없으므로, 합리적인 소비자들은 가장 효과적인 방법으로 시간을 사용할 것이다(McKercher · du Cros 1998 참조). 그래서 많은 관광객들은 그들이 방문하는 시간 동안 가능한한 많은 경험을 추구하게 되고, 빠르고 쉽게 소비되어질 수 있는, 그리고 그들이 좋은 경험을 가져다 줄 것으로 확신하는 그러한 활동에 대해 관심을 보이고 있다. 특히, 문화관광 참여가 여행 중 우연히 발생한 것일 때, 관광객들의 의사결정은 문화관광 경험에 기꺼이 할당하려고 하는 사용가능한 임의의 시간과 그 시간 동안 다른 경쟁경험의 수에 의해 이루어지게 된다. 만약 매력적인 대안이 존재한다면 많은 시간을 요구하는 그러한 경험은 피하려할 것이다. 관광 중에 집중시간의 정도는 며칠이 아닌 몇 시간으로 계산됨을 명심해야 한다.

불행히도 문화관광의 본질은 충분한 경험을 하기 위해서 실질적인 시간투자가 있어야 하고 정서적인 노력을 수반한다는 것이다. 이런 특성은 관광시설 제공자에게 두 가지 도전의 과제를 부여한다. 하나는 더 많은 시간과 노력 투입을 필요로 하는 경험에는 방문빈도가 낮은 결과를 초래할 수 있다는 것이다. 그 결과 하나의 상품의 상업적인 활용 가능성에 영향을 끼칠 수도 있다. 반면에 상품을 쉽게 소비하도록 하는 것은 방문빈도를 높일 수 있을지 모르지만, 그 자원이 가지고 있는 메시지의 질이 제대로 전달될 수 있겠는가에 의문을 제기한다.

5. 관광객 행동

가. 관광객의 경험이라는 것은 그들 활동을 조절한 결과이다

관광객을 통제하고, 그들의 문화유산에 대한 관광의 부정적 영향을 제한하기 위한 가장 최선의 방법은 관광경험을 통제하는 것이다. 관광경험을 통제하는 가장 최선의 방법은 경험을 표준화하고, 수정하며, 상품화하는 것이다. 그동안 문화관련 연구에서 관광으로 인해 문화의 상품화와 진부화를 초래한다는 비난을 해온 게 사실이다. 경험의 표준화, 수정, 상품화는 자원을 통해 사람들의 행동을 통제하는 실용적인 의미를 가지고 있지만, 반면에 방문객으로 하여금 가능한 한 많은 경험을 얻을 수 있도록 보장하게 된다. 그 이유는, 특별한 목적으로 지어진 문화유산들은 종종 현존하는 자원보다 관광자원으로서의 기능을 잘 발휘되도록 하고 있는데, 특히 주요한 자원의 개보수시에는 관광객의 욕구를 고려하고 있는 실정이다.

지속적으로 제기되고 있는 문제는 그 경험이 자원관리자 혹은 자원의 소유자에 의한 최상의 해설과 보호가 아닌 관광 오퍼레이터의 이익을 위한 관광산업에 의해 표준화되고 상품화가 이루어진다는 것이다(Vukonic 1996). 결과적으로 많은 방문객들은 해설을 버스운전기사로부터 듣게 되는데, 버스운전기사는 버스 운전이 주된 기능이므로 방문지역에 관한 지식은 없다. 그러나 여전히 이와 같은 바람직하지 못한 경우가 있다. 자원의 관리자 혹은 박물관 관계당국이 직면하는 도전은 유적지에서의 경험을 조정하고, 투어 오퍼레이터로부터의 조정을 강제하는 것이다.

나. 관광객들은 통제되어진 경험을 원한다

많은 것을 이해한다는 것은 어려울지도 모르나, 실제 대부분의 관광객들은 통제되어진 경험을 하기 원하고 소비를 용이하게 해주는 자원에 대해 순순히 따르게 된다. 그 이유는 대부분의 국내 관광객은 물론 모든 국제관광객들에 이르기까지, 그들은 일생 동안에 단 한번 자원을 방문할지도 모르고, 결과적으로 경험 가운데에서 최상의 것을 얻기를 바라기 때문이다(〈사진 3.3〉 참조). 상품 연출에 대한 표준화는 가능한한 많은 방문객들에게 높은 가치의 경험을 보증해주며, 일관된 높은 수준의 경험의 질을 유지할 수 있도록 해야 한다.

경험을 통제하는 것은 사람들로 하여금 제한된 시간내 자원의 핵심적 요소를 경험하게 해야 하지만, 그들이 느끼는 시간낭비가 없다는 것은 반드시 핵심적 경험에만 국한되지는 않는다. 한정된 시간, 나아가 표준화, 수정 그리고 상품화가 상호작용하여 경험의 부가가치적 차원에서 이루어져야 하고 그렇게 되어야만 입장료에 대한 정당성을 확보할 수 있다.

〈사진 3.3〉 캘리포니아주 샌프란시스코의 감옥

일반적인 통념과는 달리 대부분의 관광객들은 최상의 경험을 얻기 위해 확보되어진, 얼마간은 통제되어진 활동을 하기 원한다. 많은 관광객들은 그들의 일생동안 겨우 한번 정도 그곳을 방문할 수 있을지 모르기 때문에, 한번 방문에 있어 최상의 경험을 원하게 된다. 다른 많은 유산과 마찬가지로, San Francisco에 있는 Alcatraz Prison은 방문객들로 하여금 오디오 테이프를 이용한 개별화된 가이드를 통해서 되도록 서로 방해가 되지 않도록 하고 있다.

다. 시장의 주류에 순응할수록, 이용자 중심의 관광상품에 대한 필요도 증가한다

자원을 시장의 주류에 초점을 맞출수록 상품소비가 보다 용이해진다. 여기서 두 가지 사실을 찾아볼 수 있다. 주류 혹은 대량관광객들은 대체적으로 그들의 휴가동안 즐거움과 생활로부터 탈피하는데 동기가 부여되게 된다. 그들은 정신적으로나 관념적으로 부담이 되지 않는 즐거운 경험을 추구하는 관광객이다. 그들은 문화인류학자나 혹은 고고학자로 혼돈해서는 안 된다(de Kadt 1979). D'Sa(1999)는 여행업에 있어 위의 내용에 몇 가지를 추가시켰다: "관광에 있어 주요한 동기는 레크리에이션이다. 우리는 우리의 고객을 교육하기 위한 어떠한 입장에도 있지 않다"(1995 : 65).

마찬가지로, 이러한 많은 사람들은 그들이 방문하는 자원에 대해 근본적으로 무지하다는 것이다. 자원에 대한 문화적인 거리감이 개인 자신의 준거체계로부터 멀면 멀수록, 그것에 대해 무지할 가능성이 커진다(Sizer 1999). 역으로 얘기하면, 사람들은 문화관광을 경험하고자 하는 흥미는 더 커져 간다는 것이다(McKercher · Chow 2000). 많은 관광객들은 기껏 해봐야 초등학교의 수준 혹은 고등학교의 수준을 넘어서 그 이상의 단계에서 역사 공부를 제대로 받지 못한 사람들이다. 최악의 경우 그들은 자원에 관련된 그 어떤 것도 학습하지 않았을지 모른다.

때로는 그들은 열두 살에서 열네 살 난 아이와 같은 지식을 가지고 있기도 한다. 그들이 가지게 될 부가적인 지식이 무엇이든지 정보원천들로는 대중매체, 다큐멘터리, 그리고 라이프스타일 텔레비전 쇼, 그리고 영화 같은 것을 통해서 얻어질 것이다. 이러한 정보는 종종 자원의 왜곡된 역사를 알려줄 수도 있다. 물론 이것은 윤리적인 문제와 관광객에게 어떻게 자원을 보여줄 것인지, 그리고 좀더 나아가 관광객의 행동과 경험을 통제하여 욕구를 조절하기도 한다.

유산자원관리자들은 해당 자원을 방문하는 대부분의 사람들의 지식수준에 한계가 있다는 것을 알아야 한다. 그들은 종종 목적지의 판에 박은 듯한 이미지를 확인하는 것 같기도 하고, 그들의 고정관념을 확신시켜 주는 경험을 추구하는 것 같기도 하다. 다른 환경으로부터 가지고 온 간접적인 학습 이외에 그들이 자원들을 현지에서 보는 동안 정확한 학습이 거의 이루어지지 않는다. 문화유산자원 관리자는 반드시 많은 방문객이 그들의 자원에 대해 근본적으로 무지하다는 것을 인정하고, 그 수준에 맞춰 연출을 해야 한다.

6. 문화관광

가. 문화관광객들은 다양하다

세계관광기구(WTO)는 국제관광객들의 37%가 문화관광객이라고 추정하였다(Richards 1996a; Gratton · Richards 1996). 이러한 수치는 문화관광객을 여행기간 중 문화적 혹은 전통적인 매력물, 박물관, 혹은 공연에 참가한 사람으로 조작적 정의를 내린 데서 비롯된다. Hughes(1996)는 용어사용에서 오는 혼동과, 모두를 문화관광객으로 무차별적으로 적용하는데 따른 문화관광 이해에 대한 혼동을 초래하고 있다고 설명한다.

하지만, 많은 유형의 문화관광객이 존재한다. 이 책에서는 다섯 가지 유형으로 구분한다. 그 유형으로는 (1) 문화관광 동기를 가지고 깊은 문화관광 경험을 추구하는 문화관광과 관련 있는 순수문화관광 목적의 관광객(the purposeful); (2) 문화관광 동기를 가지고 있지만 그다지 깊은 경험을 추구하지는 않고 여행을 하는 관광형 문화관광객(the sightseeing); (3) 목적지를 방문한 명백한 이유가 문화관광은 아니었지만 결국은 문화관광을 경험하는 의외의 문화관광객(the serendipitous); (4) 목적지 방문시 문화관광동기가 약하고 그다지 깊은 경험도 추구하지는 않는 임의적 문화관광객(the causal); (5) 목적지를 방문하는 동안 문화관광 동기가 없으면서 문화유산자원을 꼭 방문하는 우연적 문화관광객(the incidental)이 있다.

나. 문화관광상품은 다른 상품과 대비 또는 도전할 수 있지만 위협 혹은 비난적이지는 않다

대부분의 관광객들은 휴가철을 이용하여 일상적인 스트레스나 바쁜 삶으로부터의 휴식을 추구하고 있음을 기억해야만 한다. 대부분은 휴가기간 동안에 도전받는 것을 원하지 않지만, 만약 그러한 상황에 직면하게 된다면, 그러한 메시지를 수용하지 않으려 할 것이다. 문화유산상품은 위협적이거나 비난적인 양식이 아닌 정서에 소구하는 양식으로 만들어져야 한다. 도전의 정도는 대량, 레저 관광객들은 좀더 의미 있는 경험을 원하는 관광객들보다는 도전을 꺼릴 것이다. 따라서 도전의 수용정도는 관광객의 형태에 따라 다르게 나타난다.

이것은 문화유산상품이 도전적이 될 수 없음은 물론 그렇게 되어서 안 된다는 말이 아니다. 실제로, 문화유산상품은 관광시장에서 이용가능한 다른 문화관광상품과 차별화할 수 있는 유용한 전략이 될 수 있다. 만약 어떤 문화유산자원이 과거에 섬뜩하거나 혹은 비난 받을 만한 경험과 관련 있는 유적지라면 이러한 전략이 더 필요하다고 간주되어진다. 하지만 이런 자원이라도 관광객에게 위협적이거나 비난적인 방법으로 제시할 필요는 없다. 대부분의 관광객들은 즐거움과 일상도피를 위해 여행을 하는 즐거움추구 여행객이라는 것을 명심해야 한다. 그들은 그들에게 강한 인상을 남겨줄지 모르는 경험을 추구하지만, 결국 즐거운 휴가에 모든 것을 투자할 것이기 때문이다.

유산자원을 방문하는 많은 관광객들은 유산자원들이 얼마나 현대적인가, 그리고 과거로부터 현대사회에 이르기까지 얼마나 진화되어 왔는가에 대한 확인을 하고 싶어 한다. Craik(1997; 115)는 "관광은 다른 것을 경험하고 보는 과정이다. 하지만 그것은 자기 자신의 문화와의 의미있는 것을 제외하고는 완전히 별개의 것은 아니다. 문화관광상품 개발자는 관광객들이 오늘날까지 해결되지 않은 채 남아 있는 유적지 해설과 관련하여 탄압, 인종차별 등의 사회악은 생각하길 원하지 않을 것이라 생각한다. 예를 들면, 호주 원주민 혹은 미국 원주민 유산자원관리자들은 과거풍의 문화적 혹은 실제적인 대량학살의 역사적인 현장으로 표현하려는 경향이 있다. 하지만, 그러한 쇼는 사람에게 위압적인 과거의 포악성으로부터 토착사회의 현재 경제적 그리고 사회적 어려움들까지 연결짓는데 직접적인 기여를 하지 못하고 있다.

다. 관광객들은 실제성이 아닌, 고유성을 원한다

바로 위의 관점에서 내용을 체계화시켜 보면, 많은 관광객들은 "고유성(authenticity)"을 원하지 반드시 실제적(reality)일 필요는 없다. 고유성은 부분적으로 개인의 고유한 지식과 준거체계에 의해 결정되는 사회적 구성을 의미한다. 많은 관광객들은 문화유산에 관심을 가지고 있지만, 그들 대부분은 과거에 대해 최소한의 지식만을 가지고 있다. 그것처럼 그들은 평소 정치적 성향에 의존하여 강화 혹은 도전해오는 목적지들에 대해 고정관념적 혹은 로맨틱한 이미지를 가지고 여행할지도 모른다.

역사공원, 성채, 감옥, 혹은 특정 목적으로 지어진 역사적인 주제공원과 같은 문화유산자원을 방문하는 사람들은 과거의 고정관념적 이미지를 추구하고 있다(Sizer 1999). 여행은 변화가 아닌 재확인하는 것이고, 관광을 구성한 자원들은 상징적 시스템적 요소로의 변형이 일어나는 것으로 이해할 수 있다(Craik 1999). 그러한 것으로서 과거와는 거리가 매우 멀게 보여지며, 많은 역사적 자원들은 초기의 정원, 깨끗한 거리, 포장된 길, 그리고 깔끔한 건물 등과 같은 아름다운 양식으로 제시되어지고 있다(Lowenthal 1985). 공해, 압박, 오염된 상하수도, 그리고 무관심한 거리풍경 유지(특히 형장으로 사용된 곳, 도시)와 같은 실제는 관광경험이 쉽게 일어나지 않는다. 그 자원의 역사적, 고고학적인 지식이 없이, 이러한 부분들이 관광객들에 의해 과잉 파괴되어온 것으로 인식되어 왔다. 그래서 많은 관광객들은 실제성을 필요로 하는 것이 아니라 자원의 고유성을 통해 믿고 행복해 할 수 있는 어떠한 경험을 원한다(사진 3.4 참조). 캐나다 Nova Scotia주에 있는 Louisburg 요새화된 도시나 호주의 Sovereign Hill같은 유산 주제공원은 특별한 목적추구를 위해 재구축한 것으로서 방문객의 고유성 경험을 만족시키기 위한 데 있다.

<사진 3.4> 호주 Ballarat에 소재한 Sovereign Hill

관광객들은 실제성이 아니라 고유성을 경험하기를 원한다. 고유성은 관광객의 시각에 달려 있는 것이다. 위의 사진은 호주에 위치한 Sovereign Hill과 같은 유산주제공원이 왜 그렇게 인기 있는가 하는 것을 잘 보여준다. 방문객들은 고유한 경험을 얻을 수 있다. 그들은 비록 그들이 직접 금광을 방문한 것은 아니지만 금광시대에 대한 경험을 통해 그것에 대해 깊이 알 수 있다. 방문객들은 과거를 통해 종종 향수에 젖어드는 만족감을 느낄 수도 있으나 그것이 반드시 실제적일 필요는 없다.

또한 유산주제공원은 방문객에게 더 큰 즐거움을 위한 기회를 제공해 주기도 하는데, 이것은 보존과는 균형을 이루지 못할 수 있다. 주제공원의 다른 장점은 상업적인 성공의 기회를 높일 수 있는 교통량이 많은 곳에 구축할 수 있다는 것이다. 나아가 특정목적으로 지어진 오락물이나 학습센터처럼, 관리자는 그곳만의 독특한 경험들을 제공하고, 고유한 민속의상을 한 배우들과 특정목적의 건물들, 이상적인 모조의 풍경들을 포함시키면서 좀더 자유스러운 경험들을 제공할 수 있는 것이다. 이러한 것들을 통해서 방문객 경험의 바람직한 형태 및 질을 보장할 수 있는 것이다.

7. 결 론

성공적인 관광개발은 우연히 발생되는 것이 아니다. 많은 사람들은 "관광객 환영" 혹은 "조지 워싱턴이 여기 잠들다"와 같이 쓰여진 표지판을 내건다면 관광객이 떼거리로 그곳으로 밀려올 것이라는 잘못된 생각에 고통을 받는 경우가 있다. 실제로는 아주 다르다. 성공적인 관광매력물의 개발이라는 것은 무엇보다도 관광이 무엇인지와 어떤 역할을 하는지에 대한 이해에서 비롯된다. 앞서 논의되어진 것들은 관광의 열다섯 가지의 주요한 원리들이다. 이러한 원리들은 사람들이 어떤 매력 때문에 해당 목적지로 향하는지, 방문을 촉진하거나 억제하는 요인들, 그리고 왜 관광객들이 그러한 방식으로 행동하는가를 설명해준다. 다음 제4장에서는 이러한 이슈에 대해 좀더 구체적으로 살펴보겠다.

제4장

문화유산관리

문화유산 관광자원관리론

1. 도입부

문화유산관리(cultural heritage management : CHM)는 현재 그리고 미래 세대가 즐거움을 향유할 수 있도록 유산의 문화적 가치를 보존하기 위하여 행하는 체계적인 관리를 말한다. 문화유산관리는 이제 세계적인 현상이 되었다. 베니스헌장(INCOMOS 1994) 및 유네스코세계문화유산협약(UNESCO World Heritage Convention)과 같은 일련의 국제조약이나 헌장들이 문화유산관리의 핵심적인 내용들을 규정하고 있다. 이러한 핵심 내용들은 대다수 국가의 문화유산보호법이나 문화재 관리정책에 구체적으로 반영되어 있다. 문화관광산업은 특정지역의 문화유산 활용에 의존하기 때문에 문화유산관리의 기본적인 이해 없이는 본 주제의 토론이 충분히 이루어질 수 없다.

문화유산의 지속가능 관리법의 수립은 문화자원, 그 관리자, 그리고 지역사회에 가장 흥미거리이다. 관광은 점점 문화유산에 대한 잠재적 활용방법의 하나로 인식되고 있다. 이러한 사실이 관광 및 문화유산관리의 이해관계자들로 하여금 상호이익을 위하여 서로 협력하도록 압력을 가하고 있다(TCA 1998; Hall 1999; JOST 1999; Australian Heritage Commission · the Tourism Council of

〈표 4.1〉 문화유산관리 원리

문화유산관리	지속가능성	이해관계자	관광
문화유산관리는 미래 세대를 위하여 인류문화유산의 대표적 표본들을 보존하고 관리하는데 목적을 둔다.	문화자원의 확인, 공증 및 보존은 지속가능성 전개의 핵심적인 부분이다.	대부분의 유산자원은 다양한 이해관계자를 갖는다.	관광의 필요성은 문화유산관리에 있어서 고려되어야 할 유일한 요소는 아니다.
내재적 가치의 보존이 중요하다.	개별의 문화유산은 고유한 의미를 지니며 평가가능한 문화적 중요성 및 가치를 지니고 있다.	이해관계자들과의 협의는 보존과정에서 그들의 요구를 명확히 한정하기 위하여 중요하다.	관광은 유산자원의 중요한 이용수단으로 볼 수 있지만 유일한 용도는 아니다.
무형 및 유형자원 모두를 관리하는 것이 점점 중요해지고 있다.	문화에 대한 의견이 분분하여 해당 문화유산의 고유성이 다하기도 전에 조정과 변화를 맞게 된다.	문화유산관리자 이외의 이해관계자가 문화자원에 대하여 더 큰 영향력을 행사할 수 있다.	관광은 부정적 효과를 만들어 낼 수 있다.
보존되고 있는 유산자원들 사이의 규모는 편차가 아주 크고 다양해서 각 형태별로 요구되는 관리과정도 거기에 따라서 다양하게 전개되어야 할 것이다.	문화유산자원은 오로지 문화적으로 올바르고 지속가능한 방법으로 사용되어져야 한다.		관광의 요구사항들은 때때로 어떤 유산자원의 보존을 위한 요구들과 충돌한다.
문화유산관리체계는 진화한다.	어떤 유산자원은 너무 훼손되기 쉽고 신성해서 관광객을 포함한 일반대중에게 완전히 공개할 수 없다.		관광에 의하여 창출된 수익을 유산자원 보존에 재투자하는 것은 대부분 문화유산관리자들의 중요한 목적이다.
문화유산관리의 보존행위는 문화유산의 보존에 어떤 체계를 제공하는 것을 목적으로 하는 계속적인 활동을 의미한다.	이해관계자의 협의는 어떤 유산자원을 지속 가능하게 개발시키는데 있어서 중요한 부분이다.		
유산자원의 보존이라 해도 일반에 대한 전시공개 및 설명을 할 필요가 있다.			

Australia 1999; UNESCO World Heritage Centre 2000; World Bank 2000; World Monuments Fund 2000; du Cros 2000). 궁극적으로, 각자 상대방의 기본이념과 요구사항을 더 잘 이해할수록 상호협력의 정도는 더욱 향상될 수밖에 없다.

다음 3개의 장은 문화유산관리의 핵심개념과 활용을 소개하고 있다. 본 장에서는 〈표 4.1〉에 제시된 것처럼 4개의 큰 테마; 핵심개념, 지속가능성, 이해관계자, 관광으로 구분하여 많은 원리들에 대한 토론을 통하여 문화유산관리의 개요를 파악해보고자 한다. 제5장 및 제6장에서는 유형과 무형의 문화유산의 전시 및 관리에 관련된 문제들을 살펴보고자 한다.

2. 핵심개념

모든 분야에서 문화유산관리(cultural heritage management)라는 말이 널리 인정된 용어지만, 예외적으로 미국에서는 문화자원관리(cultural resource management)라는 용어가 일반적으로 사용되고 있다(Pearson · Sullivan 1995; MaCintosh 1999). 각 단어의 서로 다른 함축적 의미 때문에 유산(heritage)이 자원(resource)으로 대체되어졌다. 자원이라는 말을 쓸 때 해당자원은 경제적 가치를 가지며 남용될 수 있다는 의미를 함축하고 있다. 반면 유산이라는 말은 자원의 비경제적 가치를 의미하며, 더 나아가 물려받은 유산(legacy) 즉 어떤 의무와 책임을 내포하기도 한다. 어떻든 대부분의 문화유산 관리자들은 여전히 문화자원이 하나의 용어로서 쉽게 이해되지도 않으며 일반에 널리 알려져 있지 않다고 인식하고 있다(Pearson · Sullivan 1995).

가. 대표적 문화유산 표본의 보존

문화유산관리의 주요 목적은 미래세대를 위하여 유형 및 무형의 대표적 표본 문화유산을 보존하는 것이다. 세계의 변화속도가 너무 빨라서 우리의 많은 문화유산이 물리적 파괴 또는 망각을 통해서 멸실될 수 있는 위기에 처해 있다는 인식이 있다. 문화유산관리는 문화유산의 표본을 찾아내고 미래를 위하여 그것을 보존하기 위한 공공의 제도 확립을 추구하고 있다. 같은 맥락에서 문화유산관리에 모든 것을 포함시킬 수는 없다; 즉 가장 훌륭하고 가장 대표적 표본을 보존해야 한다.

사람들은 항상 서로 다른 종류의 독특하고 재생불가능한 유물과 전통을 만들었으며 앞으로도 계속 만들어 갈 것이다. 앞으로 결코 침몰한 타이타닉호, 이집트 피라미드, 앙코르와트 사원, 토탄철기 매장지(peat bog Iron Age burial) 등은 새로 만들어지지 않을 것이다. 이러한 문화유물 및 유적지 등은 그 당시 특별한 사회적·문화적·경제적 환경 속에서 창조되었으며, 그러한 환경을 새로 만드는 것은 사실상 불가능하다. 어떤 자원이 문화유산으로 인식되면 미래세대가 관리하고 이해할 수 있도록 그것을 보존하는 것이 필수적이며 시급한 문제이다. 비록 우리는 문화유산을 완전히 다 고갈시키지는 않겠지만 문화 또는 역사적 시대를 보는 잘못된 시각 때문에 특정문화유산을 완전히 잃어버리거나 타 문화에 압도되어 묻혀 버릴 수 있다.

문화유산의 범위는 흥미를 끄는 대표지역 또는 많이 방문한 지역 그 이상의 것을 포함한다. 그것은 또한 평범한 것, 매일의 생활, 가치, 전통을 나타내는 흔하고 세속적인 것들도 포함한다. 마찬가지로, 연대(age)는 보존되는 자원의 가치보다 중요하지 않다. 20세기 후반 또는 21세기 초의 생활을 담고 있는 현대의 문화자원 역시 내일의 문화유산이 되기 때문에 보존되어야 할 필요가 있다(예를 들면, 무너진 베를린장벽 파편들 그리고 최초의 매킨토시 컴퓨터 등이다).

나. 진정한 내재적 가치의 보존

문화유산관리 기본원칙 가운데 하나는 문화유산의 보존과는 다소 거리가 있는 사회적 이익(social good)이 있어야 한다는 것이다. 문화유산관리가 대중에게 전달해야 하는 메시지는 문화유산이 사회에 대하여 가지는 가치에 관한 것이다.

문화유산을 상업적 가치의 시각으로만 보려고 하는 관광산업 및 기타 관계자들이 인정하지 못하는 것 중의 하나가 문화유산은 사용가치가 아니라 진정한 내재적 가치 때문에 선택되어진다는 사실이다. 문화자원의 가치는 어떤 사회와의 관계에서 가지는 의미 또는 그 존재가치에서 오는 것이지, 수익창출가능성

(revenue-generating potential)에서 오는 것은 아니다(〈사진 4.1〉 참조). 이러한 이유로 비교적 극소수의 문화유산만이 관광유발 효과를 가진다.

〈사진 4.1〉 캘리포니아주 샌프란시스코의 요새지

문화유산 관리에서는 여러 자원들의 사용가치가 아니라 유산보존으로부터 오는 공익 때문에 그 가치를 평가한다. 따라서 경제적 가치를 두기 어려운 자원들(예를 들면 샌프란시스코 요새지에 있는 미국 남북전쟁시대의 건물들)은 그 자체로서 가치를 가진다. 그런 유적들은 남북전쟁 기간에 관련된 것들을 조사하고 그리고 역사적 기록, 일기, 분묘, 기타의 정보제공물로부터 알려진 것들을 보완하기 위해서 특히 중요하다. 궁극적으로 발굴에서 얻어진 자료들은 해석 및 그런 정보들과 통합되어져서 남북전쟁관련 방문객을 위한 설명·안내를 확충시킨다. 그러나 이것은 유일한 목적이 아니다. 왜냐하면 이것은 다른 지역에서 발생한 남북전쟁에 대한 연구에 다시 기여할 것이다.

다. 대부분의 문화자원은 대중에게 공개되고 설명되어져야 한다

만약 문화유산관리의 주요 목적이 미래세대를 위하여 대표적 문화자원을 보존하는 것이라면, 현세대가 그러한 문화자원의 여러 가지 모습에 쉽게 접근할 수 있어야 한다는 것도 중요하다. 유형문화자원이 바람직하게 공개되기 위해서는 모든 부류의 방문객이 이해할 수 있게 그 문화적 가치가 충분히 설명되어져야 한다. 특히 유형문화자원과 무형문화자원이 서로 밀접한 관계가 있을 때, 유형문화자원에 대한 설명의 일부로서 무형자원에 대한 정보가 동시에 제공될 필요성이 있을 수 있다(NTHP 1999).

문화유산 관리자들은 현재 실시중인 문화유산 보존 및 관리정책의 주요한 한 부분으로서 문화유산에 대한 공개를 계획하도록 촉구 받고 있다(Pearson · Sullivan 1995 ; Shackley 1998 ; ICOMOS 1999). 문화자원을 공개할 때에는 교육적인 면과 위락적인 면의 조화가 이루어져야 한다. 주요 목적은 보통 종합교육 또는 지식전시장을 만드는 것이다. 예를 들면, 유적지, 유물, 문화관습 등과 관련된 박물관은 주로 교육적인 목적에 기초를 두고 세워졌다(Ghose 1992 ; Ambrose · Paine 1993 ; Lord · Lord 1999). 하지만 위락위주의 전시는 문화자원에 대한 관광시장 기반을 확대시켜 주는데 기여하게 되며, 문화유산 관리자들이 좀더 많은 사람들에게 문화유산의 가치에 관한 중요성을 전달할 수 있는 기회를 제공하게 된다. 이렇게 되면 문화유산관리에 대한 더 많은 지지를 이끌어 낼 수 있다(〈사진 4.2〉 참조).

〈사진 4.2〉 캐나다 퀘벡 주 Fort Chambly

자료를 해석하고 전시하는 것은 과거에 대한 관심을 불러일으키고 일반 사람들을 교육하고 미래의 보존활동에 대한 지지를 이끌어 내는데 도움을 준다. 정보는 캐나다 퀘벡주 포트 챔블리에 있는 다양한 역사적 시대의 유물들을 전시하고 있는 고고학 장롱 속의 서랍과 같은 재미있는 방법으로 제공할 수 있다. 단순히 하나를 추가하는 고고학적 생각이 항상 비전문가들을 위한 설명방법으로는 쉬운 것이 아니다. 독창적인 방법(예를 들면 여러 가지 다양한 시대들을 층별로 구별하여 발굴될 수 있다는 것을 보이기 위한 방법)들은 신비성을 더해주고 유물들의 전시는 발굴현장의 모습과 같은 환경을 가지고 있다. 유물들은 보통의 경우 전통적인 방법으로 전시된다. 때때로 박물관 직원들은 방문객들에게 그런 역사적 장롱이 주는 의미를 행동으로 설명하는 방법으로 박물관 안내원처럼 행동하고 장갑을 끼고 주위에 흙손을 흔들면서 생생한 묘사를 완성한다.

라. 유형 및 무형의 문화유산 모두 중요하게 다루어져야 한다

대부분의 문화유산관리 비전문가(non-heritage management specialists)들은 문화유산 보존관리를 고려할 때, 유적지, 루트, 그리고 오래된 건축물, 역사적 현장, 고고학적 현장, 기타 유물 등 어떤 형태를 갖는 실체적인 것만을 대상으로 하고자 하는 경향이 있다. 하지만 문화유산관리는 단순한 유형문화자원 그 이상을 포함한다. 문화유산관리는 동시에 무형자원, 문화배경 그리고 민속, 구전, 축제, 종교행사 등을 인식하고 보존해야 한다. 유형 및 무형의 문화유산 모두 다양한 문화관광상품의 기반을 구성한다.

두 가지 문화유산 관리정책의 운영(ICOMOS 1999; UNESCO 2000)을 좀 더 긴밀하게 통합하는 방안에 대한 국제보호기구의 관심이 증대되고 있다. 독특한 문화전통을 가지고 있는 세계 도처의 문화유산관리자들은 한동안 이러한 작업을 해왔다. 호주, 뉴질랜드, 그리고 북아메리카 일부지역은 특정 전통문화가 이미 가지고 있는 여러 가지 기본원리들에 의해서 유형의 문화유산관리방법이 제시되고 안내되어져야 한다는 인식을 가지고 있다. 예를 들면, 일반 민속유적지와 종교유적지 사이의 관계를 이해하는 것은 적절한 보존정책을 수립하기 위하여 중요하다.

마. 문화유산은 규모, 복잡성, 해결과제 면에서 차이를 보인다

문화 및 유산자원은 역사 타운과 같은 대규모 유형의 유적지에서부터 코담배갑 수집과 같은 소규모 문화재에 이르기까지 규모나 복잡성 면에서 서로 차이가 난다. 마찬가지로, 무형자원도 어떠한 지역 내의 20개 인종집단의 민속생활과 같이 복잡할 수도 있고, 시장의 이야기꾼들이 들려주는 재미있는 이야기의 하나처럼 단순할 수도 있다. 이러한 서로 다른 규모는 여러 가지 관리상의 해결과제와 기회를 제공해 주며, 각각의 자원은 하나밖에 없는 유일한 것으로 취급되어야 하며, 또한 그에 따른 고유한 관리계획 또는 정책이 마련되어야 한다는 것을 의미한다.

어떤 대상에 문화유산의 지위를 부여하는 일은 여러 가지 이유로 밝혀진 유형 및 무형의 문화적 특징에 대한 내재적 가치를 현대적 관점에서 인정하는 것이다. 바꾸어 말하면, 여러 가지 문화자원들은 특정 목적을 가지고 만들어지지 않았기 때문에 규모, 복잡성, 주기성(periodicity), 이용 등에 있어서 서로 다른 차이점을 가지게 되고, 그것은 필연적으로 문화자원 관리방법을 유기적이게 하고 복잡하게 만든다. 지금 중요한 문화유산 관광루트로 떠오르고 있는 아시아지역에 걸쳐 있는 실크로드(The Silk Road)는 여행 및 무역루트로서의 역사적 역할 때문에 인식되기 시작했다. 국가들 간에 걸쳐 있는 문화유산이 어떻게 관리되어야 하는가는 각 나라의 문화유산보호법, 문화적 중요성에 대한 이해, 정치권의 의지, 보존정책시행을 관리하는 인적조직에 의하여 좌우될 것이다. 또다른 대안의 하나로, 소규모 지역에 한정된 자원, 예를 들면 미국 애리조나주에 흩어진 도자기들은 별도의 적용 법률이 존재하며 이해당사자 수도 적으며, 어쩌면 당해 지역이외에서는 문화적 가치가 적을 수도 있다. 따라서 그에 따른 보존정책도 달라져야 할 것이다.

비록 무형유산보존을 위한 연구가 아직 초기단계이지만 무형문화자원에 대하여도 유형문화자원과 비슷한 상황이 적용될 수 있다. 아마도 대부분의 경우, 무형자원과 관련된 전통계승자들은 자신들이 주요 보존책임자들로서 현존 문화유산(living heritage)을 관리하고 기록으로 남기는데 있어 전반적인 상황 설명 등이 필요할 때 기록보존소, 대학교수, 음악학자들을 만나게 된다. 보존책임자로서의 지위에 있는 전통계승자들은 또한 특정 문화유적지 또는 문화재에 대한 관리권한을 확립하고자 하는데, 이것은 그들 자신만의 현장기록 박물관을 만들어 유적지로 관리함으로써 그들 자신을 무형문화유산의 일부로 연관시키고자 한다. 또한 규모에 따라서는 이런 문화유산들의 관리를 전통보유자들에게 허용치 않을 뿐더러 정치적 재정적 평가도 허용치 않는다.

바. 문화유산관리는 진화체계를 갖는다

문화유산관리는 계속 발전하고 있는 새로운 모형과 같이 비교적 새로운 패러다임에 속한다; 그러나 문화적 가치가 최초로 인식되고, 정치적 관심이 고조되고, 전문성의 단계가 높아질 때 문화유산관리는 5단계의 라이프사이클을 통해서 진화 발전 양상을 보인다는 사실은 흥미롭다. 틀림없이 미래에는 선진국과 같이 더 많은 단계들이 나타날 것이다. 현재의 이러한 5단계에는 다음과 같은 내용을 포함한다.

(1) 최초, 계속적인 목록작성 단계
(2) 초기 보호법 제정단계
(3) 전문성 고조 단계
(4) 이해관계자 협의 및 참여단계
(5) 전문가 검토 및 국가책임단계

각 단계의 주요 특징은 〈표 4.2〉에 표시되어 있다.

〈표 4.2〉 문화유산관리의 단계적 체계

단계	주요 특징
목록작성	• 사회관심 고조 • 문헌적 고증 • 비전문가로부터 전문가로의 작업수준 격상
최초입법	• 문화유산의 식별 및 보호의 방향을 지시하기 위한 최초의 입법 • 무형유산이 아닌 유형유산에 관리집중 • 문화유산정부기관 발족 • 타 정부기관 또는 법률과의 약한 수준의 통합
전문성고조	• 문화유산 국제정부(IGOs) 및 비정부기구(NGOs) 설립 • 윤리강령, 보존원칙 헌장 등 공식적으로 제정 • 문화유산관련 전문 직종 개발(공공 및 민간 부문)
이해관계협의	• 광범위한 이해관계자 출현 • 갈등 부분 확인 • 지역의 공동이익에 무게를 둠

표 계속

검토	• 여러 가지 책임들을 새롭게 이해 • 법률의 제정 또는 개정 • 좀더 종합적인 계획 및 실천 • 무형유산에 대한 인식제고 • 다른 이용자 그룹 인식 • 새로운 패러다임 정착 • 문화유산관리의 최고성숙단계 도달

5단계의 문화유산관리과정의 시작은 유산의 가치 및 보존 필요성을 학자, 사회지도자, 정치인들이 최초로 인식하는 데서 비롯된다. 그러므로 1단계는 보통 문화유산의 문헌적 고증을 위한 최초의 시도를 포함하게 되며 때때로 열성적인 비전문가 또는 소수의 문화유산 전문가들에 의하여 주도된다. 일단 어떤 지역의 문화유산의 범위가 결정되면, 2단계는 이러한 문화유산의 중요성을 인식하고 보존하기 위하여 특정형태의 입법을 강하게 요구하게 된다. 또한 2단계는 열성적 활동가들의 연구를 체계적으로 목록화하고 그들을 더욱 연구에 몰두하게 만드는 일까지도 포함할 수 있다. 문화유산관련 정부부처의 신설 또는 타 부처 내 문화유산업무부서 설립은 종종 이러한 행동과 동시에 발생한다. 비록 이것은 주요한 단계이지만, 이러한 조치로 인하여 장기적인 문화유산 보존을 위한 방향설정이 되었다고 할 수 없다. 문화재 이용갈등에 대한 계획이나 예상이 명확하게 이루어지지 않으면 문제가 발생할 수 있다. 문화유산관리는 전문적이고 체계적인 과정을 거쳐야 한다.

3단계는 전문성 고조가 나타나는 단계이다. 실천강령 및 보존헌장이 채택되고 여러 국가들이 국제헌장에 서명할 것이다. 유형문화자원을 보호하기 위한 단순한 입법에서 벗어나 공식적인 관리프로그램을 수립함으로써 문화유산의 식별방법, 가치평가 방법, 장기적인 관리방법에 높은 전문성을 부여할 수 있다. 이 단계에서 건축가로부터 컨설팅 고고학자에 이르기까지 다양한 공공 및 민간부문의 전문가들이 참여하게 된다. 마찬가지로 또한 이 시기에 대학들은 문화유산 관련 전문가 양성 프로그램을 제공하기 시작한다. 현재 이 분야의 많은 전문지식 및 기술이 선진 서유럽국가에는 축척되어 있다(Byrne 1991).

4단계 및 5단계는 문화유산관리 프로그램에 고도의 정교함이 반영되는 단계이다. 이해관계자의 역할을 단순한 관계자로 보지 않고 합법적인 관리자 및 공동 관리자로 인정하기 시작한다. 이렇게 함으로써 사회적 공통 관심사에 더 많은 노력을 기울일 수 있으며, 문화유산관리에 사회적 합의로서 접근해야 한다는 목표를 가질 수 있다. 고도의 정교한 체제란 보통 기존의 법률이 반드시 개정되어야 하며 문화유산관리를 위하여 좀더 종합적이고도 완전한 하나의 관리방법이 채택되어야 한다는 것을 의미한다.

관리의 단계적 과정은 문화가치의 보존이 더 큰 사회적 이익에 기여할 것이라는 인식에서 출발한다. 그런 다음 보존을 위한 초기의 잠정적인 조치들을 통해서 진행하기 시작하며 점점 전문적이고 정교한 성격을 띠기 시작한다. 하나의 완전한 그리고 사회적으로 합의된 관리방법을 채택할 필요성은 마지막 단계에 가서야 알 수 있는 것이다. 그러므로 특정 문화유산 관리조치들의 진행은 문화가치와 관리방법에 대한 전반적인 사회 및 정치적 발전단계와 일치한다. 결과적으로, 이제 겨우 문화유산보존의 필요성을 느끼기 시작한 지역에서는 마지막 두 단계(4, 5 단계)를 강제적으로 시행하여 성공하는 것은 거의 불가능한 일이다. 그리고 그러한 상황에서는 다른 문화유산 이해관계자들과 문화유산관리면에서 공감대를 형성하기 어렵다.

박물관 – 특별한 사례

국제박물관위원회(The International Council of Museums: ICOM)의 정의에 따르면, 박물관이란 "비영리의 영속적인 기관으로서 사회와 사회의 발전에 기여하고 일반에 공개되어야 한다. 즉 박물관은 연구, 교육, 즐거움을 위하여 인간과 인간의 환경에 관한 실체적 증거를 획득 보존하고, 연구 전시하며 정보를 제공하는 기관이다(Ambrose · Paine 1993 : 296)." 박물관학 연구에서 우리는 전문분야, 반환문제, 사회참여, 교육에 관련된 문헌자료를 완전하게 입수할 수 있다. 이러한 자료들은 많은 박물관 및 갤러리들이 본장에서 밝힌 유적지의 발전단계와 비슷한 양상으로 발전하고 있다는 것을 시사한다(Leon · Rosenzweig 1989 ; Boylan 1992; Kavanagh 1994 ; Kaplan 1994; Arduin · Arinze 1995).

대상물을 목록화하여 처리한 다음 나중에 컴퓨터 작업을 통해서 업데이트 하는 일은 초기에 박물관의 주요 업무였으며, 아직도 많은 나라에서 진행되고 있다. 지난 10년 동안, 많은 박물관들은 자기들의 전문분야를 가지게 되었으며, 사회참여 및 외부에서 제기한 박물관 관리자의 책임문제와 같은 것에 직면해 왔다.

하지만 박물관은 문화유산관리의 다른 분야가 직면하지 않은 특별한 문제를 안고 있다. 대부분의 박물관 관리자들은 역사적으로 출처 등이 모호하거나 유서 깊은 수집품들을 다루어야 한다. 뿐만 아니라 처음에 민간수집가로부터 매입되었던 작품들을 구매하는 것이 얼마나 이익이 되는지도 결정해야 한다. 따라서 분쟁대상 문화자원의 소유권에 관련된 문제들은 문화유산 윤리학자인 Karen Warren에 의하여 다음과 같이 "The 3Rs"로 분류되고 있다.

1. 원산지로의 반환주장(restitution)(예를 들면 수년 동안 대영박물관에 소장되있는 Elgin Marbles에 대한 그리스 정부의 반환요구)

2. 과거의 소유권 분쟁 때문에 문화자원에 대한 수출입 제한(restriction)(예, 민간부문과 공공부문 사이 또는 국내 수집가와 국제수집가 사이의 수출입제한 조치)

3. 관련 당사자가 계속 보유하는 소유권, 이용권, 상속권 등의 권리(rights)(예를 들면 아메리칸 인디언이나 호주 원주민이 권리를 주장하는 박물관 내의 유골 및 문화재)(Warren 1989)

그러나 이런 아이템들은 부분적으로 새로 만들어질 수 없기 때문에 많은 문화유산 및 박물관 관리자들은 전체 공동사회가 다 같이 즐거움을 누릴 수 있어야 한다고 믿는다. 특정 개인 수집가들의 생각과는 완전히 다르다(개인 수집가들은 문화재를 무차별적으로 사들이고 그런 다음 수요를 만들어 낸다). 점점 많은 문화유산 관리자들은 이 문제에 있어 현지 토착민들의 입장을 지지하고 토착민들이 운영할 박물관 건립을 지원하고 있다. Warren(1989)은 "3Rs 및 관련 논쟁에 대한 진정한 토론을 위해서는 제기된 문제에 대하여 완전히 이해관계를 떠난 비적대적 성격을 갖는 단계적 과정(step-by-step process)을 거쳐야 한다"고 지적하고 있다.

사. 보존 및 문화유산관리는 계속적으로 진행되는 조직적인 활동이다

문화유산관리 및 보존활동은 문화유산의 상태와 그 사용과 관련하여 계속적인 투자를 필요로 하는 하나의 과정에 속하는 조직적인 활동을 말한다. 그러한 하나의 과정이 만들어진 이유는 많은 원리원칙들을 담고 있는 국제조약이나 협약이 만들어진 과정에서 찾을 수 있다. 현재 많은 개도국들이 문화유산관리 정책을 시행하고 문화유산보호법을 제정하거나 개정하는데 있어 중요한 준거로서 그러한 조약 등에 의존하고 있다.

국제기준 및 원칙적용 또는 준수사례는 점점 증가하고 있다. 그러한 헌장이나 관련 부속서들은 문화유산의 보존을 하나의 계속적으로 진행되는 과정(ongoing process)이라고 분명히 밝히는 것을 중요시한다. 즉 지속가능성(sustainability)을 추구하는 것이라고 볼 수 있다.

국제기념물 및 유적회의(The International Council on Monuments and Sites: ICOMOS)는 1965년에 만들어진 비정부기구로서 문화유산보존과 관련한 문제에 대하여 UNESCO의 보좌활동을 하고 있다. ICOMOS는 건축유산 위주의 유형문화자원 보존을 위한 준거원리(guiding principles)로서 베니스헌장을 따르고 있다. 베니스헌장은 1964년에 채택되었으며 1994년까지 42개 언어로 번역되어 문화유산 보존계획을 위한 가이드라인을 만드는데 있어 주요한 지침이 되고 있다.

문화유산을 보존하기 위하여 허용되는 작업의 범위 및 한계는 지난 수년 동안 확대되었지만, 베니스헌장은 여전히 문화자원의 개축 및 손상에 있어 어떻게 다루어져야 하는가에 대하여 엄격한 시각을 가지고 있다(ICOMOS 1994). 베니스헌장의 주요한 특징은 5개의 주요 원칙을 제시하고 있다는 점이다.

- 역사건축물(지금은 수십 개로 확대되고 있음),
- 보존(개축 제한),
- 고유성 복원(재건축 금지),
- 고고학적 조사를 통한 전문성 부여,
- 문헌적 고증(일제의 조치는 체계적으로 문헌적 고증을 거쳐야 한다)

또한 많은 국제단체들이 문화자원을 찾아내고 관리하기 위하여 여러 가지 헌장과 프로그램을 개발했다. 아래 내용과 같다:

- UNESCO(United Nations Educational, Scientific, and Cultural Organization) 1954년 무력 충돌시 문화자원보호의 국제적 협약 근거 마련
- IUCN(International Union for the Conservation of Nature) 자연보존국제연합
- IATF(UN-based Inter-Agency Task Force) 세계유적지의 위험대비 수준을 높이기 위하여 결성
- ICCROM(International Centre for the Study of the Preservation and Restoration of Cultural Property) 1960년대 초 유네스코가 이탈리아에 설립함
- ICOM(International Council of Museums) 유네스코를 보좌하는 비정부기구

이러한 협약 및 기구 가운데, 1972년 세계 문화유산 및 자연유산 보호협약에 따라서 작성된 유네스코 세계 문화유적지 및 문화유물(UNESCO World Heritage Sites and Properties)이 가장 잘 알려져 있다. 유네스코는 인류에게 빼어난 가치가 있다고 판단되는 전 세계문화 및 자연유산의 발굴, 보호 그리고 보존을 위하여 노력하고 있다(UNESCO 1996). 이러한 노력은 유네스코의 성공 스토리 중의 하나로 인정받고 있다. 150여개 국가가 유네스코의 서명국이 되었으며, 690여 개의 유적지가 세계문화유산리스트(World Heritage List)에 등록되어 있다. 그리고 2001년 8월 현재 122개 국가가 정식회원국으로 가입해 있다(Stovel 1998; Leask · Fyall 2000; UNESCO World Heritage Centre 2001).

특정지역형태, 예를 들어 문화풍광지역(cultural landscapes)의 경우 현재의 문화유산관리 프로그램의 실효성을 시험받고 있다. 문화풍광지역은 자연적 가치뿐만이 아니라 문화적 가치를 함께 가지고 있는 환경을 의미한다. 문화풍광지역은 무형성과 특히 국가의 경계지역에 걸쳐 있는 경우가 많기 때문에 관리상의 특별한 과제가 제기된다. 적절한 관리를 위하여 몇 가지 해결방안이 토의되었다. 한

가지 전략은 문화풍광지역이 충분한 관심의 대상이 될 수 있도록 "위기에 처한 세계문화유산 리스트(Endangerous World Heritage List)"와 같은 수단을 이용함으로써 꾸준히 국제헌장이나 협약을 실천하는 것이다(Rossler 1994, UNESCO World Heritage Centre 2000). 또다른 전략은 관리 및 보존을 촉진하기 위하여 각국 정부들이 국가와 국제기구 사이의 협력관계 구축을 지원하는 것이다(Dienne 1994). 그러나 국내정치 문제를 다룰 때 국제기구는 거의 실질적인 영향력이 없기 때문에 그러한 해결방안에 대한 실효성은 의문이 제기된다.

1) 지속가능성

문화유산관리자들이 장기적인 보존·보호계획을 말할 때, 지속가능한 수준으로 자원을 유지하는 문제에 대하여 고민한다. 〈표 4.1〉의 지속가능성 하의 제시된 아이템들은 자원의 확인, 평가 및 어떻게 사용할 것인가와 관련 있다. 이 이슈들은 유형·무형유산 특별 참고자료를 가지고 다음의 2개 장에서 구체적으로 논의하고자 한다.

그러나 문화유산은 각각의 고유한 의미, 문화적 중요성을 가진다. 그리고 그것은 또 다른 사회적·문화적 환경에 놓일 수 있다는 사실을 우리는 늘 인식해야 한다. 즉 이러한 조건은 각각의 문화자원은 물리적 그리고 문화적 견고함(physical and cultural robusticity)의 관점에서 볼 때 독립적 그리고 개별적으로 취급되어야 한다는 것을 의미한다. 예를 들면 많은 문화적 간섭과 변화를 바라보는 시각에 따라서 문화는 달라진다. 그리고 그 결과 어떤 문화유산은 정통성을 인정받지 못하게 된다. 예를 들면 어떤 문화자원은 거의 완전한 복원을 거쳐 그 가치를 여전히 유지하는 경우가 있다. 많은 역사적 성(historical forts)이나 일본의 사당 등이 이에 해당한다. 그리고 또다른 예로는 어떤 변화도 적절하지 않다고 생각하는 특히 정신적 그리고 종교적으로 중요한 의미를 가지는 장소 등이 그러한 경우이다.

또한 지속가능성 요소는 현재 보호되고 있는 내재적 가치가 위협 받기 전에 사용되어진 양, 빈도, 형태와도 관련이 있다(Marquis-Kyle·Walker 1992; Pearson·Sullivan 1995; ICOMOS 1994; Silva 1994; Cantacuzine 1995).

지속가능성요소는 유형 및 무형자원 모두에 적용된다. 제12장에서 언급한 것처럼 관광과 상관없이 훼손되기 쉬운 유적지는 철저하게 관리되어야 한다. 특정한 경우에는, 방문 금지 및 방문자수의 엄격한 통제가 문화유산을 보존하기 위하여 가장 중요한 관리수단이 될 수 있다. 다만, 단순히 문화적으로 적절하게 사용하는 것은 반드시 허용되어야 한다.

2) 이해관계자

이해관계자 문제는 이 책의 많은 부분에서 다루고 있는 일반적 주제이므로 여기서는 자세히 다루지 않을 것이다. 다만, 반드시 고려되어야 할 몇 가지 문제를 설명하고자 한다. 문화유산 관리자들로는 핵심 이해관계자로서 해당 지역사회, 문화자원 근처에 살거나 문화와 밀착된 생활을 하는 문화그룹, 문화자원을 하나의 유익한 자원으로 이용하는 학교 및 대학, 유산관리의 책임이 있는 정부의 문화유산관리 공무원 그리고 관광산업과 같이 상업적 이용자들까지도 포함시키고 있다.

(1) 대부분의 문화자원은 복수의 이해관계자가 존재한다

문화 및 자연유산을 관리하는데 있어 큰 해결과제 중의 하나는 많은 이해관계자들을 진정시키는 일이다. 종종 이해관계자의 수를 양분하여 한쪽에는 소유권 및 이용자 그룹으로, 그리고 다른 한쪽에는 관광산업으로 제한하는 경우가 있다. 그러나 사실은 대부분의 문화자원은 복수의 이해관계자를 갖는다. 이러한 이해관계자는 문화자원에 대하여 서로 다른 정도의 관련성을 가지며, 이해관계로서의 합법성 정도도 서로 다르다. 따라서 문화자원의 관리방법에 대한 견해도 상당한 차이를 보인다. 게다가 이해관계자들 사이에 공식적 또는 비공식적 제휴 및 연대가 형성되면서 문제해결을 지연되게 만드는 일이 발생하고 있다.

(2) 이해관계자들과의 협의는 그들의 요구를 제한하는 데 도움을 준다.

이해관계자들과의 협의는 그들 스스로 한계를 인식하게 하는 문화유산 관리전략의 성공적인 개발을 위하여 주요한 역할을 한다. 이러한 이유로 진실한 협의는 이제 문화유산관리 계획에서 주요한 부분으로 인식되고 있다.

(3) 외부의 이해관계자가 문화자원에 대하여 더 큰 영향력을 행사할 수 있다.

특별히 관광산업과 관련된 이해관계자 문제와 관련하여, 문화자원의 관리 및 일반 공개에 대하여 외부의 이해관계자가 자원의 소유권자보다 더 큰 영향력을 행사할 수 있다는 것이다. 제11장에서 언급한 것처럼, 어떤 문화유산에 대하여 상업적 메시지를 전달하는 사람은 누구든지 관광객의 관광욕구를 불러일으키게 되고, 결국 당해 문화자원의 이용방법에 대하여 엄청난 영향력을 발휘하게 될 것이다. 문화유산 관리자들이 비록 표면상 해당 문화유산 관리권을 가지지만, 관광목적의 부적절한 문화유산 이용 흐름을 막지 못하는 경우를 세계 곳곳의 수많은 사례에서 볼 수 있다.

3. 문화유산관리와 관광

문화관광은 문화유산의 전시 또는 공개를 어떻게 계획하여야 하는가에 큰 영향을 미친다. 선진국에서는 문화유산 관리정책이 좀더 성숙되고 그리고 보존계획상 전통적 방법이외의 새로운 이용 또는 이용자들을 인식한 나머지 문화관광의 영향력은 점점 커져가고 있다. 그러나 이러한 인식이 항상 편안한 관계로 이끌어 주지는 못한다. 왜냐하면 관광산업과 보존정책 사이에 서로 요구가 다르며 이로 인하여 긴장관계가 나타날 수 있다. 특히 개도국에서의 상황은 심각하다. 개도국에서는 적절한 문화유산 관리기법이 제정되기 전에 대량관광이 일어난다. 만약 관광이 통제되지 않으면 문화자원의 남용 및 오용, 관광기념품화, 그리고 유물의 불법거래 등으로 심각한 훼손이 발생할 수 있다.

문화유산 관리부문은 전통적으로 힘이 약하기 때문에 종종 관광에 좌지우지 된다. 특히 정부가 이러한 문화자원을 미래의 수입원으로 생각할 때 그러한 경향이 있다. 문화유산은 관광에 의하여 창출된 수입의 많은 부분을 갖지 못한다. 그러므로 관광목적의 이용과 문화유산관리상의 보존목적과 균형을 유지하는 것이 중요하다. 정책결정자들은 문화자원이 가지고 있는 관광잠재력을 합리적으로 예상하고 그러한 관광잠재력을 사회적 그리고 문화적인 측면에서 합리적으로 달성할 수 있는 방법을 찾아야 한다.

가. 문화유산관리시 관광객 요구 이외도 많은 것을 고려해야 한다

관광객은 문화유산이 가지고 있는 많은 기능 이용자그룹 중의 하나이다. 따라서 관광객의 요구도 문화유산의 관리 및 전시방법을 결정할 때 반드시 고려해야 할 요소 중의 하나이다. 예를 들어 박물관이나 미술관의 경우 관광객의 요구는 통역 요구가능성을 제외하고는 다른 이용자그룹의 요구와 비슷하다. 하지만 기타의 많은 경우 관광객의 요구는 다른 이용자그룹과는 상당히 다르다. 문화유산에 관한 서로 다른 수준의 지식, 해당 유산에 대한 관심의 차이, 다양한 문화적 배경, 서로 다른 기대 등으로 인하여 지역이용자(local users)를 위한 문화유산 공개전시는 관광객에게는 적절하지 못할 수도 있다. 그리고 그 반대의 경우도 있을 수 있다. 그러므로 관광목적을 위해서는 관리면에서 신중한 결정이 필요하다. 그리고 서로 다른 전시를 해야 할지, 아니면 지역 이용자들과 크게 벗어나지 않는 요구를 가진 관광객만을 대상으로 전시해야 할지를 결정해야 한다.

나. 관광이 중요하지만 문화자원 이용에 유일한 것은 아니다

마찬가지로 문화자원 이용시 관광을 중요하게 인식할 수 있지만, 유일한 이용이라고 말하기는 어렵다. 다시 말하면 관광목적의 이용과 다른 용도의 이용이 서로 조화롭게 이루어질 수 있는지에 대한 결정이 반드시 이루어져야 하며, 또한 다양한 이용자그룹을 위하여 문화유산을 가장 효과적으로 공개전시하는 방법에 관한 결정이 이루어져야 한다.

4. 관광의 부정적 효과와 긍정적 효과

관광이 문화 및 자연자원의 보존과 장기적 관리정책에 대하여 광범위한 영향을 미칠 수 있다는 것은 선진세계 대부분의 사람들에게는 너무나 당연한 사실이 되어 있다(Mercer 1996; Pearce 1995; Pearce 1996; Hollingshead 1996, 1999). 실제로 관광학개론 내지 관광학입문에서는 적어도 1개의 장을 할애하여 관광의 사회, 문화적 영향에 관해 논의하고 있다. 이 주제는 또한 학술 논문 등에서 광범위한 연구의 대상이 되었다. 하지만 급속한 성장을 경험한 지역 및 보존 철학이 확립되지 않은 지역에서는 종종 놀랍게도 관광의 부정적 영향들을 인식하지 못하는 경우가 있다. 즉 경제개발의 이익이 개발의 부정적 대가보다 중요하다고 생각하는 태도이다. 그러한 태도는 40여 년 전 선진국에서 흔히 볼 수 있었다. 그 당시 선진국은 오늘날 다른 지역에서 볼 수 있는 형태의 과도한 양적 팽창을 경험하고 있었다. 하지만 오늘에서 돌이켜보면 그러한 태도는 근시안적인 자세로 여겨지며 결과적으로 관광이 해당 지역사회와 문화에 미치는 긍정적 영향과 부정적 영향을 동시에 미치고 있음을 인식하여 관광에 대하여 좀더 균형 있는 접근방법을 시도해야 한다고 주장하고 있다.

미래를 내다보는 장기적인 계획 및 관리정책에는 부정적 영향을 예측하고 이러한 부정적 측면을 최소화하고 완화하기 위한 프로그램을 포함하고 있어야 한다. 아래 내용들은 관광이 유형 및 무형 문화자원에 미치는 몇 가지 영향들을 열거한 것이다. 그리고 열거된 내용들은 아시아의 많은 지역에서 초입단계에 있는 문화관광 실패를 관찰하고 그것을 근거로 하여 밝혀진 것이다.

가. 부정적 영향

1. 관광객들의 과도한 이용 : 이로 인해 현지주민들을 떠나게 만들며, 대혼잡, 주차, 쓰레기, 소음 등의 문제를 야기한다. 그리고 물과 연료 등의 공동자원의 고갈을 촉진한다.

2. 관광에의 의존 : 사회의 여러 부문이 관광에 의존하게 되고 다른 산업을 희생시키게 된다. 그 결과 자신감과 전통을 고수하는 생활을 하겠다는 의지의 상실을 가져올 수 있다.

3. 관광객 행동 : 만약 관광객들이 관광지에서 방문자 예절을 모르거나 무시하기로 하는 경우 부정적 영향을 줄 수 있다. 즉 현지 전통에 대한 배려 및 감수성이 부족한 것을 말한다(예를 들면, 타인을 의식하지 않은 옷차림 또는 몸단장); 또한 특정형태의 사원에서 신발을 신고 들어가 성지(sacred areas)를 모독하거나 ; 대중 앞에서의 음주 ; 마약복용 등을 예로 들 수 있다.

4. 무계획적인 관광기반시설 개발 : 이것은 그 지역에 대한 지역적 매력을 변화시킨다. 그리고 관광객들에게는 시각적 즐거움 및 방문경험에 변화를 준다.

5. 제한적 소수 수혜자 : 관광수익은 해당지역의 제한된 부문에 유입되게 된다. 즉 관광수익의 누수가 심각하게 발생함으로써 해당지역 사회 내에서는 분열과 불만이 조장된다.

6. 문화자원에 대한 지배권 상실 : 만약 저작권법이나 특별한 보호법의 적용대상이 아니라면 문화자원에 대한 지배력을 상실할 수 있다(예를 들면 공예품, 예술품, 심지어 음악에서도 복제품이 사용되고 있다).

7. 자원의 물리적 훼손 : 다음과 같은 경우에는 훼손 및 가치감소가 일어날 수 있다.

   - 상품화 혹은 자원관리대책 부재일 때;
   - 자원의 계속적 손상 또는 멸실효과가 있는지를 알아보기 위한 수단이 없을 때(예를 들어, 지역행사나 축제가 관광객을 위하여 변질되거나 그 지역에 대한 행사의 의미나 중요성을 상실할 위험이 있는 경우를 말한다) ;
   - 어떤 문화자원 주위의 토양유실과 같이 자연적 파괴과정의 가속화를 방지할 수단이 없을 때 ;
   - 관광기반시설 개발을 통제하지 못할 때 ;
   - 지역주민들은 서구소비문화를 선호하여 그들의 전통문화를 버리고 있으므로 그들 특히 젊은 층의 행동에 영향을 미치는 서구소비문화의 영향력을 상쇄시킬 수단이 없을 때(이러한 서구소비문화는 단지 관광에서 온 것뿐만 아니라 위성 TV, 컴퓨터, 비디오 게임 등 전반적인 현대화 및 세계화 등);

나. 긍정적 영향

1. 문화유산의 올바른 전시공개는 사회 전체에 중요한 문화유산자원의 보유와

보존 필요성을 관광객들에게 이해시키는데 도움을 줄 것이다.

2. 지역경제개발을 위한 사업 및 자립기회를 가져다 준다.

3. 관광으로 얻어지는 수입은 지역기반시설 개발에 투자될 수 있다.

4. 전통문화의 부흥이 일어날 수 있다.

5. 관광객들과의 문화교환은 다문화사회에서 문화적 차이에 대한 더 큰 아량과 관대함을 베풀 수 있게 해 준다.

6. 관광으로 얻어지는 수익은 문화유산자원의 문헌적 고증, 계획, 관리에 재투자 될 수 있다. 이것은 많은 방문객 유치를 위한 자원의 지속가능성 측면에서도 중요하다.

다. 관광과 문화자원 보존 필요성은 가끔 충돌한다

관광의 요구는 보존필요성과 충돌할 수 있다. 과거에는 의식적으로 하나를 취하고 하나를 버리는 전략(a conscious trade-off)을 택했다. 즉 관광을 위하여 보존가치를 포기했으며 보존을 위하여 관광가치를 포기했다. 하지만 이제 그러한 전략의 내재적 취약점을 인식하게 되었다.

가치에 대한 절충전략 대신에 문화유산 관리행정은 이제 관광과 보존 사이의 균형을 추구하게 되었다. 저자의 생각으로는 관광의 몇 가지 부정적인 영향의 심각성을 고려한다면 보존가치를 위해 문화유산 관리과정이 주도해야 한다고 생각한다.

라. 관광수입 재투자는 대부분의 문화유산 관리자들에게 하나의 중요한 목적이다

보존관리자들이 직면한 과제 중의 하나는 많은 자원들은 상업적으로 의미가 있는 실체(viable commercial entities)가 아니라는 것이다. 발생하는 수입으로 운영비를 조달할 수 있는 자원도 있고, 단순히 당해 자원을 운영하는데 필요한 보조금의 필요성을 줄여 줄 수 있는 자원도 있다. 입장료 및 기념품 판매 외에 수입창출원을 찾아내기 위하여 창조성이 요구된다. 어떤 곳에서는 숙박시설부문에 요금이 부과되고 이것이 유산보존에 쓰여지기도 한다. 또한 방문객들 자체도 입장료 방법 외에 문화유산 보존을 위하여 기꺼이 기부도 해야 할 것이다. Duan과 Duan(2000) 연구에 의하면 대부분의 방문객들은 일정한 형식의 직접기부에 동의하고 있다.

5. 결 론

문화유산관리 원리들은 이 부문의 기본업무를 위한 지침으로서 사용될 수 있을 것이다. 또한 그러한 원리들은 관광산업이 어떻게 작용하는지 토론할 때 유익한 대비수단을 제공해 준다. 여기에 관한 내용은 제3장에 제시되어 있다. 문화관광의 당면과제는 관광의 상업적 필요성을 문화유산관리상 상당한 차이가 있는 사회적 목적들의 일부로 어떻게 통합시키느냐에 있다.

제5장

유형문화유산

1. 도입부

유형문화유산은 역사도시, 건축물, 고고학적 유적지, 문화경관, 문화대상물 혹은 이동 가능한 문화자원과 같은 물리적 실체를 가진 모든 자원을 포함하고 있다(UNESCO 2000a). 관리적 측면에서 본다면, 이런 자원들은 무형문화유산보다는 그들의 현재 상태와 통합이 보다 용이하고 측정도 정확하게 할 수 있는 이점이 있다. 그렇지만, 유형문화유산은 그 자원과 문화가치에 손상이나 파괴라는 광범위한 과정을 통해 훼손되기 쉽다는 문제도 있다. 관광은 정상적인 과정에 파괴를 가속화시키거나 유적지에 손상을 입히고 고유성과 절충이라는 개발과 수정을 조장하는 등의 스트레스 요인을 발생시키는 원인이 된다(Bowes 1994; Rosenbaum 1995; Wager 1995a; Wang 1999; UNESCO · Nordic World Heritage Office 1999; World Monuments Watch 2000).

제5장에서는 유형문화유산관리와 관련된 일련의 이슈들을 소개하고자 한다. 그 개요는 유형문화유산 보존계획과정에서 기본적으로 고려되어야 할 것으로, 문화유산 형태별 보존 우선운위를 어떻게 설정하는가이다. 문화유산의 문화적 중요성, 평가와 보존과 상품화라는 상황 하에서의 의미를 살펴보고 이 논의를 통해

고유성과 사용에 대해서도, 그리고 그 역할도 알아보고자 한다. 부서지기 쉬운 자원의 취급과 보존과정에서의 관계자의 역할도 알아보고자 한다.

2. 유형적 문화유산의 과정중심적 보존

유형문화유산 평가와 보존과정은 각종 문화유산단체의 규약, 헌장, 지침과 같은 국제적인 협약을 통해 이루어진다. 그런 협약들로는 ICOMOS Venice Charter (1964), 지역적 편차(ICOMOS 1994; Australia ICOMOS 2000), 문화관광의 Brussels Charter(1976), 최근에 새로운 내용을 담고 있는 헌장들이 있다 (Sugaya 1999; Brooks 2000).

유적지 계획, 관리를 위한 유산의 범위와 관련해서는 그에 따른 문화적 속성에 따라 상이한 척도를 사용해야 하는 복잡한 문제이다. 계획측정은 하나의 단일 건물에서부터 역사적 도시 전체 그리고 그 주위 모두가 해당될 수 있다. 유산의 계획화에는 유적지 관리, 보존계획, 심지어 화재, 전쟁 그리고 재난시의 위기대응 전략까지도 고려해야 한다(ICOMOS 1993; Shackley 1998b; Stovel 1998). 대규모 프로젝트를 위한 중간단계로서는 다음과 같은 4단계로 분류해 볼 수 있다.

1. 제한된 지역내의 문화유산의 확인, 분류, 기록 그리고 구성분포
2. 자원의 물리적 구조에 의한 문화적 가치 평가
3. 문화유산의 가치 보존을 관리하게 될 관리정책 입안과 관련된 기회와 제약요인분석(이 단계는 일련의 권고안 마련과 완전 보존계획 이행시기까지 포함)
4. 문화유산에 대한 계속적인 감시 혹은 상세한 기록을 반영한 앞선 단계에서 마련한 의사결정과 권고안 실행(Pearson · Sullivan 1995)

3. 유형문화유산의 범위

문화유산 관리조직은 자원의 성격에 따라 다양하다. 아래에서는 건축물과 고고학적 유적지; 문화유산도시, 루트, 문화경관; 이동가능한 문화자원과 박물관 3가지로 분류하여 살펴보고자 한다.

가. 건축물과 고고학적 유적지

건축물과 고고학적 유적지는 기록에 의한 가장 보편적인 유형문화유산이다. 문화유적관리 초기 단계에서는 구조물과 유적지의 파괴를 막기 위하여 총력을 기울이고, 후기에 가서는 역사학자, 도시계획가, 다른 전문가들의 자문에 의해 유산 전문 보수·보존 관리의 우선순위에 따라 사용과 재사용이 이슈화된다. 보통 문화유산지역이 뛰어난 가치 혹은 자생적인 관광매력을 가지고 관광객을 유인하지 못한다면 최상의 관광욕구는 발생하지 않는다. 그러나 유적지를 대중에게 개방하기 위한 적절한 방문자 프로그램 개발은 보존계획과의 통합적 일부분이 되어야 한다(Pearson · Sullivan 1995; Shackley 1998b).

나. 역사문화유산 도시, 루트, 문화적 경관

점차적으로, 문화유산관리는 개별 건물군 혹은 유적에 초점을 두기보다는 지역사회 전체 혹은 지구단위의 관점을 고려할 필요가 있다(Rıssler 1994; Titchen 1996; Van der Borg · Russo 1998)(〈사진 5.1, 5.2〉 참조). 그러나 지역 내지 지구단위의 개념은 상대적으로 새로운 개념이며, 이들 문화유산들을 위한 계획과 관리는 계속적으로 수정되어 가고 있다. 시·도 단위의 개발에서는 도시계획지침, 조례, 지구단위체계 및 정책에 의해 문화유산지구(precincts) 혹은 보존지역(areas)을 위해 특별한 규제를 가할 수 있다(AHC 1998; English Heritage Web site 2000).

〈사진 5.1〉 멕시코 Teotihuacán의 태양피라미드

문화유산의 범주는 화살촉과 같은 작은 것에서부터 거대한 도시 전체에 이르기까지 다양하다. 멕시코 Teotihuacán의 Sun 피라미드는 하나의 대규모 건축물이다. 그러나 22평방 킬로미터 면적을 수용할 정도의 높이를 가지고 있으나 고고학적 유적지로서는 실제로 작은 부분만을 인정하고 있다(〈사진 5.2〉 참조). Sun과 Moon 피라미드뿐만 아니라 그들을 둘러싸고 있는 고고학적 지역까지를 세계 문화유산으로 1987년에 등제하였다.

〈사진 5.2〉 멕시코 Teotihuacán의 진열모형관

고고학적 유적박물관은 Teotihuacán의 진열 확장모형관을 최근 설치하였다. Teotihuacán은 멕시코에서 가장 많이 방문하는 고고학적 유적지이면서 국가적 상징으로 되어 있지만, 거기에도 몇 가지 위협으로부터 노출되어 있다. 그러므로 세계 기념물재단은 개발도상국에 있는 대규모 유적지와 더불어 위험에 빠져 있는 유적지 2,000개의 목록을 작성해 놓고 있다. 이런 곳들의 보존과 방문객 관리는 관광수입 혹은 자선기금과 같은 체계적인 기금을 필요로 하는 거대한 일이다. 세계 기념물재단은 문화유적자원의 물리적 건설은 심미적인 통합뿐만 아니라 부분적으로는 상용 목적의 건설과 같은 많은 위험이 내재되어 있다. 이런 거대한 보존지역을 중심으로 한 개발준비금 조성은 나머지 역사도시들에서도 마찬가지 문제이다. 최근 보조금이 보존정책을 위해 책정되고 이런 유적지 관리를 위해 정부차원의 차입금으로 도움을 주고 있다. 그러나 항구적 보존과 관광객관리 프로그램은 여전히 필요하다(World Monuments Fund 2000).

이 지구단위접근법(precincts approach)은 경계를 분명하게 한정지어 주게 된다. 그러나 대부분의 경우 소중한 문화유산들은 특별히 설계된 외곽지역에 위치해 있어 총체적 접근법(holic approach)이 요구된다(Van der Borg et al. 1996; Cantacuzino 1995; Van der Borg · Russo 1998).

전통적으로 도시계획가들은 계획 및 관리과정을 통해 통제해오고 있으며, 궁극적으로는 역사지구에 우선순위를 부여하고 있다. 도시계획가들의 의사결정은 문화유산전문가, 개별재산 소유주, 일반 대중으로부터 많은 협력을 필요로 한다. 문화유산관리자들의 열망 가운데 하나는 계획관련 의사결정과정에서 보다 실질적 참여이다.

문화적 경관 역시 도시계획 접근법에 의해 관리될 수 있다. 예를 들어 호주 남동부와 영국(the United Kingdom)의 지방의회에서는 자연지구 내의 문화적 요소들의 보존을 장려하기 위해 계획통제제도를 도입했다(AHC 1998: 79; English Web site 2000). 문화적 경관 역시 최근 마련된 척도를 가지고 세계문화지역(World Heritage Areas)으로 지정받고 있다.

길게 늘어선 경관(landscapes)과 유산 루트들은 그들의 효과적인 관리의 필요성에 의해 문화경관의 아주 특별한 형태를 고려하고 있다(Rųssler 1994).

이런 루트들은 장기적 관점에서의 이용이라는 문화적, 경제적 그리고 의사소통 영역까지를 포함한다(예를 들면, 실크로드, 아프리카 서부 Guinea만 연안에 위치한 노예매매 중심지인 Slave Coast루트, 캐나다의 운하 등). 문화경관과 유산 루트의 기록과 목록을 만들고 확인하는 작업은 문화유산관리 첫 번째 단계이며, 대부분의 국가들은 이 단계에 있다. 그러면서 관리 우선순위에도 관심을 두고 있다. 그러나 이같은 루트들이 이미 관광부분에 활용되고 있어 이들을 주의 깊게, 효과적으로 관리해야 할 위협이 커져가고 있다. 특히 문화유산 루트들은 고대유적을 살펴보기 위해 도보로 여행하는 사람들의 흥미와 결부되어 아주 시장성이 높은 형태의 자원이다(Rosenbaum 1995a, b). 실제, 문화유산들은 인기가 있어 관광마케팅 조직과 농촌지역사회에서는 유적지에 관광객이 올 수 있도록 조장하는 인공적 설계 네트워크를 창출하기 위한 연구도 이루어지고 있다(Kerstetter · Confer · Bricker 1998; Anonymous 1999a ; du Cros 1999).

다. 이동이 용이한 문화자원 및 박물관

유산 혹은 인공물을 포함한 이동이 용이한 문화자원은 극히 손상을 입기 쉽다. 이런 문화재들은 물리적 손상을 입기 쉽고, 암시장에 팔릴 경우 무형적 가치와 의미는 파괴될 수 있다. 때때로 원래의 위치, 사회적 배경을 상실한 문화유산은 정확한 연대를 기록할 수 없는 경우가 있다. 기원이나 배경이 없는 대상물들은 이런 대상물들의 특정 상황의 마크 즉 제조자의 마크 혹은 서명, 표식이 없다면 진정한 의미를 갖지 못할 것이다. 이동이 용이한 문화재들은 역시 방문객들에 의해 기념품판매 현장에서도 손상을 입기가 쉽다.

결과적으로, 이동이 용이한 문화재관리의 우선순위는 다른 문화유산들과는 또 다르다. 보통 이런 문화유산들의 정책들은 박물관, 화랑, 도서관과 같은 세팅의 형태로 두도록 요구한다. 때때로 농기구와 같은 일부 대상물들은 오랜 역사가 있는 헛간 혹은 이런 상황을 벗어나 개인 또는 공공이 수집한 것들은 원래 상태에서 간수하는 게 중요하다.

전시하기 위한 많은 대상물들은 관리자들에 의해서 물리적 상태를 개선하거나 안정되게 하기 위한 일련의 보존작업인 상품화를 거쳐서 한 건물 혹은 구조물 안에서 해설이 이루어지게 된다.

따라서 이런 대상물들은 쉽게 관광상품의 일부로 자리매김하게 된다. 역사적 혹은 고고학적 상황에서 이동이 용이한 문화재들을 위한 관리 설계시에는 박물관 전문가, 지역관리 전문가들을 포함시켜야 한다. 해설과 전체 관리는 지역관리 계획적 측면에서의 권고를 통해 이루어질 수 있다.

많은 박물관들은 그들이 보유하고 있는 문화재들의 문화적 가치에 관한 교육적 메시지에 방문객들이 동화되게끔 그들의 소장품들을 상품화하는 데 최우선시하고 있다(Wallace 1994; Weil 1994). 가공하지 않은 상태의 문화재들은 시간의 벽을 뛰어넘은 역사유물 혹은 가치가 손상된 역사로 생각하고 있다(Cumming · Merriman · Ross 1996:9).

최근의 태도는 손상된 역사로 생각지 않고, 역사를 분명하게 하는 것으로, 박물관들은 그들을 소장관리하고 전시하는 정책의 중요한 한 부분으로 연구, 해설, 커뮤니케이션을 강조하고 있다(Cumming · Merriman · Ross 1996:17; McDonald · Alsford 1989). 이 책 집필시기에 많은 국가들은 도시 혹은 문화재개발, 적합한 재사용, 혹은 관광개발정책 등과 관련하여 박물관 관련 개발에 박차를 가하고 있었다. 그러나 이런 많은 박물관들은 어떻게 하면 많은 형태의 전자매체와 경쟁해서 방문객들에게 만족과 교육적 효과를 제고시킬 것인가를 연구해오고 있다.

4. 문화유산의 문화적 중요성

문화의 중요성에 관한 최상형태의 정의는 호주문화유산위원회(Australia Heritage Commission) 및 ICOMOS의 호주 지회에서 권장한 모든 것을 포괄하는 것이다. 하나의 자원의 문화적 중요성은 과거, 현재, 미래 세대를 위해 심미적, 역사적, 과학적, 혹은 사회적 가치로 구성된다(Australia ICOMOS 1998:3). 핵심측도들의 몇 가지가 미국, 캐나다, 영국 3개국에서 문화유산의 문화적 중요성을 평가하는데 사용되고 있다. 아래에서는 이들 3개국의 측도들을 비교 설명하고자 한다.

미국 국가역사유적지 등록부의 척도 이 등록부의 목록들은 미국인의 역사, 건축, 고고학, 철학, 문학의 질적 중요성은 지방, 유적, 건물, 구조물, 대상물들의 위치, 설계, 상황, 원재료, 솜씨, 느낌, 연상을 통합한 내재가치 여부를 조사하는 데서 비롯되었다(미국국무부 1995).

미국 국가역사적 경계척도 위의 것에 미국내의 유산을 설명하거나, 해설하는데 있어서 예의적 가치나 품질을 내포하고 있거나 문화유산이 위치한 장소의 고도의 통합성을 가지고 있는 것까지를 포함하고 있다(미국무부 1993).

캐나다 국가역사유적지 척도 캐나다 역사에 국가적으로 중요한 영향을 끼치거나 캐나다인들의 중요한 본보기 혹은 설명을 제공해 줄 것으로 인식되는 것들로 정의하고 있다. 나아가 캐나다인의 중요한 역사와 연계시켜 설계된 유적, 건축물, 대상이 될 수 있으며, 그런 유적이 국가 역사적 중요성면에서 지정의 이점이 충분히 있는 것으로 하고 있다. 캐나다 공원협회(Parks Canada)에서는 고고학적 유적, 역사지역, 공원과 정원, 기념물, 그리고 학교와 같은 유형의 문화유산의 상이한 평가척도를 개발하였다(Parks Canada 1994:68).

역사적 건물 등록을 위한 영국의 문화유산 척도 건축물들의 설계, 치장과 솜씨, 혹은 형태 및 기법면에서 중요한 계획형태(심미적 가치 내포)를 갖는 등 국가적 측면에서 건축적으로 중요성(architecturally important)을 갖거나; 국가의 사회적, 경제적, 문화적, 군사적 측면에서의 중요성을 부각시키는 역사적인 관심(historically interesting); 국가적으로 중요한 사람 혹은 이벤트의 역사적인 연관성(historically associated); 특정 건축물 혹은 역사적 통일성 혹은 계획에 관계된 집단가치(group value)를 가지는 것으로 설명하고 있다(Marleesh Pty. Ltd. in Australia Heritage Commission 1997:77).

영국 문화유산 보존지구의 척도 이 지구들의 특징은 건축물의 질을 단독으로만 평가해서는 안 되며 도로, 보도(paths), 경계의 역사적인 설계; 특징적 건물 및 도로포장의 원료; 건물의 독특한 복합사용; 정원, 공원, 초원과 같은 공적, 사적 공간; 지방의 풍경에 친숙하게 하는 특정의 경관구성에 기여하는 나무 및 거리의 장식품 등도 포함하고 있다는 점이다.

보존지구는 개인건물보다는 보다 폭넓은 보호가 필요하다. 특정지역 내에서 열거된 모든 특징들이 전체를 특징짓는 한부분으로 인식되어야 한다(English Heritage Website 2000).

문화유적 중요성의 기본적인 평가척도에는 자원의 희귀성, 연구·교육의 잠재성, 대표성(같은 종류의 문화유적 가운데 좋은 본보기인지?), 시각적 도구, 기술적 혹은 혁신적 과정의 증거, 특정인들과의 관계성, 문화적 실제성, 정신적 신념까지도 포함한다.

대표성 결정에 있어서, 특정의 유산이 지방, 지역, 국가적으로 다른 유사한 종류와 비교해서 어느 정도 차이가 있는지를 고려하게 된다. 역시 세계 유산목록에 등제하는 과정도 문화적 혹은 국가적 가치를 고려함은 물론 그 유산들이 소재한 독특한 장소를 강조하게 된다(UNESCO World Heritage Centre 2000). 이런 형태의 비교분석에서 하나의 유적이 다른 곳에 있는 본래의 모습과의 관련성, 건축적 디자인 혹은 스타일, 물리적 상태, 지방 혹은 독특한 커뮤니티에서의 그 중요성을 판단하는 데는 많은 시간이 걸린다. 중요성의 기술은 문화유산의 문화적 가치의 윤곽을 그리는 기본이 된다(AHC 1998). 기술(statement)은 유산관리 및 상품화하기 위해서 간결하면서도, 분명해야 하고, 포괄적이며, 우선순위설정에 도움이 되어야 한다.

5. 고유성

진지한 토론을 거쳐 두드러지면서도 광범위한 의견들을 도출해내는 고유성(authenticity)은 문화유산관리 및 보존계획과정의 한 영역이다. 문화유산관리단체 내외부에서 사용해온 유럽어의 고유성(authenticity) 혹은 고유한(authentic)의 의미는 200여 년 동안 많은 변화가 있어 왔다(Larsen 1995b; Lowenthal 1995). 그러므로 고유성 개념은 그 존재가 인정되고 있고, 끊임없이 변화하고 있다(Jokilehto 1995; Lowenthal 1995). 고유성이라는 단어는 고대 그리스·로마어 어원에서 비롯되었고, 최초에는 역사적인 상황 속에서 진짜라는 느낌, 순수한 느낌, 원형을 나타내는 데 사용되었다. 1849년경, 고유한 것이란 그 것만으로도 충분한 가치가 있고, 마음을 끌리게 하며, 지속적이며, 그 자체를 증명하고, 명성을 가지고, 권위가 있는 것으로 해석하고 있다(Fitzgerald in Jokilehto 1995: 19).

가. 고유성에 대한 열정

문화유산관련 통용 개념상에서, 고유성을 입증할 만하다는 생각은 문화재를 평가할 때 아주 중요하다. 수공예품, 희귀본, 그리고 기타 물질문화들은 여러 가지 방법의 조사를 거친 뒤 이런 것들은 진품으로 인정받는다. 유럽에서 18～19세기 동안 고유성은 수공예품, 역사적 기념물들을 보존하기 위한 하나의 방법으로 부상하게 되었다(Jokilehto 1995). 건물복원작업에서 역사적 고유성 유지는 영국인 John Ruskin과 William Morris에 의해 강력하게 권장되었다.

20세기 접어들어 대량생산체제의 증대와 물질문화의 확대된 동질성으로 인해 많은 보존작업의 초점은 산업화 전단계의 문화유산에 두었다. 그러한 조치결과는 최초의 문화재 구조를 가능하다면 전체의 중요성 혹은 의미의 훼손과 조정이 없는 유지의 중요성을 강조하는 경향이 있었다(Jokilehto 1995). 그 후에 추가된 것은 건축물 해체와 같은 경우는 고유한 상태로 되돌려 놓는 것으로 되었다. 하지만 보다 최근 보존현장에서는 많은 형태의 유산들의 역사적 발달이라는 용인(acknowledging)의 중요성을 강조해오고 있으며(예로서, 시민전쟁 때의 전쟁터는 한때 농장이었거나 미국 원주민 캠프장이었다는 점 등), 최조의 구조물이 아닌 그 곳(a place) 전체 구조를 보존하는 데 노력을 기울이고 있다.

그러나 고유성을 위한 핵심관리의 이슈는 그 곳의 구조와 관련한 변화들이 어떤 행동 및 조정을 거쳐 일어났는지 기록으로 남겨져야 한다는 것이다. 어떤 행동도 현재 보존계획정책에 따라 이루어져야 한다(Bell 1997: 40-50). 끝으로, 유적지의 물리적 상태의 계속적인 모니터링과 보존정책들의 성공을 위해서는 정상적인 방식으로 계속되고 역시 기록되어야 한다. 이 정보는 보존 혹은 유적지 관리계획법, 관리정책의 정기적인 검토를 위해서는 중요하다. 그리고 이러한 조사는 적어도 10년이라는 간격을 두고 이루어져야 한다.

나. 고유성 시험

고유성이란 무엇인가? 베니스헌장(Venice Charter)에서는 하나의 자원이 과거로부터 하나의 메시지를 고취시키거나, 수세기에 걸쳐 역사적 기념물들이 그 당시의 전통들이 오늘날 생생하게 증거로 남아 있는 것을 의미한다라고 규정하고 있다(ICOMOS Petzet 1995: 85). 1972년 세계문화유산회의에서는 고유성의 풍부성 관점에서 이 접근법을 지지했고, 그것들의 설계, 재료, 기량 및 시대적 환경 측면에서 고유성 정도를 측정을 하도록 하는 권고안을 통과시켰다(UNESCO World Heritage Centre 2000, Operational Guidelines, Article 24b.i). 기능(function)도 때때로 범주에 포함시킨다. 그러나 이러한 고유성 개념 적용은 모호함과 이 척도들에 내포된 문화적 가정 문제들 때문에 어려움이 있다는 것을 인정하고 있다. 1992년, ICOMOS의 도움으로 이 개념을 개정하기로 결정하고 여러 국가로부터 재원을 조달하기로 했다(Petzet 1995; Larsen 1995b).

다. 동양에서의 고유성에 관한 견해

1994년 일본 고대 수도 나라(奈良)에서 개최된 고유성 회의에서는 일본과 유럽 이외의 실무가들은 보존철학에 관한 그들의 공유된 견해를 인정했다(Larsen 1995a). 고유성이라는 용어는 언제나 비유럽언어 특히 일본어만을 상대(counterpart)로 해서는 안 된다. 고유성의 번역으로는 독창성과 확실성이 가장 가깝다. 문화유산관리와 관련하여 일본인과 다른 아시아인들이 철학과 같은 여러 가지 요인들이 영향을 미치고 있다. 그 첫째요인이 아시아의 물리적 환경과 나무를 사용하여 건축하는 경향과 같은 어려운 특질이 있다. 건축환경의 물리적 악화는 건축물들의 유지에 가일층 노력을 기울여야 함을 의미한다. 또다른 요인은 정령술(animism)과 같은 일부 문화에서의 종교적 관점이다. 이같은 견해는 사람들은 사후 삶의 세계인 성지와 연관지어 생각하는 경향이 많다는 것을 의미한다. 신들이 거주하는 구조물도 사라지는 것으로 생각하고 그것 나름대로는 자신의 삶의 주기와 연관지어 이런 구조물은 죽음으로 인헤 불결하게 되지 않도록 역시 정기적으로 개보수되어야 한다는 것이다.

특히 일본인 건축가들은 사원내 모든 구조물들이 20년마다 개보수가 가능하도록 하여 이런 성지들의 독특한 재건축 시스템을 개발했다. 이런 작업은 A.D. 600년경(Ito 1995) 처음으로 도입된 이후 61개의 구조물이 재건축이 이루어졌고, 이들 각 성지는 전통적인 방식들에 따르려는 관심을 가지고 진행되었다. 즉 특정건축에 있어서 건축물 그 자체의 구조가 아닌 아주 기본적인 것 혹은 고유성 주요 지표와 관련지어 무형문화유산을 생각하는 계기가 되었다. 고유성에 관한 나라조서(Nara Document on Authenticity)는 세계 전역에서 구조물 보존의 관련내용 재개정의 기초를 마련하게 되었다. 이 조서의 주요 특징은 고유성의 이해와 관리측면에서 동서양의 견해를 하나의 관점하에서 개정할 수 있는 원리를 제공하고 있다는 점이다. 그리고 이 조서는 그 이전의 베니스헌장에서 다루지 못했던 유산과 문화의 다양성에 관한 몇 가지 중요한 관점을 갖도록 하였다는 점이다(ICOMOS 1994).

라. 기타 고려요인들

서양의 문화유산 관리자들이 고유성 이슈와 관련된 사고에서 중단해야 할 2가지 요인이 있다. 그 한 요인은 몇몇 국가에서 문화유산의 사회적 희귀성의 가치에 대한 최근의 이해, 즉 지역사회 및 개인을 위한 역사적·심미적 가치를 넘어선 중요성이다. 또 다른 요인으로는 문화유산보존을 문화적 정체성과 다양성의 지속성을 배제시키려는 생각이다. 후자 즉 문화적 정체성과 다양성의 지속에는 단순히 유적지의 형태(건물, 도시, 유산루트)뿐만 아니라 유산들과 결부지어 과잉된 문화적 가치를 조작하는 것까지 포함한다(Domicelj 1995). 그러므로 고유성은 다양한 지역사회 내에서의 문화유산에 대한 지각 및 모든 요소들을 포함한 문화지도 작성(cultural mapping)과 연계되어져야 한다. 다시 말하면, 여기에는 지역사회 문화유산의 기제(mechanisms) 혹은 자문과정에서 여러 가지 의견을 충분히 반영하는 유연성을 가질 필요가 있다(Galla 1995).

6. 관광, 고유성 및 상품화

고유성과 관련하여 2가지 과제가 주어지게 되는데, 그 가운데 하나는 고유성 경험을 어떻게 관광과 연계시켜 촉진하느냐 문제이고, 또 다른 하나는 문화유산들을 변형시켜 관광객들을 위한 관광상품화의 필요성에 관한 것이다. 하나의 문화유산이 최소한의 고유성이 존재하면서도 상품화가 가능한지는 의문이 제기된다. 더구나 제3장에서 논의한 것처럼, 관광객들은 고유성 경험을 원할 수도 있지만 반드시 실체(reality)를 보려고 원하지 않을 수도 있다. 때문에 고유성에 관한 견해들의 논의시에는 방문객 혹은 관광객의 견해도 추가시킬 필요가 있다. 흔히들 처음으로 문화유산들을 접하는 사람들은 느낌의 가치(felling value) 혹은 외관상의 고유성(apparent authenticity)을 갖게 될 것이다. 따라서 관광객들이 기념물, 대상자원 혹은 유적지에 관한 지식이나 이해가 거의 없을 경우라도, 역사에 대한 감각, 독특한 분위기, 향수를 느끼게 할 수 있는 단서들을 제공해야 할 것이다(Walle 1993 ; Petzet 1995 ; Sharples · Yeoman · Leask 1999 ; Wang 1999). 이런 감정들은 일부 사람들로 하여금 유산들을 총체적으로 변형시켜야 하며, 관광객들이 최소한의 관심을 갖는 선까지 고유성을 유지하면 된다는 주장을 하게끔 이끈다. 역사적 건축물들의 외관 보존을 위한 재개발을 추진할 때 건축적인 타협수준은 바로 앞의 믿음에 근거를 두고 있다. 다시 말해, 고유성이 상대적이라는 견해는 건물 전체 느낌의 가치를 증대시킨다는 구조와 타협전략임을 알 수 있다.

고유성은 역시 하나의 문화적 요소를 포함하고 있다. 많은 유형의 유산들에 대한 외관과 잠재적 느낌은 주제공원들처럼 외양을 보기 좋게 하는 데는 어렵다. 유럽에서 온 많은 방문객들은 고유성이 약한 이런 곳들의 방문을 고려하고 있다. 그러나 일본과 싱가포르 관광객처럼 동양의 문화유산을 배경으로 한 방문객들은 이런 주제공원들의 고유성은 받아들일 수 있는 것으로 인식하고 있다. 일부 중국인 방문객들은 역사 문화가치를 기념하고 추천할 만한 것으로서 자원의 새로운 것(newness)을 생각하고 있다. 문화 주제공원이 관광객과 문화유산 보존이라는 두 영역에 만족을 가져다주기 위한 노력을 얼마만큼 해야 할 것인가는 계획 초기 단계에서 해결해야 할 과제이다. 어렵기도 하지만 계획이 진행되고 난 이후에는 방향 전환에는 비싼 대가를 치르게 된다.

가. 유산의 이용은 문화적으로 타당해야 하고 지속가능해야 한다

과거를 어떻게 사용하고 다룰 것인가 하는 이슈는 과거 20년 동안 주된 논쟁거리가 되어왔다. 그 논쟁의 핵심은 문화유산의 사용과 관리를 누가 결정할 것인가 하는 것들이다. 문화관광 전문가들은 문화유산 관리면에서 그들의 상대자 수만큼이나 많은 영향을 받는다. 일련의 유산분석가들에 따르면(Bickford 1983 ;

Lowenthal 1985; McBryde 1992 ; Temple 1988 ; Warren 1989 ; Spearritt 1991 ; Kaplan 1994; Tunbridge · Ashworth 1996 ; Ashworth · Tunbridge 2000 ; Orbasli 2000), 이런 논쟁은 문화적인 정체성을 이해하고 세계문화유산지역(World Heritage Sites)과 같은 핵심 문화유산자원의 보존계획의 중요한 부분이기 때문에 매우 중요하다(ICOMOS 1993 : 15).

현대사회는 상품(특히 관광적 측면)으로서, 현재의 신념들을 조정 · 확인 · 비교하기 위해서, 레저 · 교육 · 수입을 위해서 국가의 자긍심 혹은 집단의 정체성의 계승차원에서 과거를 이용한다. 많은 국가들의 박물관과 문화유산운동은 국가의 과거 산물 혹은 특정시대의 역사적 설화를 후대에 사용하는 것으로 생각한다. 19세기말 이후 이와 같은 사용은 국민-국가형성에 매우 중요하게 되었고(Bennett 1993: 235), 그리고 이런 국가들은 국가적 문화유산 관광정책으로 추진하고 있다(Sofield · Li 1998; Goudie · Khan · Killen 1996).

보다 구체적으로 살펴보면, 건축구조물 환경의 일부분을 이루는 유형문화유산의 사용 혹은 재사용의 조화는 그것들의 문화적인 가치의 지속을 위한 중요한 이슈가 된다(ICOMOS 1993). 버려져 있거나 빈 채로 남아 있는 건물들은 관리소홀 혹은 파괴, 화재로 인한 파괴 같은 물리적 부식위험이 있다. 특정 건축물 혹은 그 주변의 문화적 가치를 고양 혹은 손상시키지 않는 범위 내에서의 적절한 사용방안의 강구는 관광의 잠재성을 더해 줄 것이다(ICOMOS 1999). 따라서 문화유산은 통제불가능하고, 무감각적이고, 탁상공론적인 개발방법들에 의해 영향을 받게 될 것이다(ICOMOS 1993;15). 예를 들어, 방문객 숙박시설을 개발하려는 민간사업자들은 문화유산이 소재한 근처에 숙박시설을 건립하여 전망을 극대화하려고 할 것이다. 이런 중요한 문화유산 주위에 숙박시설이 들어설 경우 이를 저지해야 한다. 이런 시설들이 들어서는 것을 완전히 금지시킬 수 없다면, 개발자들은 건축시 건축스타일의 디자인 감수성 측정들과 같은 과제들을 도시계획가들의 권고사항을 받아들여야 한다.

주제(themes) 및 특색(motifs)의 부적절한 활동이나 불필요한 반복 역시 특정지역 혹은 건물 그리고 유산과 관련된 문화를 천박하게 만들게 될 것이다(Cuattingguis 1993). 불행하게도 이런 천박함(trivialization)은 대량관광개발의 일부로서 발생하고 있고, 문화유산의 역사적 특징은 천박함에 의해 명성을 심각하게 훼손하게 되는 경우가 있다. 특히 ICOMOS 및 UNESCO는 세계 문화유산지역의 문화유산 관리자들에게 유산 그 자체는 물론 관광과 도시계획과 같은 보다 광범위한 입장에서 접근할 것을 주장하고 있다. 물론 이 때의 관심은 하나의 유산이 문화적 가치를 유지시키기 위한 상황의 일부로서 근처의 자연, 환경, 공간을 고려하는데 두어야 한다(ICOMOS 1993; UNESCO World Heritage Centre 2000; ICOMOS 1999) (〈사진 5.3〉 참조).

〈사진 5.3〉 말레이시아 Malacca

문화적 무감각성은 특정유산의 문화적 가치를 손상시킬 수 있다. 말레이시아 남부에 위치한 Malacca는 다른 문화유산지역과 마찬가지로, 많은 관광객들에 대한 효과적인 관리실패로 역사적 유적지와는 반대되는 영향을 미쳤다. 그로 인해 16세기 그 당시의 무덤들은 그 당시 사람들의 부장품 판매로 인한 신성성을 더럽히는데 이용되고 있었다.

7. 유형문화유산에 대한 방문객 접근성

모든 유형의 문화유산에 관광객들이 접근가능해야 하는 것은 아니다. 뒷장에서도 논의하겠지만, 이것은 어디까지나 관광상품 관점에서의 이슈이다. 그러나 이 장에서의 관심은 특정 유산의 관점 및 그 유산의 과사용에도 견딜 수 있는 능력에 있다. 문화유산지역을 위한 관리의 우선순위는 사용/보존이라는 연속체 선상에 존재한다(〈그림 5.1〉 참조). 예를 들면, 유적지들이 방문객들의 영향을 최소화하기 위한 보존 측도들에 아주 많은 주의를 기울이는 경우는 연체선상의 보존에 거의 가깝게 위치할 것이다. 대안적으로 많은 방문객들을 흡수할 수 있는 관광잠재성이 높은 지역의 유적지들은 사용이라는 보존과의 반대편에 위치할 것이다. 불가피하게 이 유적지들은 사용과 보존이라는 양자에 주의를 기울일 필요가 있는데, 그렇다면 연속체 선상에는 중간정도로 나타날 것이다(du Cros 2000).

〈그림 5.1〉 관리선택

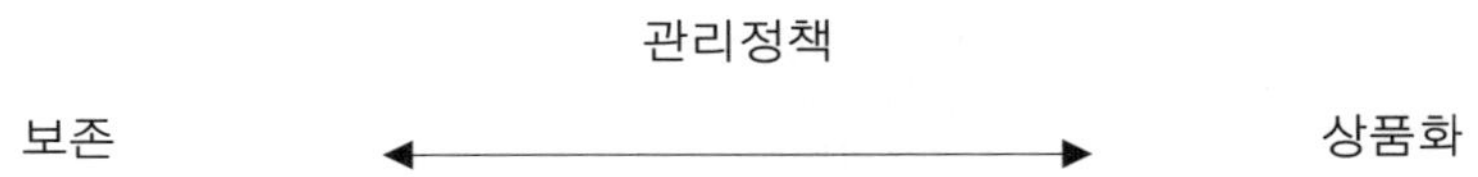

이런 원리들에 대한 예외에는 고밀도 인구 집적지역에서 멀리 떨어져 있거나 방문을 촉진할 하부시설이 부적절한 유산들이 해당될 수 있다. 예를 들어, 프랑스 라스코(Lascaux) 동굴의 암벽화처럼 파손되기 쉬운 유산들이 방문객들에 쉽게 노출된다면 이런 것들은 엄청난 몸살을 앓을 것이므로, 하나의 대안으로 동굴을 재구축하여 방문객들을 관리하고 있다(Brooks 1993). 몇몇 문화유산들은 그 자체의 무형적 유산가치의 보존차원에서 그리고 신성함을 유지하기 위해 일정한 범위내에서는 보거나 얘기할 수도 없다(Truscott 1994). 이런 많은 유산들에 관한 정보는 CD/DVD기술, 교육자료, 기록물, 출판물 등 다양한 방법들로 제시가 능하다.

8. 관리과정의 중요한 요소로서 이해관계자의 조언

이해관계자가 누구이며 그들이 기대하는 것은 무엇인가를 규정하는 것은 보존과정에서 우선순위를 부여하는데 중요하다(Hall·McArthur 1998). 이해관계자의 요구를 이해하기 위해 실제 보존작업시 문화적 가치의 이슈는 재검토되거나 이해관계자들에게 최초 평가시 조언을 구해야 한다. 호주 ICOMOS 역시 특정지역의 문화가치는 물리적 형태 혹은 구성(fabric), 그 지역의 환경 및 콘텐츠, 관련된 기록들, 사용, 사람들의 기억들을 포함하는 것으로 정의를 하고 있다(Australia ICOMOS 1998 : 3). 지역사회 이해관계자들은 유산의 문화적 중요성 이해 및 그 유산이 사회적으로 형성된 의미들과는 어떻게 연계되어 있는가를 먼저 이해할 필요가 있다. 문화적 가치와는 별도로 다른 요인들로서는 소유자/관리자의 요구, 자원, 잠재적 위험에 대한 이유, 현재 물리적 상태 및 미래에 예측되는 영향들과 같은 것들이 보존계획 과정에서 강조되고 있다.

또한 어떤 이해관계자들에 따라서는 나머지 사람들의 견해를 위압하거나 보존 혹은 상품화 우선순위 논의과정에서 지배하는 경우도 분명히 있다(Bahaire · Elliot-White 1999). 이런 이해관계자로는 문화유산관리자 혹은 관광부문의 대표자가 아닌 세습 보유유산의 소유자일 수 있다. 이럴 경우 관계자가 보존 혹은 상품화 관련 업무를 신중하게 처리하지 않는다면, 그 유산에 대한 영향은 보존 혹은 관광을 위한 가치를 손상시키게 될 것이다. 예를 들면, 개인 소장가들은 세금 우대혜택이나 건물을 유지 보수할 수 있는 개발권을 양도 받을 수 있는 기회도 부여받게 된다. 문화유산관리에서의 문화 즉 지속가능성은 일반 도시계획정책에서보다는 중요하며 계속적인 관여와 인센티브책이 필요하다(Van Borg · Russo 1998; AHC · TCA 1999; du Cros 1999). 물리적 요소 및 문화적 가치를 보존하는데 어떤 종류의 조정이 필요한지와 고유성 유지에 관한 이슈는 계속 논의될 필요가 있다. 구조 및 문화적 가치 모두에 영향을 미칠 상품화 우선순위 부여 시, 관광은 수용지역사회 혹은 유산관리자들보다 훨씬 강력한 이해관계자가 될 수 있다. 이 중요한 이슈에 관한 이런 관계자들 사이의 조정에 이르는 방법은 이 책 맨 마지막 장에서 다루고 있다.

제6장

무형의 유산 및 관리

문화유산
관광자원관리론

1. 도입부

무형유산은 복잡한 기술이 수반되지 않는 특정장소(place)에서 공연을 하거나 기량을 발휘하는 전통문화, 민속, 대중문화를 뜻한다. 간략히 표현하면 유형유산은 특정 지역사회의 장소, 사물과 같은 경성문화(hard culture) 즉 역사유적지, 건물을 나타내는 것이라면, 무형문화유산은 연성문화(soft culture) 즉 사람, 그들의 전통, 그리고 그들이 알고 있는 것을 의미한다. 이러한 의미는 민속(전통 및 대중문화)은 집단이나 개인에게 있어 그런 민속들이 문화적·사회적 정체성을 반영하고 지역사회의 기대를 반영한 것으로서 전통중심의 총체적인 지역문화 창조라는 구비문화 및 무형문화재에 대한 UNESCO 정의를 발전시킨 것이다(UNESCO 1998:5). 무형문화재에는 언어, 문학, 음악, 춤, 게임, 신화, 의례, 습관, 수공예, 건축기술, 기타 예술 등을 포함한다. 이밖에도 의사소통 및 정보의 전통적인 형태들도 포함된다(UNESCO 1998).

무형문화재는 전통문화를 지금 사람들의 생활에 계승시킬 전통문화 계승자가 필요하다. 결과적으로, 실제 무형문화유산을 발표하는데 서민들의 협력과 참여가 필수적이다. 마찬가지로 무형문화재는 내부적으로 특정장소 혹은 배경과 연계되어 있기 때문에 그 배경과 문화적 공간이 중요하다. 그런 배경을 문화유산으로부터의 제거는 그 고유성에 영향을 주게 될 것이다.

유형문화재처럼 무형문화재의 중요성 평가는 그것의 관리 및 보존의 우선순위 설정을 위한 계획에 중요하다. 이상적으로 표현하자면, 관리정책이 수립되기 전에 기록, 등록과 같은 단계가 구축되어야 한다. 무형문화재의 적절한 보급 혹은 전시를 통해 지역사회에 널리 알려 문화적 가치를 촉진시키는 것은 역시 관리계획의 한 부분으로서 중요하다. 결과적으로, 관광부문에 의해 책임있는 마케팅과 상품화는 역시 보존전략의 중요한 요소이다.

무형문화재는 관광부문에 있어 일련의 흥미 있는 이슈를 제기한다. 아주 단순한 수준에서, 무형문화재는 관광객으로 하여금 방문관광지에 대한 이해를 보다 깊게 할 수 있도록 해주기 때문에 중요한 관광볼거리이다. 그리고, 그것은 생생한 공연, 축제, 이벤트, 이야기 그리고 지역시장을 통해 나타내 보이게 된다. 실제 관광객이 보고 즐기는 한 수단으로서, 지방문화를 흡수하는 차원에서 그것에 대해 이야기하곤 한다. 그러나 관광객 소비차원에서 문화적 경험이 무형문화재에만 존재하는지, 그 밖의 다른 형태는 없는지에 관한 의문이 제기될 수도 있다.

한편, 무형문화재의 관리와 관광과의 진정한 연계관계 정도는 유형문화재와 관광과의 관계보다는 약하다. 관광의 상품화 필요성에서 문화관광객은 무형문화유산 소비를 덜 필요로 함을 의미할 수 있다. 예를 들어, 복잡한 기술을 필요로 하는 주제공원에서의 소리 및 빛의 쇼, 혹은 생기발랄한 만화영화에서는 무형문화유산을 거의 고려하지 않지만, 전통춤의 표현에서는 무형문화유산을 고려해야 할 것이다. 마찬가지로, 장소라는 기준은 주제공원 및 문화센터 내에서의 독특한 공연시 고유한 무형유산표현을 고려하지 않음을 의미한다.

이 장에서는 무형문화유산의 개념과 그것이 관광과 어떻게 관련이 있는지를 살펴보고자 한다. 이 분야는 최근에 제기된 것으로서 상대적으로 새로운 이슈라 할 수 있다. 제4장에서의 논의했던 것과 마찬가지로 대부분의 국가에서는 무형문화유산관리(목록화, 기록 및 평가)는 많은 논쟁거리를 가지고 있고 이런 현상은 문화유산관리의 초기단계에서 일어나는 문제이다.

2. 무형문화유산의 관리인식

무형문화유산의 가치를 최초로 인식한 나라는 일본이다. 그리고 일본은 무형문화유산의 보호 입법화를 시도하였고, 그 일환으로 일본은 1950년에 현존하고 있는 인간보물(Living Human Treasures)이라는 프로그램을 진척시켰다. 이 프로그램에서는 개인적으로 혹은 집단적으로 정체성을 구별짓게 하는 현존의 국보(living national treasures) 혹은 무형문화 기능보유자들까지도 포함시켰다.

법제정의 취지는 무형문화유산에 대한 보다 폭넓은 보호 혹은 격려를 조장시킬 필요는 없지만, 전통의 전달자(transmitters of traditions)로서 특정 개인들의 역할에 대한 보다 폭넓은 인식의 기초를 제공하는 데 있다(Larsen in Nishimura 1994 : 179 : UNESCO 2000a,b). 이런 역할은 역시 현대화 혹은 세계화로 인한 위협으로부터 이런 전통들을 촉진 및 격려하기 위한 측도들로서는 생소한 것이 아니다.

1965년 제정된 한국문화재보호법(The Korean Cultural Properties Protection Act)도 문화유산 보호와 관련한 유사한 범주에 속한다. 이 법은 한국인의 빠른 현대화 갈등에 따른 전통적인 솜씨 및 기능에 대한 관심의 저하를 초래하는 자각으로서 법제화했다. 이 법은 여러 차례 수정되었고 무형문화재의 보존에 있어 지방 및 정부 당국들의 역할을 명백히 설정해 놓고 있다(한국 국가위원회 2000;12). 1995년 한국에는 167 개인소장자 및 50개 기능보유단체에 대한 목록이 작성되어 있다(UNESCO 2000b).

우수기능(elite) 전통전달자를 인정하고 있는 다른 프로그램들이 필리핀, 태국, 프랑스에서 시행되고 있다(UNESCO 2000b). 덧붙여, UNESCO는 무형문화유산을 위한 목록작성과 보상시스템을 구축하였다. 구전 및 무형유산의 걸작들을 대상으로 가장 인기 있고 대중적인 문화활동 혹은 전통적인 표현형태들을 매년마다 선정하여 표창하도록 선언하였다. 그 표창 프로젝트는 공식적으로 1999년 11월에 체택되어졌는데, 이는 1997년 Marrakech회의에서 모로코와 스페인 전문가들의 아이디어에서 비롯되었다. 걸작은 9명의 국제적인 심사위원에 의해

선정된다(UNESCO 1998, 1999).

무형문화유산에 대한 인식은 보다 특별한 목적을 전제한 지역 고유 단체 및 정당 정치가들에 의해 주도되는 경우도 있다. 예를 들면, 북미, 호주, 뉴질랜드에서는 문화축제, 각급 학교에서 토착언어를 가르치도록 하는 로비운동과 인터넷을 포함한 다양한 매체를 통한 정보보급을 포함한 현존의 토착문화들의 중요성을 인식시키려는 다양한 노력들을 전개하고 있다. 젊은 세대들을 위한 문화의 부흥 및 교육은 이런 프로그램의 핵심 목표 가운데 하나이다. 관광은 아웃사이더인 관광객들에 의해 그들 자신의 문화를 재발견하고 고유한 지역사회에 대해 동기를 부여하고 경제적 합리화과정을 인식시키는 중요한 제안자 역할 뿐만 아니라 핵심적인 후원자 역할을 할 수 있다(Jafari 1996).

〈사진 6.1〉 캘리포니아 샌프란시스코의 Gay Pride Parade

무형문화유산에는 상이한 많은 요소들을 포함한다. 많은 지역에서는 매년 동성애자 자긍심 퍼레이드를 통해 하나의 문화를 표출하고 있다. 샌프란시스코, 시드니와 같은 지역의 게이 퍼레이드들은 이제 정착되어 있고 이들 지역의 문화적 정체성의 일부분으로 자리잡고 있다. 이런 퍼레이드는 역시 국내외 섹스지향적 관광객들에게는 주요 관광매력물이 되고 있다.

UNESCO는 1989년 이래 전통문화 및 민속의 안전보호 권고안 채택 이후 무형문화재의 보존을 촉진하는데 선도적인 역할을 하고 있다. 이 권고안에는 상이한 문화집단에게 그들의 문화적 정체성을 주장하고, 문화의 다양성을 유지하기 위한 인간애를 발휘하도록 하는 무형문화재의 중요성과 관련된 세계 의사결정자들의 관심을 불러일으켰다(〈사진 6.1〉 참조). 이런 형태의 문화유산을 확인하고 보전하는데 일반화된 전체적인 체계를 제공해준다. 다음은 무형문화재 보존정책의 핵심적 요소들을 요약한 내용들이다.

확인과 목록작성(identification · inventory) : 이 과정은 민속관련단체나 조직에 의해 관리되어온 지역 및 범국가적 등록물에 대한 정보수집의 수준을 지역, 국가 및 국제적 수준 차원에서 정부가 조사를 실시하거나, 지원 내지 조장할 필요가 있다. 이 작업에는

- 목표 달성을 위한 지원 혹은 보완을 위한 확인 및 기록시스템 구축과
- 상이한 기관별 자료들을 바탕으로 일반적인 개요 및 지역적 분류를 하나의 표준형태로 생산하기 위한 분류체계의 조정이 필요하다.

보존(conservation) : 이 단계에서는 연구자들과 전통계승자들에게 경성문화 기록물과 무형문화재의 목록과 같은 자료들을 평가하게 하여, 이들이 전통의 변화과정들을 이해하게끔 해야 한다. 이런 유산들의 동적인 특성은 언제나 직접적인 보호만 할 수 없고; 경성문화로 변형되어가는 무형문화재는 남용 혹은 도난을 당하기 쉬우므로 효과적인 보호(protected)가 필요하다.

유지(preservation) : 지역사회에서 아니면 그 이상의 차원에서 무형문화재의 지위 및 경제적 지원을 보장하기 위한 측정에는 UNESCO가 권고하는 기본단계들이 있다. 이 단계에는 전통계승자 및 문화단체들이 정치, 경제단체에 의해 확산되어가는 다양한 압력하에 있는, 특히 중요한 유산들에 대해서는 교육 및 연구기회 제공도 포함시켜야 한다.

보급(dissemination) : 이 단계에서는 무형문화재에 대한 향상된 이해와 관심 그리고 문화적 정체성을 구성하고 있는 집단들에게 측정척도들을 보급시킬 것을 권장한다. 이런 권장활동은 다음 단계인 보호에서 제시하고 있는 제조건들을 고

려하여 실시되어야 한다.

보호(protection): 지적문화유산을 형성하고 있는 무형문화유산은 다른 지적재산과 같은 방식으로 보호되어야 한다. 이런 유산들의 복사 및 상업적 사용은 전통계승자 및 소유자에게는 관심거리이다. 이들은 일정 프로세스를 통해 보다 많은 통제가 뒤따르기를 원한다 ; 이런 프로세스는 문화적 정체성에 대한 직접적 태도를 갖게 하기 때문에 중요하다. 무형문화유산과 관계된 다른 권리들은 다음과 같다.

- 정보제공자의 개인 사생활 및 기밀성 유지
- 지적 문화유산은 체계적인 방법으로 수집한 수집가들의 수집행위 혹은 기록물에 대한 적절한 보호조치
- 이런 유산들의 사용을 감시할 수 있는 기록

국제적 협력(international cooperation) : 무형문화유산 프로그램 개발 및 재생을 보장하기 위해 각 국가의 협력도 구해야 한다. 그 협력은 적시에, 적절히, 체계적인 방법으로 이루어져야 한다. 이런 국가들에 대해서는 앞에서 언급한 프로젝트 수행기회를 제공하는 반면 관련 정보도 교환할 필요가 있다. 다음의 활동으로부터 무형문화유산을 안전하게 보호할 수 있는 필요가 측도를 개발할 것을 권고한다.

- 무형문화유산의 가치감소,
- 무형문화유산 보급의 방해물, 그리고
- 자연재해, 공공적 무질서, 영토점령, 무력갈등 등으로 발생하는 손상이 있을 때를 말한다.

3. 무형문화유산-관리 및 관광의 이슈

앞의 논의에서처럼 무형유산은 단순히 민속과 문화적 표현물보다는 많음을 알 수 있다. 사실상, 무형문화유산관리는 국가가 공식적으로 발표한 엘리트 혹은 인간문화재, 아직 잘 알려지지 않은 공연자, 예술가, 전통보유자, 종교적 특징까지도 포함한다.

가. 생존 인간문화재

생존해 있는 인간문화재(living human treasures)를 위한 관리상의 문제들은 앞서서 논의하였다. 이들 개인들 혹은 단체는 무형문화유산의 계승을 촉진시키는데 중요한 역할을 하며, 국가적 혹은 국제적으로도 중요한 문화기능 보유자의 존재가치를 인정해야 한다. 하지만, 관광적 관점에서 살펴본다면, 이들은 오히려 한정적 자원에 불과하다. 생존해 있는 인간문화재의 절대적 숫자는 한정적이며; 관광자원으로서 인간문화재를 활용하기보다는 다른 이유로 소중히 여긴다. 그리고 이들은 전형적인 공연자들은 아니다. 이 때문에 관광객은 그들이 방문한 방문지 문화에 관해 거의 모르기 때문에 이런 관광객들을 즐기게끔 하기 위해서 명인들을 활용해서는 안 된다.

나. 명인과 장인

역으로 전통적인 비법 혹은 문화적 표현양식을 사용하는 명인(performers)과 장인(artisans)은 관광산업에 대해 대단한 관심을 가지고 있다. 이런 사람들은 공식적으로 전통유지에 핵심적 역할을 해오고 있다. 명인과 장인은 현존(living) 문화 혹은 과거의 문화를 현대에 연결시키는 사람을 뜻한다(<사진 6.2> 참조). 이런 사람들의 상당수는 개발도상국에 살고 있거나 토착민 집단의 구성원으로 존재한다. 이들은 흔히 문화교류 및 그들의 생존을 축하 받는 기회로서 관광을 환영한다. 무형문화유산의 이와 같은 형태를 보호하기 위한 하나의 관리전략으로는 연구기관, 문화센터, 음악당, 공원, 박물관 등을 건립하여 명인과 장인들이 자주 그들이 가지고 있는 기능들을 활성화시키는 것이다. 이런 관리행동은 장인들 자신에게는 물론 여행 대중들에게도 일련의 편익들이 있다. 이런 현장은 세계 각지에서 온 사람들의 관심의 촛점이 되게 된다. 더욱이 장인들의 행동이나 지식의 가치가 기록화되고, 재확인 받을 수 있는 기회이기도 하다. 이런 센터들은 역시 방문객들이 고유한 상황하에서 시도되는 전통공연 혹은 작업현장을 직접 관찰할 수 있어서 2중의 관광매력이 될 수 있다. 덧붙여, 이런 현장에서는 입장료, 기념품 혹은 다른 상품들의 판매를 통해 전통계승자에게는 수입발생의 기회로 작용하게 된다. 성공적인 현장들이 세계 곳곳에 소재하고 있다. 예를 들면 서아프리카의 도자기 및 지역공예품, 홍콩의 신문화유산 박물관에서의 광동의 오페라공연이 있다(Adande 1995; Koff; 1995; Diarrassouba 1995; Hong Kong Leisure and Cultural Services Department 2000). 다음의 사례 연구도 그 하나의 예가 된다(Paige·McVeigh 1999: 20-22).

〈사진 6.2〉 홍콩의 Cheung Chau섬의 Bun Festival

축제에서 관광용으로 유형화된 무형문화유산은 유형문화유산만큼 중요한데, 문화유산 관리 측면에서 검토가 잘 이루어지지 않고 있다. 문화유산 관리요소에는 전통, 라이프스타일, 주민들의 관습들을 포함한다. 홍콩근교 Cheung Chau섬의 Bun Festival(토끼, 다람쥐의 의인화된 명칭)의 한 부분으로서 "떠있는 어린이들(floating children)"의 퍼레이드가 펼쳐지고 있다. 이 축제는 오랫동안 매년 개최되어 왔고, 지금은 섬주민들의 동의하에 관광매력물이 되고 있다.

사례연구 : 뉴올리언즈 국립 재즈 역사 공원

▮법적배경

1987년 미의회에서 재즈 음악을 미 국가 보물로 지정하는 안을 통과시켰다. 그 이후 미국 국립공원국(The National Park Service)에서는 New Orleans 재즈의 보존과 이를 기념할 수 있는 최상의 방안을 연구하기 위한 자원연구를 수행하였다. 이 연구에서의 건의안이 1994년 법률 103-433조로 통과되었고, 그 결과 New Orleans Jazz National Historical Park를 건립하도록 하였다. 유적에 관한 전반적인 관리계획이 수립되었다.

▮문화적 중요성

뉴올리언즈의 역사개발은 미국 어느 지역에서도 시도된 적이 없었던 상이한 음악적 전통들을 혼합시킨(hybridized) 일종의 다문화 사회를 보장하기 위한 것이다. 새로운 민족집단이 특정지역에 모이게 될 때, 거기에는 활기찬 음악적 환경 및 다른 문화적 전통(축제 및 요리)이 또다른 요소로 추가되게 된다. 금세기에 접어들면서, New Orleans의 재즈가 이들을 통합시키기 위한 시도가 이루어지기 시작했다. 그리고 클럽, 커뮤니티 홀, 거리 모퉁이 및 지속적인 퍼레이드를 포함한 많은 장소에서 공연이 이루어졌다. 이런 활동들은 뉴올리언즈시의 레저 및 레크리에이션의 일부가 되었을 뿐만 아니라 사회단체들 간의 사회적 연대관계를 강화시키기 시작했다. 이런 단체들로는 상호부조 및 자선단체, 취주악단 및 사육제 참가 인디언들집단(the Mardi Gras Indians) 등이다. 이런 조직들은 백년전부터 재즈 전통 관련 활동들의 현재화를 시도해오고 있다.

▮관리상의 주요 이슈

재즈 국립공원설립법은 재즈 관련 활동에 대한 광범위한 정보 및 교육 프로그램을 제공하도록 규제하고 있다. 지역사회 관련 전문가들은 공원 관리 및 관련 활동들에 열심히 참여하였다. 역시 이 공원은 인근 혹은 지역개발 집단의 재즈의 역사 및 개발에 관한 정보와 같은 집적된 자료를 제공해주고 있다. 방문객의 욕구와 지역사회의 기대간의 균형유지는 공원관리 및 뉴올리언즈 재즈의 지속가능성을 위한 가장 중요한 이슈이다.

▌관리정책 요약

관리정책은 재즈를 어떻게 보존하여 지역사회 참가자 및 방문객의 욕구를 충족시키는 차원에서 유지 및 해석하는가가 중요하다.

다. 관리인들과 종교적 특징

많은 관광상품들은 방문객들에게 세속적이든 희귀한 것이든, 아니면 양자를 혼합한 것이든 특별한 지식 혹은 전통을 제공하는 것까지 포함한다. 지식보유자 및 관련 유형문화유산은 우선순위 면에서 그들 스스로를 낮추어 관광객들을 위해 지식을 소개하는 지식관리인 정도로 인식하고 있다. 과제는 이런 특별한 지식을 어떻게 하면 가치 있게 하고, 그것을 사용할 것인가이다. 더욱이 중요 유형 및 무형적 가치를 가진 그런 장소들이라면, 또한 그런 장소들이 전통보유자들에게 정신적 중요성을 지닌 곳이라면, 토착의 관리인은 유형 및 무형적 측면에서 공동관리라는 협의제(comanage)를 고려해 봐야 할 것이다. 호주 Uluru-Kata Tjuta National Park 사례에서처럼(McKercher·du Cros 1999; Parks Australia 1999), 협의제에는 전통적 가치 및 관심을 포함한다. 관리활동에는 신성한 지역은 폐쇄하고 다른 지역으로 안내하는 엄격한 사용강제까지 포함한다. 방문자들이 독특한 문화지역들에 대해 알고자 하는 관심증대는 이런 관리자들에게는 압력이 되고 있다. 지식공유를 하건 안하건, 알려주어야 할 지식이 무엇이며, 그런 지식들을 어떻게 표출하며, 무슨 줄거리로 이야기하며, 누가 그 지식들을 설명할 것인지가 관리상의 중요한 고려사항이다. 이런 질문들에 대한 대답들은 관리인과 전통 보유자 자문회의를 통해 마련되어야 한다. 관광적 관심을 강하게 불러일으킬 정보는 그것의 잠재적 소구력에도 불구하고 문화적으로는 민감하거나 부적절하게 소개될 수 있다. 마찬가지로 관리의 주요 원리로는 어떤 정보든 관리자들 혹은 해설자를 통해 정확한 자료들을 바탕으로 한 안내가 되어야 하며, 문화적으로도 강한 감수성을 가질 수 있는 적절한 상황 속에서 제공되어야 한다. 관리자와 전통보유자의 모니터링 및 관계없는 버스기사나 관광가이드가 무형문화재를 설명하는 것은 부적절하다.

사례연구 : Uluru-Kata Tjuta National Park (Ayers 바위/관광객초상)

▮ 법적배경

현재 Uluru-Kata Tjuta 국립공원은 1976년 원주민 토지권리법(the Aboriginal Land Rights Act: Northern Territory)의 개정 이후 지정된 것이다. 1985년 국립공원 및 야생생물 보호법에서는 전통보유자가 가지고 있는 세습적 부동산 자유보유권을 양도할 수 없도록 하였다. 이 법령은 Anangu 원주민 사회와 호주 공원관리 당국자로 구성된 관리위원회로부터 임차하여 Uluru-Kata Tjuta 토지신탁에 권리행사권을 귀속시켰다.

▮ 문화적 중요성

Uluru(Ayers Rock)와 Kata Tjuta(the Olgas) 두 지역은 전통적인 법이 계승되어 오고 있는 신성한 지역으로서 독특한 Anangu 원주민 사회의 Tjukurpa(유럽사람들이 Aboriginal들의 대창조시간을 표현한 말이나, Aboriginal들의 원어로 추쿠라파로 부른다. Aboriginal들에게 Tjukurpa는 과거, 현재, 미래를 아우르는 영원 속에 존재함을 의미함)로서, 이들은 이 신성한 곳의 전통관리인들이다. 이 지역은 세계 문화유산 문화경관지역들 중의 하나이기도 하다(자연과 문화적 가치를 동시에 지니고 있는 지역임). Uluru의 분신(alter-ego)인 Ayers Rock은 호주 비원주민들에게는 전후 관광초상으로서 잠재적·문화적 상징이며, 등반(the climb)이라는 용어와 연계된 방문이라는 중요성이 높은 지역이다. 그러면서, 이 지역사회 및 많은 해외 방문객들의 친교적 중요성이라는 레크리에이션적 가치도 높은 지역이기도 하다.

▮ 관리상의 주요 이슈

the Anangu와 Parks Australia의 공동관리자는 Anangu 전통보유자들의 소망에 부합하여 등반은 하지 못하도록 하고 오로지 교육목적의 방문자들을 위해 유형 및 무형 문화유산들의 사회적·환경적 영향을 최소화시키려고 노력하고 있다(〈사진 6.3〉 참조). 문제점으로는 공원 관계자들이라 할 수 있는 일반인들과 관광부문에서의 그것의 레크리에이션적 사용 사이의 계속적인 견해 차이에 있다. 1995년 원주민 문화에 대한 인식 증대를 위해 문화센터를 이 위원회에서 설립했다. 그러나 아직까지 이 센터의 성과는 미미하다. 그렇지만 원주민 사회에서의 희망은 등반목적의 방문객이라기보다는 문화목적으로 감수성이 강한 활동이 이루어지길 희망하고 있다.

▌관리정책 요약

Anangu and Parks Australia위원회에서는 레크리에이션적 사용을 넘어서 교육적 사용을 강조하는 새로운 관리계획을 수립했다. Tjukurpa 실천이 무엇보다 우선이라 얘기할 수 있다. 이것은 그들이 지금까지 가지고 있는 믿음 때문인지는 아직 검증되지는 않았지만, 이런 계획들을 통해 문화센터 방문자들의 방문목적 실현의 극대화를 보장할 수 있어야 한다. 특히 해외로부터 온 방문자들은 무형문화유산을 통해 많이 얻어가겠다는 욕구는 그리 크지 않은 것 같고, 리조트 지역에서의 등산 및 활동이라는 레저경험을 얻기 위해 Uluru를 찾고 있는 듯하다. 이 문제는 확고한 유인책을 어떻게 마케팅하고 브랜드화(branding)하느냐에 달려 있다.

〈사진 6.3〉 Uluru, 센트럴 오스트레일리아

관광객 행동은 전통을 고수해 나가는 사람들의 소망에 갈등을 초래하는 경우가 있다. 센트럴 오스트레일리아 내에 있는 Uluru에서는 전통의 원주민들은 방문객들이 이용가치가 거의 없는 한 개의 돌로 이루어진 세계에서 가장 큰 이곳에 등반하지 말 것을 요구한다. 등반에 대해 묻는 사람들에게 등반을 하지 못하도록 하고 모든 방문객들에 의해 무시되어온 다른 대체활동에 참여할 것을 권유하는 안내판이 서 있다.

4. 고유성과 문화적 공간

무형문화재의 고유성에 영향을 미치는 상황(setting) 혹은 환경(context)을 제거해야 하는가? 이런 질문은 문화적 공간(cultural space)을 배경으로 하여야 할 것이다. 문화적 공간은 일반적으로 특정 주기(주기, 계절, 월별 등)를 바탕으로 한 대중 및 전통적인 문화활동이 집중되어 있는 곳을 말한다(UNESCO 1998: 32, 3.5.5 1(c)의 섹션). 무형문화유산 관리원칙은 고유성 경험을 연출할 수 있도록 하는 문화공간의 통합이 필요하다. 문화공간은 반드시 문화유산지역을 가질 필요는 없다. 그곳은 공연, 연상되는 대상, 수집물, 경관과 같은 일상적인 장소이면 된다. 축제의 경우, 도심거리 혹은 종교건물 집단이 있으면 된다.

무형의 유산과 문화공간과의 결합은 과거는 물론 현재에도 기본이 되어 왔다. 한 가지 예로 과거로의 연상은 여전히 과거와의 연계성을 지닌 거리 혹은 광장에서 펼쳐지는 이야기꾼, 방랑시인, 곡예사일 수 있다. 그러나 이런 장소도 무형문화유산을 전시할 수 있는 최소한의 문화공간은 확보되어야 한다(그것의 현재 물질적 특징과는 관계없이). 만약 이야기꾼이 도시의 다른 곳으로 이동한다면 여전히 고유성을 경험하겠는가? 이런 문화공간은 여전히 이야기꾼의 이야기를 위한 진정한 상황을 고려하고 있는가? 관광객을 배려하는가? 국제적인 페스티벌이 문화적 공간을 배제한 상태에서 그 소재가 되고 있는 무형문화유산을 연행자(performers)에 의해 아주 독특하게 표현하는 과정에서 고유성을 훼손하고 있지는 않은지에 대해 문화관광 분석가들은 계속적으로 토론이 이루어지고 있다(ICOMOS 1999).

문화연구(pursuits)에서는 행위 혹은 사건 현장에서의 이런 기본적인 변화는 무형문화유산의 고유성 및 관련성을 유지하는 것이 불가능하게 만든다는 주장을 하고 있다. 그리고 국제적인 페스티벌 역시 이런 공연은 오락(entertainment)으로부터 교육적 측면을 간과할 수도 있다는데 대해 문화관광연구자들은 관심을 보이고 있다. 또다른 연구자들은 이런 이벤트들은 재미가 없다고 느끼며 이런 전시들(displays)은 하나의 구경거리로 인정되어야 함을 주장하기도 한다. 또 문화관광 연구자들은 변화되지 않은 물리적 배경이 반드시 남아 있어야 되는 것은 아니고, 구경거리를 통해 미(the beauty), 강렬함(the intensity), 그리고 중요성(the significance) 등이 청중들의 머릿속에 남도록 해야 한다는 것이다. 축제개념은 국내외 사람들에게 그 지역의 무형문화유산에 대한 인식과 관심의 폭을 확대시키는 계기를 제공한다.

5. 관광과 무형문화유산의 변화

본질적인 면에서, 관광은 관광소비를 위해 제공되는 무형문화재에 대해 변화를 강요하기도 한다. 제한된 시간, 문화적 배경에 대한 깊은 이해부족과 즐거움 추구의 욕망은 무형문화유산의 표현(presentations)을 다소 피상적으로 인식하는 경향이 있다. 이런 현상이 반드시 선 혹은 악이라고 할 수 있겠는가? 여기에 대한 대답은 관점 여하에 달려 있다고 볼 수 있다. 문화는 고정개념이 아니라, 시간 경과에 따라, 모든 문화는 변화하고 때로는 급진적으로 변하기도 하며, 때로는 감지할 수 없는 경우도 있다. 문제는 변화정도, 변화목적, 변화주도자, 그리고 문화의 핵심가치상황과의 관계성이다.

만약 변화의 정도가 너무 급격하거나 즉각적인 경우는 역효과도 발생하게 된다. 마찬가지로 변화가 외부인의 이익을 위해 외부에서 주도할 경우, 문화유산 보유자에게는 이익이 거의 돌아오지 못한다. 이럴 경우 변화의 편익에 대해 의문을 가질 수밖에 없다. 미국에서는 호피족(Hopi Indians: 미국 아리조나주 북부에 사는 Pueblo의 일족), Madison Treaty Rights Support Group, 그리고 다른 커뮤니티 그룹들은 원주민들이 그들의 수입을 목적으로 그들의 문화를 하찮게 여기면서 유명 선수들을 쫓아다니면서 성적 접촉을 희망하는 극성 여성팬인 Wannabe에 대해 관심을 많이 보여왔다. 그 결과 이들 단체는 문화재 및 판권보호법을 제정하기 위해 Website를 개설하고 연방정부에 로비를 하였다(Readings on Cultural Respect 2000; Dambiec 2000).

반면에 지역사회가 변화의 절대적인 양과 변화율 모두를 조절 가능하다면, 역효과는 최소화될 수 있다. 관광분야 사용을 위해 무형의 자원들을 상품화하는 것은 자원소유자에 의해 통제 가능하고, 그 콘텐츠가 이해될 수 있다면 결코 부정적인 것만은 아니다. 전통적·세속적인 활동들을 공연으로 전환하는 것은 지역사회를 위해서는 일련의 긍정적인 사회적·경제적 편익을 가져다 줄 수 있다. 더욱이 이런 공연들이 그들 자신이 사는 곳에서 펼쳐진다면, 공연을 통해 전통과 활동들에 대한 순수한 영향은 최소화될 수 있다.

6. 문화유산들의 문화적, 지속적 사용

이와 같은 상황에도 불구하고 문화유산들은 어떤 형태로든 문화적으로 사용 혹은 연출되어야 한다. 그렇지만 많은 경우에는 무형문화재의 사용은 현대사회의 입장에서 고려되고 있다는 사실이다. 우리가 일상적으로 가치가 있는 사물이라는 판단은 과거 시점에서 이루어진 것으로 가능하면 그런 압박(dead hand)으로부터 벗어나려고 노력한다(du Cros 1996). 그 밖의 여러 가지 이유로, 현대생활로부터 위안을 받게 되는 하나의 원천이 되기도 한다. 예를 들면, Bennett(1993: 231)는 호주 시드니 The Rocks의 역사지정지구는 일상생활의 리듬 속에 과거의 존재를 재조명하여, 현재와는 구분지어 일상생활의 혼란 속에서 벗어나는 평온한 지역으로의 느낌을 갖도록 해야 한다는 주장을 하고 있다.

마찬가지로, 토착민 집단은 그들이 보유하고 있는 무형유산을 그들의 문화적 정체성과를 연결지으려고 노력한다. 그 순간 다른 무엇보다도 이런 집단들은 경제적·사회적·문화적·정치적 압력으로부터 압박을 받게 된다. 지적 소유권, 수입때문에 문화재들을 남용하는 문제, 관광촉진 및 개발을 위한 부적절한 사용, 복제와 같은 이슈들을 토착민 집단에는 가장 관심거리가 된다. 특히 구전문화 및 특정 지역에 대한 지식의 형태를 띠는 무형적 자원은 지속가능개발의 환경관리적 측면에서 그 중요성을 더해가고 있다.

지속가능성을 향한 움직임의 한 부분으로서, 무형문화재에 대한 지적소유권을 가지고 있는 문화집단과 기능보유자(living practitioners)를 정당하게 대우할 수 있는 방법들을 수립하여 무형문화재를 보호하는 게 역시 중요하다. 지적소유권을 통한 문화적 정체성의 일정부분 통제를 유지하는 것은 이런 집단, 특히 소수집단인 토착민들에게는 생존과 직결되어 있다(Dambiec 2000). 이런 토착민들에게는 경제적 손실을 끼칠 뿐만 아니라, 그들의 자존심(self-esteem)마저 짓밟는 상황을 초래하게 된다. 이런 문제점들을 최소화시키는 것은 토착민들에게 탐닉과 다른 사회악으로 이끄는 총체적인 불만으로부터 벗어나게 해 줄 수 있을 것이다. 역시 이런 토착민들은 더 이상 문화적인 침입 및 여러 가지 형태의 남용으로 상처 받지 않아 문화적으로 혹은 정치적으로 저항세력이란 인상을 주지 않을 수도 있다. 이런 맥락에서 지속가능성은 문화적인 형평성과 정치적 형평성과도 밀접히 관련되어 있음을 의미하고 있다. 그리고 토착민 집단은 다른 집단들과 토지, 유형문화재 관리문제와 관련하여 계속적인 협상이 진행되어야 한다. 그러므로 무형문화재의 보호는 이런 과정에서 토착민들에게는 대단히 중요하다.

7. 관리우선순위 결정시 이해관계자 간의 긴밀한 협의

많은 국가들이 주창하고 있는 것처럼 이해관계자들 간의 연계활동은 새로운 동반자 스타일을 결정짓게 되고, 동반자유형에 따라 무형문화유산 보호 및 상품화 우선순위를 결정짓게 하는 중요한 부분이다(Hall 1999). 호스트사회 및 특히 전통보유자들을 자문 및 계획과정에 반드시 포함시킬 필요가 있다. 진정으로 성공하기 위해서는 해당 관광자원과 관련하여 호스트사회 혹은 전통보유자의 의사를 수렴할 수 있는 방법들이 적절하여야 한다. 이런 의사결정과정은 전통 및 무형문화재 그 자체에 큰 영향을 미칠 수 있다.

역사적으로 관광계획은 공원관리계획과 같은 활동보다는 다른 사람들의 조언에 덜 민감하다(Birkhead · De Lacy · Smith 1992). 교육과 오락, 보호와 상품화 사이의 균형을 취하기 위해서는, 계획과정에서 보다 역사적인 관점에서 관리될 필요가 있다. 모든 이해관계자들은 문화적 정체성, 변화율, 고유성에의 영향력 정도, 무형문화재의 적절한 사용에 대한 이해를 계획의 모든 단계에서 논의하여야 할 것이다.

제7장

지역적 관점에서의 문화관광상품

문화유산
관광자원관리론

1. 도입부

관광자원들에 의해 잠재관광객의 관광동기가 부여된다. 자원들은 관광객으로 하여금 목적지를 방문하게 할 이유를 부여하며, 나아가 방문의 중심주제가 되어 수요 발생인자가 된다. 이상적으로 표현하면, 관광자원들은 표적시장에 대해 경험, 독특함, 흥미, 일종의 만남이 이루어지게 한다(EPGC 1995). 관광자원들의 적당한 폭과 깊이가 없는 목적지는 성공할 수 없으며, 무엇보다도 관광객들을 유인할 수 있어야 하며, 그 다음으로는 목적지 내 관광자원들이 오랜 기간 동안 유지되어야 한다. 간단히 말하면, 관광자원들은 모든 관광상품과 서비스 제공의 촉매제 역할을 한다. 이런 관광자원들이 없다면 한정적인 관광개발이 이루어질 것이다.

이상적으로는 문화관광자원은 관광수요를 발생시킬 만큼 최적으로 개발되어야 한다. 이런 자원들에는 자원의 문화, 역사, 환경, 특징적 경험을 반영한 곳, 그리고 문화전통을 반영한 벽걸이나 실내장식용 비단, 민족적 배경, 풍경까지도 포함한다(Copley · Robson 1996; Blackwell 1997). 특정지역의 문화 혹은 문화유산의 분류(cataloging)는 목적지의 문화관광잠재력을 평가하는데 첫 단계이므로 대단히 중요하다(NTHP 1999). 그러나 첫 단계이지만, 문화 혹은 문화유산과 문화관광자원 사이에는 근본적인 차이가 존재한다.

중요한 2번째 단계는 관광객들이 구입할 수 있는 상품으로 변형하는 것이다. 독특한 자원, 문화, 혹은 건축물은 관광객들에 의해 소비될 수 있도록 현실화 할 수 있는 관광적 잠재력이 없다면 관광자원이 되지 못한다. 이 단계에서 많은 문화유산 관리자들은 문화적 보존가치와의 언제나 절충을 해야 한다고 느끼기 때문에 많은 저항이 뒤따른다. 이런 위협은 현실적인데, 그러나 적절한 관리가 이루어진다면 이를 최소화할 수 있다. 실제, 해당지역이 보유하고 있는 문화재관련 관광상품의 형태를 문화재와 관련이 없는 다른 사람들에 의한 것보다는 지역민들 스스로에 의한 변형이라는 사전 대책법(proactive approach)을 적용하는 게 낫다.

따라서 문화유산관리와 관련은 있지만 구별되는 활동으로서 문화관광이 어떤 역할을 하는지에 대한 이해에는 상품이 무엇인지에 대한 이해까지도 포함한다. 제7장과 제8장에서는 문화관광상품에 관해 살펴보고자 한다. 특히 제7장에서는 상품에 관한 총체적 개념과 지역수준에서의 상품믹스에 관한 것을 알아보고자 한다. 상품개념에 관해 토론해보고, 특정목적지에서의 상품을 총체적으로 어떻게 배열할 것인지에 따라 바람직한 관광경험 제공정도를 결정하게 된다. 제8장에서는 개별적 자원들이 문화관광상품으로 되어가는 과정에 대해 알아보고자 한다. 그건 다름 아닌 하나의 상품이 관광객들에게 어떻게 매력을 띠게 하며, 관광상품은 관광소비를 위해 어떻게 제시할 것인지에 관한 것이다.

이 토의에 앞서, 관광에 관한 몇 가지 특징들을 검토해보자. 관광목적지는 관광을 통해 경제적·사회적 편익을 추구하고 있음을 기억하는 게 중요하다. 관광지들은 방문객들을 위해 경험을 제공할 수 있는 상품으로서 그 지역사회가 보유하고 있는 여러 가지 자원들을 세트화시켜 소구하고 있다. 또한 판매목적의 상품은 경험제공자 역할을 하지만 관광산업은 경험촉진자 역할을 한다. 과거에는 이 두 가지 요소들(경험 및 촉진자)이 서로 의존하는 관계를 유지해왔다. 촉진자는 관광객으로 하여금 어떤 관광지에서 가져온 경험제공물에 의존하며, 그리고 그들을 이용하며 그로 끝나는 경우가 대부분이다. 하지만 관광과 문화소비의 수렴은 동시에 일어나는 것이 아님을 점차 깨닫게 된다(Richars 1996 a). 그리고 관광과 문화는 그들 상호간의 이익을 위해 공생적인 방법으로 기능하고 있다. 문화관광은 문화관련 물건들이 상품화되는 과정을 통해 폭넓은 사회변화들의 결과로 나타나게 된다. 여러 가지 측면에서, 문화는 관광기념품, 축제, 그리고 관광객을 겨냥한 주제공원과 같은 상품개발과 경험을 통해 관광소비에로 용해된다(Craik 1997).

2. 상 품

관광이 상품소비로 이루어지며 문화관광은 문화관련 상품소비를 포함한다면 상품(procducts)이 무엇인가에 대한 이해를 발전시키는 게 중요함은 두말할 나위가 없다. 여기서 참고적으로 영어의 products는 제조기업과 같이 동종 경쟁기업과의 차별화 정도가 클 경우를 의미하며 우리말로는 제품이라고 해석한다. 또한, 영어의 commodity는 우리말로 상품으로 해석하고, 이는 동종기업간의 차별화 정도가 낮고 표준화 정도가 높음을 의미한다. 그리고 관광과 관련해서는 tourism products를 관광제품으로 해석하기보다는 관광상품으로 해석하는 경우가 많음도 알아둘 필요가 있다(역자 주). 마케팅이론에서는 제품을 시장에서 주의(attention), 획득(acquistion), 사용(use) 혹은 소비(consumption)를 통해 소비자의 요구(needs) 혹은 욕망(wants)을 충족시켜 줄 수 있는 것으로 정의하고 있다(Kotler · Turner 1989 : 435). 마케팅용어로서 소비자의 요구(needs)는 인간이 살아가는 데 있어서 무엇인가 결핍된 상태를 의미하며, 욕망(wants)의 경우는 무엇인가 결핍된 요구를 충족시켜 줄 수 있는 대안들을 말할 때 사용한다. 예를 들면 인간의 배고픔은 요구에 해당되며, 배고픔을 해결해 줄 수 있는 밥, 죽, 빵과 같은 대체재 획득은 욕망에 해당된다(역자 주).

핵심컨셉트는 소비자들의 요구 혹은 욕망이다. 다른 말로 표현하자면, 사람들은 제품 그 자체를 구매하지 않고, 사람들은 그 제품들이 가지고 있는 편익들을 통해 사람들의 요구나 욕망을 충족시켜 줄 수 있는 것을 구매하는 것이다(Lewis 1984). 따라서 제품은 현실적 혹은 잠재적인 문제해결자로 간략히 기술할 수 있다. 이러한 해결책은 사람들이 소비 가능한 유형재에 내재되어 있다.

만약 위에서 기술한 것처럼 제품이 이런 것임을 이해했다면 대단히 감각이 있다고 할 수 있을 것이다. 사람들은 치약을 사는 것일까? 소비자들에게 제공하는 유형재로서 그렇다면 왜 사람들은 상이한 제품들을 선호하는 것일까? 상이한 치약들은 시장에서 치아를 보다 희게 하거나, 충치예방, 보다 신선한 호흡, 보다 아름다운 미소, 혹은 보다 향상된 성생활 등의 상이한 해결책들로 포지셔닝(positioning) 되기 때문이다. 기업에서는 그들이 표적시장에 제공할 편익들을 알고, 계속적으로 그들의 제품을 개선하기 때문에 계속 생산이 가능한 것이다(Lewis 1984). 그러므로 제품 성공은 소비자들에 대한 요구를 이해하고 거기에 따른 차별화 할 수 있는 생산자들의 능력 여하에 달려 있다. 또한 제품에 관한 논의는 언제나 소비자 관점에서 이루어져야 한다.

가. 제품에 대한 개념적 사고

제품은 개념적으로 (1) 핵 상품, (2) 유형재, (3) 보조재 3가지 수준이 존재한다. 핵 상품(core product)은 그 상품을 소비함으로써 가져다 줄 핵심 편익 혹은 요구 충족을 의미하는 것으로 가장 중요한 특징이다. 그러므로 특정 제품이 실제 개인의 요구를 충족시키고 있는가? 제품의 어떤 편익들이 개인에게 제공되고 있는지와 같은 의문에 해답을 제공해 준다. 이런 질문에 명확하고 간결하게 해답을 줄 수 없다면 제품은 존속하지 못할 것이다. 물론 제품개발을 위한 마케팅 적용의 최상의 가치는 유사한 제품이라 하더라도 해결해야 할 핵심적 문제는 아주 다양하다는 데 있다.

이런 편차는 시장에서 촉진할 편익에 따라서 경쟁자와는 다른 그들만의 독특한 위치를 점할 수 있다. 이 전략은 상당히 성공적이다. 치약 제품 선택시 소비자들은 각 브랜드는 다양한 요구에 해답을 줄 수 있는 다양한 속성을 가지고 있다고 믿는다.

유형재는 제품의 2번째 개념적 수준을 표현한다. 유형재(tangible product)는 요구만족을 조장할 핵상품의 물리적 표현을 의미한다. 간략히 말하면, 유형재는 구매할 물적 제품 혹은 서비스를 말한다. 역사적 요새에 입장하는 것, 전쟁터를 방문하는 것, 박물관의 관람, 문화관광에 참여하는 것, 축제에 참가하는 것 등이다(<사진 7.1과 7.2> 참조).

〈사진 7.1〉 태국, 방콕 왕궁전경

〈사진 7.2〉 태국, 방콕 왕궁의 관광적 통제수단

관광상품은 관광객의 요구(needs)와 욕망(wants)을 만족시키도록 구체화되어야 한다. 어떤 형태의 경험을 가져다 주기 위한 유형재의 설계는 방문객이 기대를 하게끔 경험을 조절할 수 있을 정도의 매력이 있어야 한다〈사진 7.1〉. 방콕 왕궁의 경우처럼 관광객들에 의해 압도되는 문화재들은 기대나 경험 통제에 실패할 수 있다. 왕궁에 1일 1만명 이상의 입장은 혼잡의 원인이 되기도 하고, 자원의 매력요소에 위협을 가하고, 방문객 경험에도 나쁜 영향을 미치게 된다. 이런 상황에서는 도로표지와 같은 것의 개선책을 통해 관광객을 통제하고 영향을 최소화할 필요가 있다. 그러나 본질적으로 반작용적인 어떤 활동들이 그 원인이라기보다는 과사용의 징후들임을 강조할 수 있도록 설계되어야 한다.

그러나 기억해야 할 것은 유형재는 핵경험을 제공하는 것은 아니다. 그것의 핵심은 핵심적 요구충족을 뜻한다. 많은 사람들은 그들이 충족시켜야 할 내면의 요구들을 생각하지 않고 유형재를 구매하기 때문에 사람들을 이해하기는 어려운 것이다. 실제, 문화관광의 강력한 특징 중에 하나는 사람들은 왜(why)에 관한 생각없이 상품에 반응을 보이기 때문에 그 유형재들은 기대했던 경험의 잠재적 신호가 되어야 한다. 예를 들면, 요새는 역사와 전투의 상징이요, 미술관은 미의 징후이고, 유적지는 지나간 과거의 징후이기도 하다.

관광상품은 소비자의 요구와 욕망을 충족시킬 수 있도록 만들어져야 한다. 특정형태의 경험을 제공해주기 위한 유형재의 설계는 방문객들의 기대에도 부합하면서 경험을 통제할 수 있도록 매력관리가 이루어져야 한다. 이런 관리행동이 실패하게 될 경우 방콕의 왕궁처럼 1일 1만명의 관광객이 입장하여 자원 과사용의 폐단이 나타나게 된다. 개선관리 활동은 관광객을 통제하여 그 영향을 최소화하는 데 있다.

세 번째 요소는 보조재(augmented product)이다. 보조재는 핵심적 요구를 보다 쉽게 충족시키는 데 촉진하거나 부가가치 그 이상의 부수적 특징들을 제공하는 것을 뜻한다. 구체적으로는 호텔 내외부 무료 셔틀 운행이라든가, 비오는 날 우산을 제공하거나, 관광 후 무료 기념품 제공이나 현지 잔액 교환 보장과 같은 것이 될 수 있다.

나. 제일 먼저 고객의 요구를 만족시켜라

오늘날 현대 마케팅과 경영관리의 철학은 제일 먼저 시장이 무얼 원하는지를 이해하고 그들의 욕망을 만족시킬 제품을 고안하는 것이다(Aaker 1995; Brown 1997; Hiam 1990). 이 교훈은 관광산업에도 점진적으로 침투되고 있다. 주요 카지노와 리조트 체인과 같은 거대기업 경영자들은 객실과 음식을 판매하기보다는 오히려 환대 및 즐거움을 판매하고 있다고 느끼고 있다(Rowe 1996). 마찬가지로, 일부 자연중심 투어오퍼레이터들은 그들이 야생생물을 조망할 기회를 판매하는 것이라기보다는 파손되기 쉬운 생태계에 관한 학습의 기회에서부터 지구를 보호하는 계기에 이르기까지 일련의 개인적인 편익들을 판매하고 있다고 생각한다(Hawkins 1994; Weiler · Richins n.d.).

제품의 세 가지 개념적 수준에 관한 아이디어는 이론적으로 실제적으로 간단하지만, 관광업계 관계자들이나 관광의 새로운 분야에서는 그들이 제공하는 상품을 생각할 때, 마케팅전략 적용이 어렵고, 결과적으로 그들의 핵상품과 유형적 요소들 간의 차이를 이해하는 게 어렵다. 그 결과 많은 관광조직들은 사람들이 관광에서 구입하고자 하는 실질적 이유들을 완전히 무시하게 된다. (McKercher · Davidson 1995). 결과적으로, 관광업계 종사자들은 시장의 요구를 간파하여 상품을 구성하였다고 생각하기 쉬우나, 관광객들이 스스로 사고 싶어하는 대신에 구입의사가 없는 사람들에게 억지로 판매하는 경우가 되고 있다.

문화관광부문에 이 같은 문제는 심각한 실정이다. 전통적으로 문화 및 유산자원들을 상품으로 다루는 데는 엄청난 저항을 초래하고 있기 때문이다. 그러나 많은 문화유산 관리자들은 방문객들에게 제공할 핵상품에 대한 이해없이 그들이 관리하고 있는 유형재에만 관심을 보이고 있는 실정이다. 관광경험제공 차원보다는 유형재를 보호하거나 보존하는 데만 대부분의 관리자들의 책무로 생각하고 있고 경영에 대한 연구가 없는 상황에서는 이 같은 상황전개는 이해할 만하다. 그러나 사람들을 하나의 자원에 방문하게끔 허용하는 결정이 이루어졌다면, 상품소비는 발생하게 될 것이다. 이런 사실들을 무시하기보다는 무슨 상품이 소비되고 있으며, 경험관리에 대한 보다 나은 이해가 이루어져야 하겠다.

문화자원들은 그 자원들의 관광잠재력을 어떻게 실현시킬 것인가를 고려할 때 치약이라는 제품과 다를 바 없다는 어리석은 제안도 해본다. 본질적인 면에서 관광이라는 상품에 마케팅적 접근이 필요한 전형적인 부문이다. 꿈과 경험을 팔아 관광객들의 요구와 욕망을 충족시켜야 한다. 문화유산관광 참여자들은 개인이 깊고 얕은 경험에 관계없이 자신의 내부적 요구 충족이 그 목적이다. 대부분의 경우에서처럼 사람들은 하나의 기념물인 유형물이 위치한 공허한 벌판을 보기 위해 남북전쟁이 발발했던 곳을 가지 않는다. 그들은 미국의 역사를 이해하고, 신성한 곳을 방문하고, 전쟁터에서 죽어간 병사들의 기억들을 추모하기 위해 방문하며(Galagher 1995), 자기 자신들의 문화의 뿌리와 연계시키고, 전쟁으로 인한 엄청난 낭비, 삶의 손실, 심지어 관광객들이 그와 비슷한 상황에 처하게 되었을 때 어떻게 반응했을 것인가를 상상도 해보게 된다.

3. 상품개발에서 마케팅적 접근법 적용의 편익

자원관리에서 마케팅적 접근법 사용은 문화유산 관리자들에게도 일련의 이점들을 제공해준다. 물론 실패했을 때는 자원의 지속가능성에 위협이 되기도 한다. 사람들이 왜 방문하는지에 대한 이해와 더불어 경험은 문화유산 관광자원관리 목적달성과 함께 그들의 요구충족을 가능하게끔 해준다.

상당수의 문화 혹은 유산관광자원 방문객들은 기본적으로 문화 혹은 유산의 중요성과 그 자원의 의미를 무시한다. 이런 현상은 하나의 문제점으로 보기보다는 핵상품의 메시지에 영향을 미칠 자원을 소개(유형재)할 수 있는 기회로 보는 게 중요하다.

자원들은 관광객들의 요구를 충족시켜 주지만, 관광객들은 그 자원으로 원하는 무엇이든 할 수 있는 권한을 가지고 있다는 의미는 아니다. 그리고 모든 관광객들이 균등하게 권리를 가지고 있음의 의미도 아니다. 그 반대도 사실이다. 마케팅적 접근법은 자원관리자로 하여금 그들 자신의 언어로 핵상품을 정의하게끔 하고, 그렇게 하는 과정에서 방문객들이 바라는 형태를 확인하고 표적화가 가능하다. 이런 양상으로, 자원들은 바람직한 사용자에게는 소구하게끔 하고 바람직하지 않은 방문객들에게는 소구되지 않도록 소개되어야 한다.

마케팅적 접근법 채택시에는 몇 가지 금지활동도 포함되어야 한다. 그러나 이런 금지활동은 자원에 부가가치를 높이는 차원에서 이루어져야 한다. 어떤 것은 왜 허용되지 않는지에 대한 설명은 오히려 실제적으로 얻게 될 경험을 강조하게 된다. 예를 들어, 호주에서 대부분의 관광객들은 전통적인 호주원주민들의 소망은 자신들이 거주하는 신성한 곳을 방문하지 않았으면 하는 사실을 고려한다는 점이다. 어떤 지역은 대중에게 왜 폐쇄하는지에 대한 방문자들에게 정보를 제공한다면 전체 경험을 고양시키게 되며, 방문하고자 하는 방문지에 대한 정신적 중요성을 강조하는 것이 되며, 많은 문화관광객들로 하여금 적절한 매너로 행동하도록 강화시키는 결과가 된다.

역으로, 유형재로서 자원에 대한 생각과 핵심적 특징을 고려하지 않을 경우는 그 자원에 대한 통제력 상실의 결과를 초래하며 궁극적으로는 지속적 사용이 불가능하게 된다. 2가지 관련된 이슈들로 이어지게 되는데, 첫째 어떤 자원이 사람들에게 잘 알려지면, 마케팅 혹은 역마케팅 양에 관계없이 보기 위하여 방문하고 싶어 한다.

만약 경험을 통해 방문객들의 요구를 충족시켜 줄 수 없거나 그런 요구들을 모른다면, 관광객들은 그들 자신의 요구를 충족시켜 줄 경험을 추구하게 될 것이다. 다른 말로 표현하면, 방문객들은 그들 자신의 핵심적 요구에 따라 자원을 정의하게 될 것이며, 거기에 따라 소비하게 된다. 이럴 때에는 자원관리자들의 바람과는 완전히 다를 것이다. 대다수 방문객들은 그 자원과 그 자원의 깊은 의미를 무시하게 되는데, 그로 인해 방문객들은 악의라기보다는 무지의 소산으로 부적절한 행동을 할 기회가 많을 수 있다.

관광객을 효과적으로 관리할 수 없다면, 자원을 지속가능한 방법으로 어떻게 관리할 수 있겠는가? 이와 마찬가지로, 자원이 시장에서 막연하게 위치화되어지거나, 관광객이 사용하는 포지셔닝 전략을 잘 모를 때, 잘못된 형태의 관광객들이 방문할 가능성이 커지게 된다. 잘못된 형태의 관광객이란 관광객들의 요구를 자원을 통해 만족시켜 주지 못함을 의미한다. 관광은 사회적으로 좋은 의미로 작용한다. 하지만 이를 무시하는 관광객들은 거꾸로 지역사회와는 부딪히면서 그들 개인의 요구충족만을 추구한다.

대안적으로, 해당 자원의 관광적 중요성에 대한 이해 결여 및 관광소비를 위한 자원 변형의 부수적 필요성을 이해하지 못해 자원을 제대로 알리지 못하는 표현으로 저수준의 방문, 저수준의 만족, 방문명성의 약화, 낮은 재정적 수입으로 이어지게 된다. 적어도 동종상품은 서로 다른 목적의 사용자들이라 해도 핵심적 요구는 충족시킬 수 있어야 한다. 예를 들면, Ashworth(1999)는 같은 지역내에서도 장소별로 다르게 이미지가 형성된다고 설명한다. 결과적으로, 개별 사용자는 다른 기대와 경험을 추구하게 된다. 개별 집단별 서로 모순되지 않는 핵심적 요구를 가졌을 경우는 문제가 안 된다. 역사유적지는 방문객들의 다양한 참여수준차를 고려한 폭넓은 스펙트럼을 만족시킬 수 있도록 표현해야 한다. 그러나 상이한 사용자들의 상이한 요구의 불균형이 문제가 된다. 가능한 한 많은 사용자에게 소구할 수 있도록 하는 것이 훌륭한 목표일 수도 있고; 소유자원을 공공에게 위임한다는 것일 수도 있다. 실질적인 표현을 하자면, 모든 사람에게 모든 사물이 상품이 될 수 없는 것이다. 모두를 만족시키려고 노력하는 것은 누구도 만족시킬 수 없음을 의미한다. 대신, 서로 조화로운 사용자를 명확하게 한정하여 표적화하는 것이 좋으며 그들의 요구를 중심으로 경험을 맞추어 주는 것이 중요하다.

주사용자들의 조건들 하에서 다른 사람들이 방문할 수 있다. 문화유산자원들이 기본적으로 지역 주민들의 편익을 도모하는 것이라면, 기본 사용자들을 소외시킴 없이 관광목적의 사용을 위한 변형은 쉽지 않다.

4. 관광자원의 계층

모든 문화관광객들은 같지 않다. 마찬가지로 모든 문화관광상품 또한 같지 않다는 것을 인식해야 한다. 어떤 자원들은 방문객들에게 커다란 흥미를 불러일으킬 수도 있고 또 어떤 자원들은 방문객들로 하여금 거리감을 불러일으킬 수도 있다. 또다른 자원들은 제한적인 흥미를 유발할 것이고, 또 많은 자원들은 관광객들에게 거의 소구되지 못할 경우도 있다. 관광이론에서는 대부분의 목적지에서 자원들은 계층이 존재하며, 이 계층은 그 자원들을 방문하고 싶어하는 관광객들의 느낌의 충동정도로 정의한다(Leiper 1990). 해당 자원의 수요발생능력의 힘이 크면 클수록, 원거리에서부터 방문객들을 유인하는 힘도 크다. 자원들이 목적지에서 방문객들의 행동을 유발시키는 정도가 약할수록, 그 자원에로의 방문객들의 유인은 일어나지 못할 것이다. 그러므로 자원들은 여행의 내재적 부분일 수 있고 목적지 선택에 있어 주요 동기부여 인자이며; 또한 자원들은 한 목적지 내에서 선택적, 임의적 활동을 유발시키는 요인이 될 수 있다(Mill · Morrison 1985; Mclntosh · Goeldner 1990; Bull 1991; Jordan 1999).

자원들의 3가지 형태는 기본적(primary), 2차적(secondary), 3차적(tertiary)으로 구분된다. 기본적 자원들은 자원들의 이미지를 형상화하고 방문에 영향을 주는데 중요한 역할을 하기 때문에 대부분의 목적지에서 아주 중요하다(Mill · Morrison 1985). 그러나 모든 기본적 자원들이 대등하게 강한 수요발생 인자 역할은 못한다. 일부 자원들은 다른 자원들보다 원거리의 방문객들을 유인하는 능력을 가지고 있다. 관광객이 여행하고자 희망하는 거리가 멀면 멀수록, 보다 더 독특하고 진기한 매력이 강해야 한다. 사람들은 실로 독특한 경험을 맛보기 위해 먼 거리를 여행하지만, 일상적인 경험에는 노력, 비용, 시간을 투자하지 않으려고 한다.

구매결정, 혹은 방문하고 싶은 충동 정도는 매력도에 따라 점차적으로 자유재량적으로 이동해 간다. 2차적 자원들은 지역적으로(locally) 중요한 관광자원일 수 있다. 2차적 자원들은 주된 경험을 보완해 준다. 그리고 2차적 자원들은 방문객들에게 인기는 아주 많을 수 있지만, 목적지를 방문하게 하는 결정적 역할은 못한다. 3차적 혹은 가장 순위가 낮은 관광자원에로의 방문은 저관여 구매결정(low-involvement purchase decision)과 대개 편의성에 바탕을 두며 우연에 의해서 일어난다. 아이러니컬하게도, 동일한 자원이라도 관광객의 상이한 방문동기에 따라 기본적, 2차적, 3차적 매력을 동시에 갖는 경우도 있다.

이의 좋은 예로는 극장관광(theatre tourism)이 세계적으로 붐을 이루고 있다(Hughes 1998). 극장은 극장패키지를 구매하는 사람들에게는 특히 기본적인 매력을 제공해준다. 쇼를 보러 가는 것은 도시 방문의 기본적인 동기이고, 극장은 기본적 자원의 소비현장이 된다. 또다른 부류의 방문객들은 다른 이유로 도시를 방문하지만 휴가기간 중에 발생하게 되는 여러 가지 일들 중의 한 가지로서 극장관람이 계획될 수 있다.

이런 방문객들에게는 극장이 2차적 자원이 될 수 있다. 또다른 방문객들에게는 극장은 3차적 자원이 될 수도 있다. 이들에게는 다른 이유로 도시를 방문하였는데 극장을 지나면서 우연하게 매표소에 들러 입장권을 구입하는 경우도 있다. 얼떨결에, 방문객들은 그날 밤 쇼를 보기로 결정한 것이다. 이런 사람들은 극장관람계획이 없었지만 가게 된 것이다.

대부분의 문화관광자원은 2차적 혹은 3차적 자원의 범주에 속한다. 많은 사람들은 우리들에게 잘 알려진 문화, 유산, 예술관광의 초상을 지적하면서 이 주장에 반론을 펴기도 한다. 그러나 문화관광자원의 전체적인 측면에서 봤을 때는, 이런 장소들은 자원의 극히 일부분에 해당된다.

5. 문화관광자원 개발

문화유산들을 문화관광자원으로 개발하는 데는 몇가지 전략이 있다.

- 기본적 자원의 구축
- 일괄판매 : 자원성이 약한 것들을 하나의 기본적 자원을 이룰 수 있도록 일련의 주제를 가지고 묶을 것
- 관광지구 지정
- 선형 또는 순환의 관광루트 및 유산 네트워크 개발
- 축제와 같은 이벤트 연출

가. 기본적 자원구축

기본적 자원구축은 대부분의 지역사회 리더들에게는 꿈이다. 몇몇 커뮤니티에서는 성공적으로 추진하지만, 많은 커뮤니티에서는 자원의 기본적 차원에서의 관광소구력, 주된 관광시장으로부터 근접성, 하나의 자원을 구축할 주제를 갖지 못하고 있다. 기본적 문화관광자원의 목적추구(purpose-built)는 대개 2가지 주제 가운데 하나를 선택하는 경향이 있다. 그 두 가지는 아직 개발되지 않은 유산에 대해 관광자원화(tourismification)를 시도하거나 특정목적추구 문화유산 주제공원을 조성하는 것이다.

요새, 식민지시대의 형무소, 폐광, 유령도시, 역사지구, 폐기된 산업자원들을 유산자원(heritage assets)으로 개발할 기회들이 있다. 이 전략은 세계 도처에서 큰 효과를 발휘하기 위해 사용되어 왔다(Rudd · Davis 1998; Sletvold 1996; WTO 1995; Costa · Ferrone 1998). 이런 자원들이 존재하지 않을 때는, 유산

주제공원과 같은 목적추구형 관광자원개발의 기회도 있을 수 있다. Ontario St. Lawrence River가에 위치한 Upper Canada Village는 1950년대 St. Lawrence Seaway를 건설했을 때 민족 고유의 건물들을 재배치하여 1960년대의 시골마을을 재조성하였다. 캐나다 온타리오 Thunder Bay에 있는 Old Fort William과 같은 요새 재건축이나 오스트리아에 있는 Sovereign Hill과 같은 전형적인 시골지역의 유산 주제공원의 재건설은 상품화를 보다 용이하게 해준 좋은 예들이다.

기존의 자원을 관광자원으로의 전환에 따른 비용과 지리적으로 고립되어 있어 최소한의 경제적 수입과 연관지어 보존에 필요한 비용들을 민간부문에서 조달하기란 쉽지 않다. 실제 많은 지역들이 민간개발자들의 필요에 의해 건전한 재정 및 사업계획 없이 개발되고 있다. 기본적 자원의 제공은 흔히 공공부문의 역할 혹은 비영리 지역사회기관들의 역할로 인식하고 있다. 공공부문이나 비영리 지역사회기관들의 개발은 과거와의 연계, 교통접근성 제고, 고용, 경제적 자극과 같은 보다 폭넓은 지역사회의 편익들을 고려할 것이고, 숙박, 쇼핑, 음식서비스를 포함한 민간부문 관광개발의 기폭제가 된다. 순수 사회적 편익 혹은 순수 경제활동을 유발시키는 이런 개발은 민간기업을 지원해 주는 재정적 비용을 능가하는 경우도 있다.

반면에 민간부문은 운치 있는 유산을 가지고 목적추구 주제공원과 같은 자원에 투자하기 쉽다(Jones 1998; Jone·Robinett 1998). 민간부문의 사업참여결정은 사업성 즉 수익 및 재정적 가능성에 초점을 두게 된다. 개발자들은 사람들이 별로 찾지 않는 곳에 하나의 구축물을 가지고 영업하기보다는 이상적인 장소를 선택하게 된다. 개발자들은 관광객들의 요구에 부합하면서도 경험을 제공해 줄 수 있는 관광관련 시설들을 통해 소구를 극대화하고 수입을 최적화할 수 있는 곳을 선택한다. 분명 이들은 여러 면에서 고유성은 약하겠지만, 주제구축자원들은 보통의 시설보다는 보다 나은 관광경험을 제공해 주게 될 것이다.

나. 일괄판매

일괄판매(bundling)는 이용 가능한 보다 실질적이고 비용과 효과를 고려한 선택적 대안이다. 일괄판매는 분리된 재화와 서비스를 구매자들에게 패키지 혹은 묶음으로 제공함을 뜻한다(Aaker 1995; Brown 1997). 소비자와 개별 공급자들 모두에게 이익이 될 신제품에 대해 보다 소구력을 창출하기 위해 서로 다른 제품들을 집단화시키는 그런 사업에 이같은 접근법을 사용한다. 일괄판매의 예로는 단일 스키 패키지를 구성하기 위해 스키, 바인딩(스키를 죄는 기구), 신발, 그리고 폴(polls)의 조합이 이 경우이다. 서로 다른 공급업자가 제조하는 구성품들을 소매업자가 새로운, 보다 소구력을 높여 제품판매가 보다 용이하게 묶는 것이다.

패키지 관광에 있어 일괄판매는 일반적이다. 신규 관광상품 판매시 항공료, 숙박, 지상교통, 부대서비스를 결합시킨다. 문화관광 상황에서의 일괄판매의 전형은 방문객들에게 다양한 주제의 상품, 경험 및 촉진을 통해 집합적 소비를 유도한다. 이 전략은 한두 가지 자원에 국한시키지 않고 한 목적지 방문을 조장하게 된다. 이같은 방법으로 관광의 경제적 편익들이 보다 폭넓게 분산되게 된다. 보다 중요한 것은 유사한 의미를 가진 많은 곳들에 대해 관광객으로 하여금 하나의 목적지에 보다 강한 감각을 창출하거나, 한곳에 대한 하나의 주제를 돋보이게 하는데 도움을 준다.

다. 관광지구 지정

문화관광 지구지정 개발은 일괄판매의 극단적인 형태를 의미한다. 극장, 박물관, 역사적 민족지역은 소비자 및 공급자 모두에게 직적접인 편익이 있다. 집중화(concentration)는 관광객으로 하여금 사용을 보다 촉진시켜 대량 상품생산을 가져오게 한다. 또한 대량 관광객은 부대 자원 및 서비스 제공자들에게도 사업기회를 제고시킨다. 덧붙여 강한 소비수요는 강한 경제적 이유 때문에 유산지역을 보호, 보존하게끔 한다. 상용관광객들에게 소구하기 위한 대도시의 역사지구지정은 역사지역 보존을 촉진해야 한다는 경제적 측면에서 논쟁거리가 되기도 한다. 실제, 문화자원들의 관광화(tourismification)는 역사도시들에게는 새로운 관점을 제공해주고 있다(Ashworth 1995). 물론, 관광소비를 위해 자원들의 지나친 상품화와 표준화는 그 자원의 통합에 손상을 가져다 줄 위험도 있다(Jansen-Verbeke 1998).

라. 선형 또는 순환의 관광루트 및 유산 네트워크

유산 혹은 보조적 문화자원들이 그들의 상호편익을 위해 협력적으로 역할을 해야 될 목적지들에 있어서는 루트 내지 네트워크화할 필요가 있다(Morrison 1998). 서로 다른 커뮤니티를 대상으로 선형 또는 순환구조의 관광루트 개발은 많은 목적지들에게 저비용의 선택기회를 제공해 주게 된다. 점진적으로 지역 커뮤니티들은 한 커뮤니티 내의 개발자원들보다는 그들 문화자원들의 합이 관광소구력이 더 크다는 것을 깨닫고 있다(Rosenbaum 1995a; Stocks 1996). 하나의 주제로 관광루트화시켜 다양한 자원들을 일괄하는 것은 소구력 높은 기본적 자원창출을 가능하게 한다. 더욱이 선형 관광루트의 배열은 관광에 참여하는 개인의 상상력에 제약을 줄 수 있다.

Los Angels, San Francisco, 그리고 San Diego에 있는 예술단체와 여행사가 하나의 파트너십을 형성하여 만든 The Califonia Cultural Tourism Coalition은 극장, 박물관, 원주민집단, 축제, 역사적 자원, 건축물, 식당, 상점을 이국적 도시·농촌 신규개발 사업을 알리는 홍보자료 개발차원에서 자체 13개 주제별 일정표를 만들었다(Anonymous 1999a). 다양한 민족적 주제(아프리칸-아메리칸 유산, Latino문화, 아시안 문화)를 바탕으로, 역사주제, 과학과 자연의 역사, 근로자와 박물관, 건축물, 문화관광과 같은 개별주제별 여정을 다르게 구성하였다.

마. 축제와 같은 이벤트 연출

짧은 기간 측면에서는 축제와 이벤트도 기본적 자원이 될 수 있다. 다시 말하면, 축제는 한정된 시간체계 내에서 폭넓은 활동들의 집중화를 가져와 관광소비를 위해 대량의 상품들이 동원된다. 더욱이 축제와 이벤트는 브랜드 제품 혹은 명성 있는 브랜드와의 연계기회가 많다. 그렇게 함으로써 긍정적 연합브랜드(brand association)가 형성될 수 있다.

6. 결 론

본 장에서는 문화관광을 배경으로 한 상품 전반에 대해 검토해 보았다. 상품이 무엇이며 소비자 관점에서 그들 요구를 항시 확인하고 그들에게 편익 혹은 해결책 제시가 필요함을 강조하였다. 그리고 상품 개발시 마케팅적 접근법을 통해 문화관광자원들에 대해 바람직한 메시지를 구성하여 그 메시지를 필요로 하는 바람직한 이용자들에게 보내져야 하고, 대안적으로 바람직하지 못한 이용자에게는 방문을 하지 못하도록 해야 한다. 모든 문화자원들은 똑같지 않다. 자원계층모델을 이용하여, 혁신적 기법들을 사용하여 어떻게 하면 상이한 자원별 상이한 소구수준에 맞출 것이며, 문화관광상품의 소구력을 창출하기 위해 자원을 어떻게 조합시킬 것인가에 대해서도 논의하였다.

제8장

상품화, 환경적 변화 및 문화관광상품

문화유산
관광자원관리론

1. 도입부

제7장에서는 목적지관련 폭넓은 수준에서 상품개념을 논의하였다. 본 장에서는 조직 혹은 운영수준에서 문화관광상품 개발을 는의하고자 한다. 문화자원들을 문화관광상품으로의 전환에는 문화자원을 관광객이 소비할 수 있도록 유익한 것으로의 변형이 필수적이다. 이 과정은 보통 당해 자원을 수정(modification), 상품화(commodification), 표준화(standardization)가 이루어지게 된다. 그렇게 함으로써 3가지의 과정은 관광객에게 구체적인 경험을 제공하게 된다. 상품화는 관광적 측면에서 관광객, 순수영리목적의 관광산업, 그리고 자원 그 자체를 위한 폭넓은 편익을 주지만, 문화시설 정도에 따라서는 큰 위협이 될 수 있다.

관광경험을 갖기 위한 관광객들의 소비에 관해서는 약 40년 동안 관광문헌에서 폭넓게 다루어져 왔다(Boorstin 1964; MaCannel 1993; Cohen 1974, 1979). 거기에는 관광을 문화자원의 훼손자(denigrator)로서 문화의 파괴자(destroyer)로 비방하는 내용도 많다. 1970년대 초기 연구의 결과들이 아직까지 폭넓게 통용되고 있는데: 관광이 성공하게 되면, 문화적으로는 비극이다라는 내용이다(Hanna 1972의 내용을 Picard의 1995:65에서 인용).

다행히 많은 사람들이 이제 관광을 문화유산관리면에서의 동반자로 인식하고 있다(Boniface 1998; ICOMOS 1999; AHC·TCA 1999).

2. 경험을 위한 소비 - 낯섬과 친숙성 그리고 환경적 변화

관광경험을 위한 소비관련 논의의 기원은 초기 관광사회학자에까지 거슬러 올라간다. 관광사회학자들은 여행을 하는 사회적 이유와 관광경험 추구자들의 형태를 추구(seeking) 혹은 배움(getting)인가에 대해 설명하려고 노력하였다. 특히, 미국 사회학자들은 인간경험의 인위성(the contrived)과 환영(幻影, illusory)에 관심을 보여 왔다. 관광사회학자들은 사람들은 더 이상 그들의 삶에서 실체를 경험할 수 없는 대신 일련의 꾸며낸 사건(pseudoevents)에 노출되어 있는 것으로 느꼈다. 또한 그들은 미국인들의 생활이 꾸며낸 사건들과 인위적인 경험에 의해 짓눌려 있는 하나의 보기로 대중관광을 인식하고 있다(Boorstin 1964). 관광지 환경과 지역주민들로부터 고립된 수동적 구경꾼(passive onlooker)으로 현대관광객들을 묘사하고 있다. 일부 미국인들은 그들을 관광객 집단 내에 강제로 머무르게 하고 그들의 경험을 강제시키는 강력한 관광산업의 희생양으로 인식하고 있다. 또 일부 사람들은 그들의 실질세계와는 무관한 것을 선택하는 고립된 집단으로 관광객을 묘사하기도 한다. 관광객은 비실체적 표 한 장으로 인위적인 관광경험을 한다는 결론이다(Boorstin 1964).

이런 주장들은 상당히 타당하다. 관광산업은 관광객으로 하여금 잠재수익창출의 극대화를 위해 가능한 한 오래 체류하기를 원한다; 그러나 관광객들 자신은 역시 이런 상황에서 체재지 사회보다는 동료관광객들과 보다 친밀한 관계를 가지려고 하는 협력자(accomplices)이다. Urry(1990)는 관광객들이 왜 그들 자신의 동료들과 관광하기를 선호하는가에 대한 이유를 아래와 같이 제시하고 있다.

- 관광은 일상생활로부터의 변화를 반영하고 있다. 누구나 받아들이고 있는 행동규범은 적용되지 못하며, 관광행동은 일상행동과는 현격히 다르다.
- 관광은 목적지에서의 단기실습(a short-term residency)과 같은 것이어서 지역주민보다는 판이하게 지각하거나 이용하게 된다.

- 방문지역은 관광객의 일상세계와 대비되는 독특함을 제공하고, 이 때문에 정상적 사회관습은 일시적으로 와해될 수 있다.
- 본질적으로 대중관광은 집단이 개인을 대체하는 여행의 사회적 형태를 나타내고 있다.

목적지에 대해 큰 관계를 갖지 않고, 일상생활권에서는 추구할 수 없는 활동들을 추구하는 장소로서 인식하는 단기간의 임의적 방문객의 신분때문에, 그들의 행동은 목적지 사회와는 뭔가는 다른 행동을 기대하고 있다. 예를 들면, 관광객들은 지나친 술과 성관계와 같은 보다 강한 것을 추구하거나, 개인의 위생기준을 관대하게 하거나 개인의 수용가능 사회적 규범으로부터 일탈하는 등의 보다 느슨함을 보인다.

Cohen(1972)은 관광객들의 행동을 일상권과의 상이성 정도, 다양성, 변화의 정도의 관점에서의 낯섬(strangeness) 대 친숙성(familiarity)을 바탕으로 설명하고 있다. 관광객들의 행동에서의 낯섬과 친숙함 우세 정도는 관광경험의 본질을 결정할 뿐만 아니라 관광지 사회의 효과도 결정하게 된다. 모든 관광객들은 관광목적지에서 어느 정도 낯설지만, 관광객별로 이상함을 접하는 능력정도도 다르다. Cohen(1972)은 탐험자(explorers)와 표류자(drifters)로서, 1979년에는 이질적 환경여하에 따라 체험관광객(experiential tourists), 시험적 관광객(experimental tourists) 및 실체추구 관광객(existenial tourist)으로 분류했다. 하지만 대부분의 관광객들은 이상함과 신기성에 대해 제한된 흥미만을 경험하게 되다. Cohen(1972)은 관광객 집단을 크게 획일화된 단체관광객(institutionalized mass tourists)과 개별화된 대량관광객(individualized mass tourists)로 구분하였고, 그 뒤 1979년에는 레크리에이션 관광객(recreational diversionary tourists)으로 나누었다.

레크리에이션 관광객은 관광지에서 일상생활에서와 같은 위협이 뒤따르지 않는 방법으로 신기성 경험추구를 원하는 경우이다. 레크리에이션 관광객들은 그들 자신의 환경변화(environmental bubbles)를 차단하기 위해 신기성 경험을 추구하는 것이다. 환경변화란 관광객들을 둘러싸고 있는 친숙하지 못한 비일상성 속에서의 개인의 사회적·문화적 안전이라는 억누름과 이미 잘 알려져 있는 지식,

친숙함과의 거리를 뜻한다. 관광객들에 따라서는 낯섬에 대처하는 능력은 상이하기 때문에 환경변화를 제거하는데도 다를 수밖에 없다. 가정의 안락함이 전제될 때 여행하려는 사람들은 낯선 장소로 여행을 하기에 앞서 어느 정도의 환경변화를 필요로 하게 될 것이다. 그 결과 사람들은 일상의 규범을 삼갈 것이며, 그들의 일상생활권으로부터 변화를 주어 목적한 경험을 추구하게 될 것이다. 예를 들면, 시차가 크게 나는 지역으로의 관광은 출발전 일상생활권에서 시차적응노력을 하는 경우를 의미한다(역자 주).

낯섬 대 친숙함에 대한 아이디어는 위험지각에 대한 한 개인의 수용정도와 관련있다. 위험이론(risk theory)에서는 사람들은 그들이 얻고자 하는 희망수준 혹은 실패에 따른 벌을 줄이거나, 더 이상의 손실이 발생하지 않을 확실성 정도를 향상시키는 등의 일련의 전략들을 채택한다는 주장을 하고 있다. 특히 위험은 국제관광객들과 관련이 있다. 실질적으로 국제관광객들은 거의 모든 새로운 것을 구매한다(Mitchell · Greatorex 1990). 특히 목적지 및 목적지 국가와 관련된 많은 상품들은 결코 지금까지 보지 못했던 것이므로 불만족한 경험을 하게 될 잠재적 위험이 크게 된다. 여기에 덧붙여 휴가의 소중함이 증가함에 따라 구매위험도 그만큼 높아지게 된다. Mitchell과 Greatorex(1990)는 방문지 환경의 전반적인 새로움에 극복할 만한 친숙성의 결여는 소비자에게는 위험지각에 그만큼 커지는 원인이 된다는 주장을 하고 있다. 위험요소 가운데 한 요인이 될 수 있는 과장된 환경제공은 수용가능한 수준을 낮출 수 있다.

관광객들이 인내할 수 있는 변화의 양을 토대로 종모양의 정상분포인 연속체 선상에서 Plog(1974)는 관광객을 유형화하고 있는데, 이 유형은 위에서 논의된 과장된 환경을 좀더 깊이 이해하는데 도움을 줄 수 있다. 연속체 선상의 한 쪽 끝에는 다양성 추구형 관광객(allocentric tourists)이 위치하게 되는데, 이들은 관광경험 측면에서 가능한 한 많은 변화와 이상함을 경험하는데 흥미를 보인다. 다양성 추구형 여행객은 교육적, 문화적, 학습적 동기를 가지고 그 대상에 대해 보다 향상된 이해를 하려는 입장을 취하게 된다. 또 이들은 많은 변화와 개인적으로는 도전을 그리고 가능한 한 환경적으로 과장된 것을 피하려고 한다.

연속체선상의 다른 끝에는 안정성 추구형 관광객(psychocentric tourists)이 위치한다. 이들은 그들 일상적인 환경으로부터 최소한의 변화만을 꾀하여 관광에 참여하는 경우를 뜻한다. 안정성 추구형 관광객들은 친숙한 곳 혹은 그들이 이미 본 곳이나 읽어서 알고 있는 곳을 여행하려고 한다. 이들은 그들 자신이 일상으로부터 탈출하여 막연하게나마 비일상 동경이라는 환경변화에 둘러싸여 있는 경우만 여행한다. 이 집단은 위험을 피하려고 하기 때문에 해외여행은 거의 이루어지지 않고, 친숙치 않는 국내 목적지로의 여행을 하거나 신기한 경험을 추구하지 않는 곳을 방문하기를 원한다.

대다수 관광객들은 이 두 가지 양극단 사이에 위치하게 된다. Plog는 이들을 중간형 관광객(midcentric tourists)이라 명명했다. 중간형 관광객은 근본적으로 휴양, 즐거움, 일탈, 일상생활에 변화를 주기 위해 여행에 참가한다.

중간형 추구관광객들은 목적지의 매력 혹은 아름다움 때문에 여행을 하며, 가끔은 자신들의 감각적 탐닉을 만족시키기 위해 동기부여 되기도 한다. 이런 부류의 집단들은 즐거움과 레크리에이션 목적으로 여행하기 때문에 그들이 여행하게 될 때는 그들의 휴가를 즐기는데 영향을 주지 않는 범위내에서 약간의 변화를 추구한다.

대부분의 여행자들은 목적지 선택시 모험추구형 표류자(adventuresome drifters)들은 아니다. 하지만 이들은 분명 존재하고 있다. 그러나 그들은 분명히 소수이다(Jackson 2000). 대신 대부분의 사람들은 즐거움, 일탈, 혹은 개인적인 편익 때문에 여행한다. 실제로, 변화를 주어 만족을 강조하는 고도로 통제된 경험 추구자인 전형적 중간추구형 관광객은 안정성 추구형에 가깝다는데 의문을 제기하는 연구자들도 있다(Jackson 2000; Jackson et al. 2000).

합리적 소비자들이라면, 그들은 불만족한 경험의 위험을 최소화하면서 즐거운 경험의 가능성을 극대화하려고 한다. 적절한 환경변화의 제공은 이 목적을 실현시킬 수 있다. 이런 관점에서 모험관광활동 참여를 설명할 수 있다. 스릴을 강조하거나 참가를 조장하는 보통의 활동은 높은 기술수준 혹은 강한 신체적 힘의 발휘를 요구하는 활동보다 인기가 있다. 급류래프팅은 환경변화(큰 땟목, 가이드, 참가자들)가 커지면서 스릴 있는 모험을 제공해준다. 급류카누타기와 같은 작은 환경적 요소들보다는 참가자들에게 인기가 많다. 속도조절에 성공하기 위한 개인의 능력은 개인 기술수준에 직접적으로 의존하게 된다. 같은 맥락에서 활강스키나 스노보드타기와 같은 보다 거대한 환경적 변화활동은 크로스컨트리스키와 같은 환경변화가 작은 활동보다는 인기가 많다.

환경변화가 신체적인 관심사보다는 지적, 정서적 위험요인을 강조하고 있는 점을 제외하면 문화관광도 다를 게 없다. 환경변화가 상품소비를 보다 용이하게 촉진시킬 때 문화관광경험을 위한 참여율이 높아지게 된다. 앞장에서 인용한 일괄 판매(bundling), 사용집중화, 관광지구지정, 축제와 같은 것들은 사용기회를 확대시킬 뿐만 아니라 불만족 경험의 위험을 감소시켜 줄 환경변화구축의 형태들이다.

가. 낯섬 대 친숙함이 상품의미전달에 미치는 영향력 정도

낯섬과 친숙함은 재미있는 사회학적 개념이다. 그러나 이 용어들은 서로를 연계시키거나, 관광상품 제공에 연계시키지 못하면 의미가 거의 없다. 실무적 차원에서, 낯섬의 감소는 상품소비경험을 보다 용이하게 하여 소비를 보다 촉진시킨다. 실제, 관광상품화 과정에서 많은 부분은 이같은 낯섬의 형태를 감소시키는 것도 포함하고 있다. 관광관련 문헌에서 낯섬의 감소를 모욕하고 있는 경우도 있다(Belk · Costa 1995; Mason 1996; Urry 1990). 그러나 이같은 과정은 문화유산을 문화관광상품으로 변형시키는데 기본적인 역할을 하게 됨을 의미한다. 예를 들면, 관광객과 예술산업 양측 모두는 소비자 수요를 만족시키기 위해 그들의 제품을 표준화하여 소비자에게 의미를 효과적으로 전달하기 위해 노력하고 있음을 Hughes(1998)는 주장한다. 이와 유사한 예로, 박물관들은 여러 계층의 사람들에게 소구할 수 있는 개별 경험들을 결부시켜 소비활동으로 발전시키고 있다(Tufts · Milne 1999; Prideaux · Kininmont 1999).

최소한의 낯섬 감소란 도로표지 혹은 방향을 나타내는 화살표에 지나지 않는다. 어떤 곳에 소재한 자원들을 여러 언어로 안내하는 행위는 낯섬의 감소를 가져오는 보다 강한 형태로 표현한다. 박물관과 같은 특정 목적추구 공간조성은 방문객들에게는 방문지 사회를 경험하고 찬양하며 문화적 정체감을 형성하여 낯섬을 감소시키는 보다 큰 형태에 속한다.

보다 거대한 환경변화 속에서 경험을 포장한 패키지 가이드 투어는 낯섬을 감소시켜 주는 극단적인 형태이다. 일부사람들은 패키지 투어 가이드들을 외국문화를 안전하게, 편하게 그리고 습관적인 삶의 패턴을 바꾸지 않으면서 경험을 제공해주는 사람으로 인식하고 있다(Belk · Costa 1995).

그 점이 사실일 수 있다. 그러나 거대한 환경변화 속에서의 여행은 많은 사람들로 하여금 외국 관광경험을 하게 하는 유일한 방법이기 때문에 패키지 가이드 투어가 인기가 있다. 거대한 환경변화 제공은 관광객이 패키지투어 관광을 구입하게 되는 이유이고, 그를 통해 개인은 안전하게 낯섬을 경험하게끔 해준다.

특정 목적 문화주제공원들은 주제공간에 대해 안전하고, 통제된, 통제가능한 환경제공으로 또다른 극단의 환경변화 형성의 한 형태이다(Craik 1997) (사진 8.1 참조). 실제로 관광객들은 그들의 능력이 보장되고 즐길 수 있는 관광경험을 제공해 줄 재창조된 곳을 선호한다는 게 Craik(1999)의 주장이다.

〈사진 8.1〉 한국 서울, 외각의 문화주제공원

대규모 관광을 희망한다면 낯섬의 감소는 접근성을 향상시킬 수 있다. 아주 효과적인 낯섬의 극단적인 형태는 서울 외각에 있는 문화주제공원 개발이다. 이곳 방문객들은 어떤 위협적인 환경없이 전통문화를 접할 수 있게 된다. 가끔은 고유성 부족이라는 비판도 있지만, 문화주제공원들은 지역문화를 방문객들에게 소개하고, 관광의 경제적 수입을 극대화함은 물론 사회문화적 영향을 최소화할 수 있는 실질적이고도 바람직한 방법들로 표현하여야 한다. 관광객들은 그들이 관광공간에 위치해 있음을 알고 있다. 공연자들은 그들이 방문객을 위해 쇼를 제공해주고 있음도 알고 있다.

목적이 제시된 인위적 관광환경에 대한 수요는 관광의 지배적인 추세 중의 하나이다(Jones 1998). 이 관점은 주제공원 운영자에게는 의미있는 것이다. 국제관광에서의 미래의 주제공원에 관한 한 보고서에서는 주제공원들이 지역문화의 상징이며 공개장소로서 역할을 더해가야 하나, 문화관광 주제공원들이 재미를 제공못할 때의 위험성도 경고하고 있다(Jones · Robinett 1998). 주제공원들은 그들의 고객들에게 주제공원의 기본목적이 오락(entertainment)제공이고, 학습과 문화라는 보약(pill)을 만들어 달콤한 오락(entertainment sugar)을 제공해야 함을 강조해야 할 것이다.

상품화, 표준화, 수정과 같은 또다른 방법들은 관광객 경험가치를 제고시키는 부가적인 것이 될 수 있고, 이렇게 되면 운영자들에게는 입장료와 같은 가격인상을 가능하게 한다. 낯섬의 감소와 관광상품에의 접근성을 용이하게 하는 것과는 별도로, 이런 활동들은 관광객, 관광산업, 해당자원 그 자체에게 또다른 목적들을 제공해주게 된다. 낯섬 감소의 편익들이 〈표 8.1〉에 요약되어 있다.

낯섬의 감소는 위험을 감소시킬 뿐만 아니라, 즐거움을 증대시키고, 경험의 확실성을 높여주며, 알려진 문화적 배경내에서 경험을 평가할 수 있는 능력을 찾게 되며, 그리고 소비할 관광상품에 대한 보다 큰 신뢰 제공과 같은 관광객들에게 일련의 실질적 편익을 제공해 준다. 표준화, 수정, 상품화에 의한 관광산업과 자원 그 자체는 운영면에서 효율성 달성, 비용절감, 경험의 확실성이라는 제공편익을 실현시킬 수 있다.

역시 중요한 것은 낯섬의 감소는 시장을 보다 폭넓게 하여 많은 관광객들의 접근을 보다 용이하게 할 수 있다. 아주 민첩한 태도로 낯섬의 감소가 이루어질 경우, 상품화는 아주 심오한 경험추구 관광객에서부터 단순히 즐거움이나 보는 관광에 이르기까지 상이한 방문객 집단의 요구를 충족시켜 줄 수 있다.

〈표 8.1〉 문화관광상품의 표준화, 수정, 상품의 편익

관광객에 대한 편익	관광산업에 대한 편익	문화유산에 대한 편익
안전·위험 감소		
안전증대, 신체적 위험감소	방문객 행동 통제	방문객 행동 통제
여행기간 동안 개인적, 심리적 안전성 확대	실질적 위험을 감소시켜줄 경험 통제	실질적 위험을 감소시켜줄 경험 통제
시간사용의 최적화	주요 자원만 보여줌으로써 제한시간 사용의 최적화	주요 자원만 보여줌으로써 제한시간 사용의 최적화
참가에 방해가 될 금지사항 혹은 산만한 요소들의 극복	상품접근성 제공	상품접근성 제공
기술을 통한 스릴 (접근가능성 제고)		관광객 활동통제를 통해 자원관리 능력 향상
주된 신기성 경험		
편안한 방법으로의 경험		
저관여 구매결정으로 소비의 용이성		
만족·경험		
핵심메시지 혹은 핵심편익에 대해 보다 쉽게 설명가능함	핵심메시지 혹은 핵심 편익에 대해 보다 쉽게 설명가능함	핵심 메시지 혹은 핵심 편익에 대해 보다 쉽게 설명가능함
구매시 패키지화되고, 알려진 상품에 대한 신뢰도 향상	지식과 기술에 대한 요금부과가 가능하므로 부가가치 창출	지식과 기술에 대한 요금부과가 가능하므로 부가가치 창출
가능한 한 경험의 질 보증을 통해 고객만족도 제고	가능한 한 경험의 질 보증을 통해 고객만족도 제고	가능한 한 경험의 질 보증을 통해 고객만족도 제고
소비의 용이성	소비의 용이성	소비의 용이성
보다 많은 경험을 위한 소비 촉진	질서정연하고 예측가능한 경험	질서정연하고 예측가능한 경험
제품 구체화를 통한 잠재욕구 충족	방문객 요구에 부응하는 경험 제공	방문객 요구에 부응하는 경험 제공
문화적 거리감 극복		
방문객 자신의 준거체계 내에서 경험을 평가할 능력 배양		

표 계속

사업상 고려사항		
	고정고객에 대한 효율적 처리 및 보다 고정고객화 할 수 있는 능력 배양	고정고객에 대한 효율적 처리 및 보다 고정고객화 할 수 있는 능력 배양
보다 저렴함	상품전달상의 규모의 경제 달성	상품전달상의 규모의 경제 달성
보다 폭넓은 시장에 소구	보다 많은 사람들에게 접근가능한 상품 생산	보다 많은 사람들에게 접근가능한 상품 생산
	수익성 제고, 소득증대, 비용절감	수익성 제고, 소득증대, 비용절감

3. 문화관광상품 및 자원창출

문화유산들을 문화관광상품으로 변형시키는 데는 무엇이 필요한가? 모든 문화관광자원들은 다음 몇 가지 공통된 특징들을 내포하고 있다.

- 스토리를 말할 수 있어야 하며
- 해당 자원을 보다 생동감있게 만들어야 하며
- 참가경험을 제공해야 하며
- 관광객들에게 관련경험도 제공해 주어야 하며
- 경험의 질과 고유성에도 초점을 두어야 한다.

이런 특징들 하나하나는 상호관련이 있지만 분리해서 논의하고자 한다. 물론 이 논의는 제3장에서 설명한 것처럼 관광의 역할에 대한 실체의 이해를 전제로 하고 있다. 관광이 무엇이며; 관광을 하게 되는 동기; 관광지로서 성공에 영향을 미치는 지리적 요인; 자원들의 계층에 대한 이해; 해당자원의 계층에의 적합화 실현, 적합한 하부구조시설, 지원시설, 부가적인 활동에 관한 이해가 전제되어야 한다.

가. 줄거리를 이야기해야 한다

문화유산 관광지는 하나의 볼거리를 가지고 있는 곳이고, 그리고 문화관광은 줄거리를 이야기하는 과정으로 정의가능하다(Cass · Jahrig 1998a). 물론 이 정의는 문화관광을 지나치게 단순화한 것이지만, 그러나 어떤 관광객들을 문화관광객으로 인정할 것인가를 설명하고 있다. 줄거리는 여러 방법으로 여러 수준에서 얘기가능하므로 우선 소비자가 특정 지역에 대해 어느 정도 알고자 하는지 수준을 선택해야 한다. 문화유산들은 그 자원들의 시대적 배경, 혹은 보다 바람직한 단어로 표기하지 않는다면 그 자체만으로는 의미가 거의 없다. 세계에는 오래된 건물들로 가득 차 있다. 세계에는 박물관들로 가득 차 있다. 대부분 이런 것들에 대해 관광객들은 지역 역사 및 문화에 대한 지식이 거의 없으므로 최소한의 것만 알고 있을 수 있다. 어떤 지역, 유형자원, 무형자원을 중심으로 한 줄거리 구성은 해당 자원에 대해 의미를 부여하고 보다 활기를 띠게 하며, 관련성을 이해시켜 주게 된다. 또한 줄거리를 얘기하는 것은 소비자들이 줄거리를 직접 듣고 흥미를 유발시킬 수 있다. 그리고 줄거리를 얘기하는 것은 해당 자원을 해석하고 사용하기 위한 계기를 제공해 주게 된다. 얘기할 줄거리의 선택은 해당 자원에 대해 수용가능한 활동들의 징후를 제공해준다.

나. 해당 자원들을 보다 생동감 있게 만들어야 한다

줄거리를 얘기한다는 것은 해당 자원을 보다 생동감있게 하고, 관광객들에게 보다 흥미를 가져다 줄 계기를 발견하게 한다(Tilden 1977). 미국 역사보존자원 국가위원회(The United States National Trust for Historic Preservation)에서 발행한 소책자에서 유산관광을 어떻게 계승시킬 것인가에 대해 기술하고 있다(NTHP 1999:13). 역사에서 인간 드라마는 단순히 이름이나 날짜를 기억하는 것이 아닌 방문객들이 무엇을 발견하는 데 있다. 자원을 해석하는 일은 대단히 중요하다. 그러나 자원을 통한 전달할 메시지를 창조하여야 하고 호기심을 자아내게끔 해야 한다. 오락적인 요소를 가미한다는 것은 대부분의 경험에 중요한 부분이다. 즐거운 경험을 갖는다는 것은 방문객의 만족을 고양시킴은 물론 직 · 간접의 학습기회를 유발하게 된다. 관광경험이 즐겁고 관광객들로 하여금 열중시킨다면, 방문객은 하나의 자원에 대해 더 많은 시간을 보내려는데 동기부여되어, 해당 자원에 대해 깊은 차원의 이해를 제고시킨다. 반면 해당 자원의 표현 자체가 무미건조하거나 소원하게 할 경우, 방문객은 해당 자원에 대해 의미 있는 태도로 접근하지 않을 것이다.

다. 참가경험을 제공하라

관광은 본질상 능동적이며 경험추구 활동이다. 박물관, 역사적 자원, 문화재, 미술센터와 같은 대부분의 문화관광자원들은 물리적 시설들이기 때문에 참여를 적극 권장한다. 자원들을 중심으로 돌아다니거나 개인들을 참가하게 함으로써 경험들을 최상으로 즐길 수 있는 것이다. 그렇게 할 수 있는 기회제공은 방문객들의 경험을 고양시키게 한다.

라. 문화관광자원을 관광객과 관련지어라

사람들은 위의 3가지 관점인 줄거리를 얘기하도록 하는 것, 자원을 보다 생동감 있게 하거나 참가경험을 갖게 하는 것에 대해선 반론의 여지가 없다. 그러나 줄거리를 듣고자 하는 사람은 누구인가, 문화관광자원은 누구를 위해 생동감 있게 만들어야 하며, 해당 자원에 누가 참가할 것인지를 이해하는 것이 매우 중요하다. 문화관광자원은 우선적으로 관광상품이며, 상품은 소비자의 요구, 욕망을 충족시키기 위해 존재한다. 문화관광자원 그 자체를 소비하려는 사람과 관련지어야 한다(사진 8.2 참조). 즉 문화관광자원은 관광객의 지식과 준거체계와 결부지어 표현하여야 한다. 방문객에게 바람직한 형태로 소구하기 위해서는 이미지를 통제도 해야 하고 이미지를 조장시켜야 하는 도전이 있다. 관광체계 내에서 그들의 위상과 소비자들에게 상품을 연결시키는 관광분배시스템의 본질 때문에, 관광객의 관광지 방문결정이 이루어지기 위해 중간 단계들을 제거시킨다. 그 결과 관광객이 받아들인 메시지는 문화자원들의 소유자 혹은 관리자가 받아들이는 메시지와는 전혀 다를 수 있다. 이 이슈는 제9장에서 상세히 다룬다.

〈사진 8.2〉 Tonga공화국의 고대유적지

좋은 문화유산관리가 반드시 좋은 관광관리는 아니다. 자원들의 표현이 관광객들과 관련성이 있어야 하며 자원들의 소비를 용이하게끔 해야 한다. 여기에서 통가공화국의 고대유적지의 훌륭한 문화유산관리 실천이 빈약한 관광자원으로 변형시켜 버렸다. 유산보고서의 상당한 부분에서 해설자료가 단어를 위한 단어 제시수준에 그치고 있다. 이 표시가 너무 길고, 읽기도 어려우며, 관광객을 유인하기보다는 멀리하는 결과를 가져왔다. 관광객을 위해 해설자료 설계시 그들의 욕구를 이해하는데 실패한 전형적인 예이다.

마. 품질과 고유성에 초점을 두라

끝으로, 품질과 고유성에 초점을 두는 것은 어떤 문화관광자원이든 당연코 고려해야 한다. 문화관광객들은 고소득층이고, 학력수준이 높고, 무언가 독특하고 재미있는 경험을 추구하는 정교한 방문객들이다. 하지만 이들도 특정 자원 혹은 문화에 대한 지식이 제한적일 수 있지만, 여전히 그들은 그 이전보다는 문화적으로 많이 알고 있다는 점이다. 더욱이 지역사회가 문화관광의 잠재성을 깨닫기 시작할 때, 문화관광객들의 소비 달러 유치 경쟁은 날로 더 강화되게 된다. 정교한 관광객들을 위해 그들에게 많은 선택안들을 제시하여 가격과 품질을 결합한 최상의 가치 선택이 되도록 해야 한다. 낮은 품질의 경험제공으로도 속기 쉬운 관광객들에게는 만족을 가져다 줄지는 모르지만 그 시간이란 잠시 잠깐이다.

4. 전 술

자원을 관광자원으로의 변형에는 관광객들에게 소구 및 관계를 짓기 위한 구성과 제조까지를 포함한다. 특히 대량소비를 위한 자원들의 설계시에는 광고를 보는 사람들이 수용가능하게끔 주제가 단순하면서 걸출하여야 한다(Bird 2000). 이런 과정에서 자원관리자에게는 일련의 도전들이 수반되게 되며, 역시 관광소비를 위한 문화현상에 많은 논쟁의 소지가 있다(Palmer 1999; Rojek 1997).

많은 문화유산관광은 암묵적 혹은 명백하게 국가적 신비, 문화적 상징, 민족적 정체성을 생성시키거나 강화를 가져다 준다. Palmer(1999: 317)가 지적한 것처럼 "유산관광 속의 국가적 메시지는 자신들이 소속해 있는 개인적인 정체성을 어떻게 이해하고 있으며, 다른 사람들에 의해 자신들의 국가 및 국민들을 어떻게 인식하고 있는지에 영향을 미치게 된다." 이 때문에 국가 역사 자원과 기념물들은 핵심적 국가 이야기 형성에 신화적 이벤트로 그들을 촉진시키는 경향이 있다. 대안적으로, 소수 문화에 의해서 촉진되는 문화관광자원은 그들의 독특한 특징들 혹은 핵심 문화와의 차이를 가장 중요시하는 경향이 있고, 어떻게 하면 소수 문화들이 압도적인 문화적인 불평등에 대항하여 살아남을 수 있을 것인지 그리고 이런 소수 문화집단에게 관계된 대안적 역사를 촉진하기도 한다. 하지만 보다 잘 알려진 핵심 역사를 부정할 수도 있다.

핵심 혹은 소수 문화와의 연결을 재확인하든 안하든 간에, 핵심 혹은 소수 문화의 정형화된 태도를 재확인하든 않든 간에, 핵심 및 소수문화가치 부정 여하에 관계없이 문화관광객은 이야기에 의해 동기부여되게 된다. 이런 이유로 문화관광 체험은 신중하게 형성되는 게 사실이다. 실제 비난 받을 여지가 있지만, 전형적으로 경험의 생성은 관광객이 확실히 수용하게끔 관광자원들의 사회적 관계구축시 왜곡, 신화, 위조까지도 포함한다.

Rojek(1997)는 나치(Nazi) 집중 캠프지역에서 영화 Schindler's List(1997)의 성공과 결부시켜 어떻게 효과적으로 사용했는지를 설명하고 있다. 이 영화는 미국의 스티븐 스필버그가 감독한 영화로 제2차 세계대전 당시 독일군이 점령한

폴란드의 어느 마을, 시류에 맞춰 자신의 성공을 추구하는 기회주의자 쉰들러는 유태인이 경영하는 그릇 공장을 인수한다. 그는 공장을 인수하기 위해 나치 당원이 되고 독일군에 뇌물을 바치는 등 갖은 방법을 동원한다. 그러나 냉혹한 기회주의자였던 쉰들러는 유태인 회계사인 스턴과 친분을 맺으면서 냉혹한 유태인 학살에 대한 양심의 소리를 듣기 시작한다. 그리고 마침내는 그는 강제수용소로 끌려가 죽음을 맞게 될 유태인들을 구해내기로 결심한다.

그는 독일군 장교에게 빼내는 사람 숫자대로 뇌물을 주는 방법으로 유태인들을 구해내려는 계획을 세우고 스턴과 함께 구해낼 유태인들의 명단, 이른바 쉰들러 리스트를 만든다. 그리고 그는 마침내 1,100명의 유태인을 구해낸다(역자 주).

이 이슈는 특정국의 역사를 공개하고, 문화, 문화적인 주도권이라는 권력 및 권력관계, 과거의 소유권, 국가적 신화 만들기와 같은 전체 이슈들에 대해 다루었다. 그럼에도 불구하고, 독자들은 관광은 관광목적지의 광범위한 사회정치적 배경과는 동떨어진 역할을 하지 않는 것으로 인식하고 있다.

그럼에도 불구하고, 상업적 실행 가능성과 정치적이 아닌 이런 설명들은 오프레이터들의 기본 관심사이다. 문화자원들을 소비가능한 관광상품으로 변형가능하게 하는 일련의 전술을 소개하면 다음과 같다.

- 자원들의 신화화
- 자원들을 중심으로 한 스토리 구성
- 타 자원과의 다름을 강조
- 과거에서부터 현재까지 직접적 연결 제시
- 자원을 만들 것(triumphant)
- 자원을 아름다운 볼거리(sepectacle)로 만들 것
- 자원을 환상적으로 만들 것
- 자원을 재미있게, 밝게, 그리고 오락적으로 만들 것

채택된 전술들은 그 자원의 물리적 및 정서적 특징과 바람직한 문화유산관리 목표, 제공할 바람직한 경험, 자원과 관광객에 대한 기술 지식 혹은 인식수준과 같은 많은 요소들과의 결합 여하에 달려 있다. 분명한 것은 이런 요소들은 상호

밀접히 연계되어 있고, 자원의 물리적·정서적 특징들은 그것을 어떻게 관리하느냐에 영향을 미친다. 그리고 방문객들이 알고 있는 기존 지식 혹은 인식수준 자체도 그들의 행동에 영향을 미치며, 그것은 또 문화유산자원의 관리행동에도 직·간접 영향을 미친다.

잘 알려진 자원들이나 소비자들의 마음속에 강하게 자리 잡고 있는 자원들은 방문객들에게 예상된 경험과 행동에 영향을 끼치게 될 것이다. 잘 알려진 자원들에 대한 기대는 훨씬 낮을 수 있지만, 방문객들의 정상적인 준거체계를 벗어난 그런 목적지들에서는 관광객행동으로 옮기는 정도가 덜할 것이다.

가. 자원들의 신화화

자원의 신화화는 세속적인 것에서부터 대단한 것으로, 물리적 자원을 격조 높은 곳 혹은 세속적인 공간으로의 변형 내지 전환을 의미한다. 자원을 신화화 할 수 있는 2가지 전략으로는 기존의 신화를 자원과 결부짓거나 새로운 신화를 창조하여 자원과 연결지을 수 있다.

첫 번째인 기존의 신화를 자원과 결부시키기란 보다 쉽다. 왜냐하면 국가적 신화는 이미 잘 알려져 있고, 흔히들 정확한 지리적 위치들을 중심으로 그 초점이 맞춰져 있다. 그러므로 어떤 장소와 기존의 강한 신화 사이의 연상작용 촉발이 보다 용이하다. 예를 들면 Texas에 있는 몇몇 커뮤니티들은 서부개척의 본고장이라는 주의 핵심 신화들과 연계시키고 있다. San Antonio는 “Alamo를 넘어서(Beyond the Alamo)”로 명명된 전략으로 문화관광시장을 표적화하고 있다(Richelieu 1999). San Antonio는 미국 텍사스 주 남부에 있는 도시로서 1718년 에스파냐군의 성채가 건설되었으며, 1731년 에스파냐인이 처음으로 이주했다. 1821년 멕시코 혁명에 의해서 멕시코령이 되었으나, 1845년 텍사스주의 독립운동에 의해서 미국령이 되었다. 텍사스 독립전쟁 때 의용대 180여명이 전원 전사한 알라모 요새와 총독관저·교회 등 18세기 전반의 건물들이 30층 이상의 고층건물과 함께 광장을 둘러싸고 있다. 따뜻한 기후와 에스파냐·멕시코풍의 건축물, 알라모 전투 유적 등이 많아 관광산업도 발달하였다. 반면에 Fort Worth는 Cowtown(목우지대의 중심도시) 거리들을 따라 소달구지를 운행하고 있다

(Wood 1999).

새로운 신화창조는 대중매체를 통한 촉진이 일어나지 않거나, 목적지가 기존의 신화들로부터 탈피하려는 사회적·정치적 패러다임 변화가 시도되지 않는다면 어렵다. 예를 들면 신화만들기는 탈식민지 국가들 혹은 탈공산국가들과 같은 곳에서 많이 이루어지고 있다. 반면에 그 이전의 정체성과는 확연히 구별되는 새로운 정체성 확립을 통한 새로운 국가적 신화들을 창조하기 위해 대단한 정치적 관심을 보여왔다. 새로운 신화 만들기의 과정은 남아프리카공화국의 흑인에 대한 인종차별정책 철폐를 통해 새로움을 추구하는 나라들에 의해 이루어졌다. Nelson Mandela가 28년간 교도소에 투옥된 Robben Island 유형지가 남아프리카공화국의 자유를 추구한 싸움터였던 곳을 문화순례자원으로 탈바꿈시켰다(〈사진 8.3〉 참조). Mandela가 감금된 독방은 Robben Island에서 신성한 곳으로 인정해 오고 있다.

〈사진 8.3〉 남아프리카공화국 Near Capetown Robben Island

Capetown근처의 Robben Island에는 Nelson Mandela가 한 세기의 1/4기간 동안 유배된 감옥소이다. 이 섬은 남아프리카의 인종차별정책 철폐 측면에서 관광자원으로서 대단히 인기가 있고 중요한 곳으로 되었다. 여러 가지 면에서, Robben Island는 뭔가 신성한 곳(sacred site)으로 연출하려고 노력해오고 있다. 방문객들에게 제시되는 이야기의 줄거리는 현재 남아프리카공화국과 관련된 새로운 국가적 신화를 창조하기 위해 정교하게 만들어 가고 있다. 관광객들은 인종차별시기에 초점을 맞춘 이 섬의 선별적 역사의 현실을 받아들인다. 반면에 그 이전의 초기 역사는 거의 언급하지 않고 있다. 관광가이드도 이전에 투옥된 경험을 가진 죄수들이다. 관광가이드들은 죄수들 사이에서 있었던 결속력과 투옥기간 중에 공유했던 희망에 대해 얘기한다. 한 사람의 가이드는 죄수들이 백인 간수들을 교육시키는 선생으로서 활동했기 때문에 교도소가 마치 대학과 같았다고 얘기한다. 어떤 관광이든 하이라이트는 Nelson Mandela가 머물렀던 작은 방이었고, 그곳은 성스러운 지역으로 전환과정에 있다.

나. 자원을 중심으로 한 스토리 구성

어떤 한 지역이 신화화하기 위한 잠재력은 갖지 못하지만 여전히 흥미 있는 곳이라면, 대안적으로 방문객을 즐겁게 할 수 있도록 그곳을 중심으로 하나의 스토리를 구성할 수 있다. 그 스토리는 역사적 사실에 기초할 수도 있고, 가공적인 특성에 바탕을 둘 수도 있다. 그런 것들은 스토리가 지속되는 한 문제될 게 없다.

Lucy Maude Montgomery가 쓴 고전적 어린이들의 얘기인 빨강머리 앤(Anne of Green Gables)은 캐나다 Prince Edward Island섬을 배경으로 하고 있다. 빨강머리 앤은 캐나다의 아동문학가 Lucy Maud Montgomery(1874~1942)의 소설 빨강머리 앤(1908)을 다카하타 이사오 감독이 1979년 애니메이션 영화 빨강머리앤으로 제작한 작품이다. 제작사는 후지 TV와 니폰 애니메이션이며, 총 50편이 제작되었다. 연출은 미야자키 하야오가 담당했다. 원작을 그대로 살린 대화 위주의 내용과 프린스 에드워드섬의 현지 로케이션으로 그려진 아름다운 배경미술, 전편에 흐르는 클래식풍의 음악 등으로 세계명작시리즈 가운데 백미로 꼽힌다. 한 소녀의 성장을 애니매이션 영화 시리즈로 제작한다는 의도에서 캐릭터와 이야기를 나이 순서에 따라 3단계로 디자인하고 구성하였으며, 내레이션을 삽입하여 다큐멘터리적 요소를 확립했다. 한국에서는 1986년 KBS 방송국에서 방영했다.

에이번리라는 한적한 마을에서 살고 있는 독신 남매 매튜와 마릴라는 일을 도와 줄 남자아이를 고아원에 부탁하지만 빨강머리의 앤 셜리라는 이름의 여자아이가 온다. 마릴라는 앤을 되돌려 보내려 하지만 어두웠던 어린 시절의 이야기를 듣고 친자식처럼 키우게 된다. 앤은 이웃에 사는 같은 또래의 다이아나와 둘도 없는 친구가 된다. 학교에 가게 된 앤은 자신의 콤플렉스인 빨강머리를 놀리는 길버트 브라이스에게 증오의 마음을 가지고, 그에게 지지 않으려고 열심히 공부한다. 15세가 되어 퀸학원에 응시하게 된 앤은 라이벌인 길버트와 나란히 1등으로 입학한다. 앤은 퀸학원에서 1년 뒤에 치르는 시험에서 길버트를 제치고 1등을 하여 대학을 장학금으로 갈 수 있게 된다. 대학입학 전 앤은 잠시 에이번리로 돌아와서 길버트가 에이번리 학교의 교사가 되기로 했다는 사실을 알게 된다. 앤을 사랑해 주던 매튜가 심장마비로 죽고, 마릴라도 두통과 시력감퇴로 더 이상 초록색 지붕 집을 혼자 지킬 수 없게 되자 앤은 대학진학을 포기한다. 앤이 대학진학을 포기했다는 소문을 들은 길버트는 교사자리를 앤에게 양보하고 둘은 서로 화해한다(역자 주).

이것은 하나의 스토리를 중심으로 성장해 간 문화관광지의 고아 얘기는 세계 많은 사람들의 상상력을 사로잡았다. Anne의 공상적인 집 Green Gables(초록색 지붕집)은 리조트, 골프코스, 식당과 기념품 판매를 포함한 Prince Edward Island의 번창하는 관광산업의 초점이다. 마찬가지로 Virginia의 시골 마을들은 Coal Miner's Daughter주제를 Appalachia산맥과 컨트리 음악을 연결시켜 자본화하고 있는 반면, TV쇼의 가공 세트장은 미국 전역 도시들, 예를 들면 New York과 Chicago 등지에서 부상하였다. 광부의 딸(Coal Miner's Daughter)은 1980년 유니버설 픽처스(Universal Pictures)가 제작하였다. 미국 팝 음악계의 전설적인 여가수 레타 린(Loretta Lynn)의 생애를 그린 작품이다.

작은 광산촌에서 광부의 딸로 태어난 로레타는 14세의 어린 나이에 나이 차이가 많은 둘리틀과 결혼한다. 순탄치 못한 결혼생활로 어려움을 겪던 로레타는 아이들이 태어나면서 평범한 주부의 삶을 살아가게 된다. 그러던 어느 날 남편 둘리틀은 아이들에게 들려주는 로레타의 노래솜씨에 감탄하여 그녀를 컨트리 가수로 만들겠다고 결심하고, 두 사람은 라디오 무대를 쫓아다니는 힘든 여행을 시작한다. 마침내 노래가 인기차트에 오르면서 로레타는 스타로 발돋움하지만 그 과정에서 남편과의 사이에 예기치 못한 일들이 발생한다(역자 주).

다. 다른 자원과 상이함 강조

세 번째 이용 가능한 전술로는 관광객의 준거체계 내에서 해당지역이 상이함을 강조하는 것이다. 이 전술은 핵심 문화로부터 차이를 부각시키는 국내 관광지에 사용되고 있다. 민족관광으로 알려진 다문화관광은 미국과 다른 여러 곳에서 폭넓은 인기를 얻고 있다(Cass·Jahrig 1998b). 실제 1990년대 초반 미국 여행관광국(the United Travel and Tourism Administrations)과 소수민족사업 개발국(the Minority Business Development Agency) 공동으로 소수민족의 역사와 문화관광에 관한 인식을 증진시키기 위한 계획안 수립에 착수했다(Doggett 1993). 일정부분은 경제적 사업개발기회를 창출함은 물론 이문화 이해를 촉진시키는 데 그 정당성을 두었다.

국제관광객들에게 접근하기 위한 방법으로 목적지의 문화가 관광객들의 핵심문화와는 어떻게 다른가를 부각시키는 데 두었다. 그러나 그런 과정에서 관광객들로 하여금 그들의 준거체계 내에 있는 경험과 연계시키는 게 중요하다.

라. 과거에서 현재로의 직접적인 연결 제시

역사란 과거와 현재 사이에 직접적 연결이 구축될 때 살아 있는 것이 된다. 유산 주제공원들은 그 지역의 역사적 기원으로부터 현재의 상태까지 직접적인 연결을 보여줌으로써 인기 관광지가 된다.

표현할 때에는 이상화하거나 각색하거나 상이한 역사시대를 집중조명하거나 제한된 공간 내에서 이벤트화하게 된다. 그러나 이런 곳들은 관광객들로 하여금 하나의 현장에서 구체적으로 폭넓은 경험을 할 수 있도록 배치되어 있기 때문에 인기가 있다.

마. 자원을 특이하게 만들 것

한 곳을 특이하게 혹은 대단한 것으로 만듦은, 보다 일상적인 곳을 다른 것과 차별화를 시키기 위한 데 있다. 특정지역을 특이하게 조성한다면, 지금까지 보아온 일상적 지역보다는 방문의 중요성을 더 부여하게 될 것이다. 사실상 세계에는 수백 수천 전쟁터가 있다. 하지만 걸출한 전쟁터는 전쟁의 전환점이 되었던 곳들이다(Waterloo, Hastings, Quebec, Bull Run, Bunker Hill). 사람들은 그런 자원들을 알고 있고, 그곳들이 미친 역사적 영향력 혹은 고귀한 인명의 대량학살이 자행되었던 곳이기에 방문해보고 싶어한다. 예를 들면, 캐나다는 역사공원과 유산이 있는 장소들의 방문객을 관리차원에서 문화적 중요성을 설명하기 위한 부분으로 역사적 이벤트들을 기념하고 있다. 풍자적으로 패배 실체, 엄청난 인간의 고통이 뒤따르는 곳으로 설명되는 지역들은 그들의 규모에 버금가는 위치를 점하고 있다.

여기에서 규모 혹은 역사적 중요성은 고려되어야 한다. Little Big Horn은 Custer장군에 의해 고통받았던 패전병들의 규모 때문에 볼 만한 곳이 되었다. Nazi죽음의 캠프들은 히틀러에 의해 자행된 흉악함의 정도와 이런 무서운 상황에서도 생존하는 인간정신의 승리 때문에도 문화관광자원의 위치를 점하고 있다. 그러나 이를 계승하기 위해서는, 이런 곳들이 과거의 공포들을 현대적 맥락에서 평화롭고 희망을 전달해주는 곳으로 제시되어야 한다. 예를 들어 전적지는 그곳들이 비록 피를 뿌린 무서운 현장이었을지라도 평화로운 고요한 양식으로 표현되어야 한다.

바. 자원을 아름다운 모습으로 만들 것

문화축제들은 아름다운 광경을 연출하기 때문에 계승되고 있다. 하위문화들은 실제 모든 도시에서 번창하고 있다. 하지만 대부분의 사람들은 그들에게 주의를 집중하도록 할 사유들이 없다면 하위문화들을 잘 모른다(Cass · Jahrig 1998b). 많은 민족관광은 이 실천원칙에 따르고 있다. 축제와 이벤트들은 제한된 시간체계 내에서 주의력을 집중시키면서 이벤트를 하나의 훌륭한 볼거리로 전환시켜 중요한 집단활동을 유발시킬 목적으로 제공되고 있다(〈사진 8.4〉 참조).

〈사진 8.4〉 마카오 SAR의 아마(A-Ma)사원

양력으로 새해는 아시아 많은 국가들에게는 명절이다. 마카오에 있는 아-마 사원에서 보는 것처럼 세시풍습 관련 의식의 장관들은 관광객들에게는 그 자체가 볼거리의 일부가 된다. 새해 의식들은 보는 것, 소리, 만지는 것, 맛보는 것, 냄새 맡는 등 오감을 통한 경험이 가능하다. 관광객들은 불꽃놀이의 빛과 탄성, 향냄새, 연기를 마심, 휴일기간 동안 시각적 감동 등에 압도당한다.

어떤 것을 화려한 것으로 만든다는 것은 사람들에게는 참가하고 있는 동안은 특별한 경험을 하게 하고, 참가하지 못한 사람들에게는 특별한 무엇을 경험하지 못한다는 의미도 내포되어 있다. 라이브 음악은 1주일 매일 저녁에 거대도시에서 즐길 수 있다. 하지만 음악축제는 라이브콘서트를 특별한 이벤트 참가로 바꾸어 주게 된다.

사. 자원의 환상적 연출

문화관광자원으로서 성곽과 위엄 있는 건물들이 인기를 집중시키는 것은 건물들을 장엄하게 꾸미는 등의 환상적 요소를 가미한 데 있다. 스쳐 지나가고 실제를 대신한다 할지라도 실제를 환상적인 것으로의 변형은 오락과 일상으로부터의 탈출을 구가하는 많은 관광객들의 문화관광경험에는 중요한 요소이다. 목적추구 주제공원들이 역사적 자원은 물론 역사적 자원들을 바탕으로 역사주간 설정은 과거의 삶에 대해 호감을 갖는 사람들에게는 아주 멋진 광경이 될 수 있다.

아. 자원을 재미, 밝음, 그리고 오락적으로 구성

끝으로, 문화관광은 억압적이어서는 안 된다. 문화 및 유산관광 목적의 관광을 원하는 대다수의 사람은 심오한 학습경험을 추구하지 않고 있음을 우리는 알고 있다. 많은 사람들은 오락을 추구하고 있으며; 또다른 사람들은 그들의 휴가기간 동안 부수적인 것으로 흥밋거리를 찾고 있을 수 있다. 문화관광에서 재미, 밝음, 그리고 오락적으로 만든다는 것은 많은 관광객들에게는 중요하다. 자원의 중요성 혹은 문화적 중요성이 사람들로 하여금 여행을 가능하게끔 한다.

5. 결 론

목적지 훼손이 전혀 없는 경우, 표준화, 수정, 문화자원의 상품화는 관광소비를 촉진시키는 데 중요한 역할을 한다. 실제, 문화자원을 문화관광자원으로의 변형은 관광객은 물론 관광산업 진흥을 위한 사용, 자원 그 자체에도 일련의 편익이 있다. 대부분의 관광객들은 즐거움을 추구하고 낯설고 다른 경험을 추구하기 위해 여행을 하기 때문에, 그들에게는 위협의 정도에 관심을 보일 뿐이다.

경험의 상품화는 안전한 소비를 조장시킨다. 그런 과정에서, 관광산업의 부가가치를 가져다주며 관광상품 판매를 가능케 한다. 관광객들의 요구를 중심으로 한 자원개발은 자원관리자로 하여금 경험통제 및 고안된 메시지의 효과적 전달을 가능케 한다. 성공적인 문화관광자원들은 뭔가 공통된 특징들을 가지고 있으며 역시 그 상품들을 표현하는데도 공통된 전략들을 채택하고 있음을 알 수 있다.

제9장

문화관광시장 : 문화관광유형

문화유산
관광자원관리론

1. 도입부

누가 문화관광객인가? 표면적으로는 이 질문이 단순해 보이나 문화관광은 모든 것과 관계되기 때문에, 이 이슈는 복잡성 정도를 논의할 때는 아주 곤란하게 된다. 문화관광상품이 정확하게 같은 것이 2개 없듯이, 문화관광객 또한 마찬가지다. 그러나 문화관광객 집단들은 유사한 행동적 특징을 보이기 때문에 집단별로 범주화가 가능하다. 문화관광객들의 유형으로 이 장에서는 5가지를 제시하고 있다.

2. 누가 문화관광객인가?

최근 15년 동안 문화관광은 소규모 틈새시장으로 인식되어 왔다. 오늘날은 문화관광이 주류로서, 대량관광활동으로서 확고히 자리잡아 가고 있는 추세이다. 예를 들면, 세계관광기구에서는 문화관광비율을 관광여행의 37%를 점하고 있고, 그 수요는 매년 15% 증가하고 있는 것으로 추정하고 있다(Richards 1996c). 매년 국제관광객이 6억 5천만명으로 본다면(Sugaya 1999), 적어도 2억 4천만명이 문화관광객이 되는 셈이다. Antolovic(1999)은 미국인들의 유럽여행 70%는 문화유산 경험추구목적이고, 영국을 방문하는 67%의 관광객이 그들의 여행 중 문화유산 관광경험을 한다는 것이다. 그러나 영국이 관광의 주된 목적이 아니라고 한다. 미국 쇼핑센터 개발자에 의해서 이루어진 연구에 따르면, 미국을 방문하는 국재관광객들의 40%가 문화관광에 참가하고 있다(Anonymous 1998; Kemmerling Clark 1999). 1996년 미국인 국내여행자의 약 절반인 6천 5백만 명이 역사유적지, 박물관, 음악회, 문화이벤트 참가와 같은 문화 혹은 유산관광활동에 참가하고 있는 것으로 나타났다(Kerstetter · Confer · Bricker 1998; Miller 1997a; Craine 1998; Kemmerling Clack 1999). 캘리포니아에서는 해외 관광객들의 45%가 역사유적지를 방문했다고 한다(Anonymous 1999a). 캐나다인 90%가 원주민 거주지를 포함한 유산지역 방문에 관심을 보이고 있다(Campbell 1994). 호주의 섬인 Tasmania와 같은 아주 멀리 떨어진 곳은 관광객들의 60%이상이 문화유산지역 혹은 리조트 건물을 방문하고 있다는 보고도 있다(TVS 1995).

문화관광객들은 매력적이고 쉽게 차별 가능한 시장으로 묘사되고 있는데 대한 흥미로운 몇 가지를 설명하고자 한다. 유럽으로 여행하는 미국인들에 관한 조사결과들을 보면, 전체관광객들에 비해 문화관광객들은 나이가 많고, 교육수준이 높으며, 경제적으로 부유하다는 것이다(Richards 1996c ; DKS 1999 ; Kerstetter · Confer · Bricker 1998 ; Formica. · Uysal 1998 ; Craine 1999 ; Prentice · Witt · Hamer 1998; Kemmerling Clark 1999). 여성들이 이 시장의 주요 부분을 이루고 있다(Bond 1997; Silberberg 1995). 나아가 문화관광객들은 다른 목적의 관광객들에 비해 한 목적지에 오래 체류하며, 그곳에서 더 많은 돈을 소비하며, 더 많은 활동에 참가하는 것으로 나타났다(Anonymous 1999b; Miller 1997a, b ; Silberberg 1995 ; Richards 1996b ; Blackwell 1997; DKS 1999; Kemmerling Clack 1999). 그러나 일부의 의견으로 문화인구통계 및 여행 프로파일 특징들은 문화관광객들을 신뢰할 수 있는 지표가 못된다는 주장도 있기는 하다(Prentice · Witt · Hamer 1998). Hong Kong에서 이루어진 연구에서는 미국인 관광객들을 대상으로 다른 목적으로 방문한 관광객과 문화관광객과의 차별화는 유용했지만, 다른 나라로부터 온 관광객들 가운데 문화관광객을 차별화하는 데는 신뢰할 수 없다는 것이다.

중요한 것은 거시적 인구통계적 변화는 이 문화관광시장이 커지고 있다는 사실이다. 베이비 붐 세대들이 나이가 들어감에 따라 단일 시장으로는 가장 큰데, 관광에서는 이 시장이 대단히 중요하다. 또 이들은 가장 큰 문화유산 관광시장의 잠재력을 가지고 있다(Dickinson 1996 ; Sugaya · Brooks 1999). 사람들이 나아가 들어감에 따라, 이들은 그들의 문화적 뿌리와 역사사건, 지난 시절에 대한 이해의 폭을 넓히려는데 관심이 커져간다(Lowenthal 1985; Dickinson 1996). 실제 50세 그 이상의 사람들은 문화관광의 성장에 가장 큰 잠재력을 갖고 있다고 생각한다(Dickinson 1996).

마찬가지로, 문화유산 관광에서의 활동은 교육수준 및 관심과 직접적인 연관을 갖고 있는 것으로 나타나고 있다. 자기 자신을 둘러싸고 일어났던 일들에 대해 배우거나 대안적 라이프스타일과 문화를 배우거나, 상이한 일들을 경험하고자 하는 욕망은 교육수준과 직접적인 연관이 있다. Coathup(1999)의 설명처럼, 교육수준이 높은 세계적인 시각을 가진 사람들은 문화적 풍부함과 자기계발을 위한 여행에 동기부여 된다. 그러므로 교육수준 향상은 역시 문화관광 활동수요를 규정하게 된다.

가. 통계수치를 신뢰할 수 있는가?

현재 발표되고 있는 통계수치들이 문화관광시장의 중요성을 함축하는 규모로 받아들이는데 얼마만큼 신뢰할 수 있는가? WTO에서 제시하고 있는 관광객들의 37%가 문화관광 목적으로 여행을 한다고 하는데 이 수치는 무엇을 의미하는가? 이들 여행자는 여행의 다른 목적들에도 불구하고 37% 여행자들만이 여행기간 중 때때로 문화관광활동에 참가한다는 것을 의미하는가? 여기에 대한 대답은 관광 마케터들, 목적지 관리자, 여행산업, 자원관리자들에게는 대단히 중요하다. 여행의 제1의 목적과 참여율 사이에는 실제적 차이가 있기 때문이다.

사업목적 여행자(business traveler)로 명명할 때는 목적지 방문 시 그들의 주요 목적이 사업수행을 의미한다. 마찬가지로, 가족 · 친지방문 관광객(visiting family and relatives)으로 부를 때는 가족 및 친지 방문을 위해 목적지를 선택

함을 의미한다. 마찬가지로, 문화관광객으로 지칭했을 때는 주된 목적이 문화관광임을 생각할 수 있다. 대부분의 사람들이 문화관광객이라 했을 때는 문화관광이 목적지 선택 시, 목적지 내에서의 체재 시 추구하는 활동들이 핵심 역할을 하게 됨을 의미한다. 나아가 사람들은 문화관광 목적으로 동기부여되고 여행을 하는 동안 이와 관련된 경험을 추구하게 됨을 뜻한다.

그러나 그렇지 않는 경우도 있다. 실질적으로 문화관광관련 수치들은 목적 중심이 아닌 문화관광활동 참여율을 의미한다. 일부 연구자들은 문화관광객을 목적지 방문의 주된 목적과 무관하게 여행기간 한정된 시간 내 한정된 활동으로 명성이 있는 문화 혹은 유산관광자원, 박물관, 미술관, 역사지역, 문화 혹은 유산관광을 하거나 축제에 참가하는 사람들로 정의하고 있다. 이런 연구들은 여행의 주요 목적 혹은 문화관광이 목적지 결정에 얼마만큼 중요한지를 평가하지 못하고 있다.

관광객들은 그들이 여행할 때 폭넓은 활동에 참가한다. 하지만 대부분은 그렇지 못한 경우도 있다. 사업여행자들은 귀국하기 전에 면세점을 방문한다. 그렇다고 그들을 쇼핑관광객으로 부를 수 있겠는가? 실제 그 사람들이 인정하지 않는다면 그렇게 볼 수 없는 것이다.

마찬가지로 식사 시 와인을 곁들인다고 해서 와인관광객으로 부를 수 있겠는가? 와인이 아무리 맛이 좋다고 해도 그렇게 부를 수는 없는 것이다. 컨벤션 대표로서 미술관 리셉션에 참석했다고 해서 문화관광객으로 한정할 수 있겠는가? 아닐 것이다. 정확하게는 어떤 문화관광이 발생했느냐가 중요하다. 일부 사람들은 명칭이 부여된 활동에 참가하기 때문에, 그 명칭이 주는 함축된 의미에 따라 문화관광객으로 불리게 된다.

실제, 많은 문화관광활동에의 참가는 여행경험을 완성하는 증분(incremental)에 불과할 수도 있다. 문화관광참가, 체재시간, 그리고 주된 목적 방문 사이의 관련성은 왜 있는지? 목적지 문화자원들은 사람들로 하여금 오래 머물게 하거나 무엇보다도 먼저 방문하게 하는 동기부여적 측면이 있는가? 이 두 가지 모두에 해당되는 경우가 있을 수 있다. 오랜 기간 체재하는 방문객들은 문화활동을 포함한 보다 광범위한 활동들에 참여하기 위해 보다 많은 시간을 가지며, 반면 처음 방문객들은 재방문객들보다는 보다 많은 활동에 참가하는 경향이 있는가? 문화관광이 체재를 연장케 하고, 무엇보다 먼저 방문하게 하는 원인 혹은 이점이 있는가? 이 질문에 대해서는 중심성 내지는 주된 목적(centrality)이라는 중요한 이슈가 해결되지 않는 한 해답을 할 수 없을 것이다.

목적지는 다른 목적으로 방문하는 레크리에이션 관광객들에게 제공하는 자원들의 일련의 묶음의 일부로서 문화적 진수들을 부각시킨다. 예를 들면, 문화관광은 와인관광객들이 스페인에 체재하는 동안 부가적 활동으로서 촉진활동을 전개해왔다(Gilbert 1992). 마찬가지로, Sugaya(1999)는 발리 방문의 주된 이유가 해변에서 보내는 것이지만, 그들의 일정 속에는 발리 문화센터인 Ubud를 찾는 여행자들도 많다(Sugaya 1999: 3). 우붓(Ubud)은 발리섬 중간부에 위치한 이름난 도시이다. 1백년 이전부터 이 곳은 훌륭한 미술, 춤, 음악활동들이 펼쳐진 센터 기능을 해왔다. 한때는 허름한 도보여행자들, 우주론자들(cosmic seekers), 예술가들 그리고 방랑자들의 천국이었지만, 지금의 우붓은 문학가들, 사교인들, 수집가들 그리고 미술품 감정 전문가들이 열망하는 곳으로 변모되어 있다. 실제, 회의와 인센티브 여행기획자들은 사업목적 여행으로부터 휴식을 제공하는 고귀한 오락의 한 형태로서 문화관광을 강하게 촉진하고 있다(Annoymous 1999c; Giles 1995; Schweitzer 1999). 이 모든 경우에서, 문화관광은 방문의 주된 이유가 아닌 단순한 방문의 한 요소(element)로 표현되고 있다.

3. 문화관광객들의 유형 : 문화관광객들의 사소한 차이 인정

많은 경우에 순수한 관광객들이 아니라면, 문화 혹은 유산자원 방문은 여행의 주된 이유가 아닌 자유재량적, 부차적 여행활동으로 나타나게 된다. 생태관광이 그 좋은 예가 된다. 생태관광은 생태관광 부문으로부터 배우게 되는 값진 교훈들 중에 하나이다. 누군가가 여행기간 동안 몇몇 보호구역을 방문한다고 해서 진정한 의미에서 생태관광객은 아닌 것이다 (Acott · La Trobe · Howard 1998). 그 대신 전체 관광시장에서 작은 일부분인 심오한 생태관광객에서부터 대중관광에 가까운 그 깊이가 얕은 생태관광객에 이르기까지 그 유형이 그들의 활동과 흡사하다(Acott · La Trobe. Howard 1998). 유형별 상이한 요구와 완전히 다른 행동을 실질적으로 보이고 있다.

같은 상황이 문화관광영역에도 적용가능하다. 상이한 문화관광객 형태도 존재한다. 일부 문화관광객들은 특정지역의 문화 혹은 유산자원에 동기부여되게 되고, 실제 행동에서 심오한 문화적 경험을 추구하게 될 것이다. 또다른 문화관광객들은 그에 상응하는 강한 동기에 의해 방문하게 되며 질적으로 다른 경험을 하게 될 것이다. 많은 경우 문화관광은 어느 목적지를 방문하기 위한 의사결정에 작은 역할을 하게 될 것이다. 실제, 문화관광이 목적지 선택 시 중요한 영향을 미치지 못할지라도, 일부 관광객들은 문화관광자원을 관광하게 된다.

이 책에서 제시하고 있는 문화관광객의 5가지 유형은 어떤 지역을 방문하기 위한 전반적인 의사결정과 경험의 깊이에 따른 것이다. 〈표 9.1〉에서는 5가지 형태들을 도식하고 있다.

〈표 9.1〉 문화관광객 유형

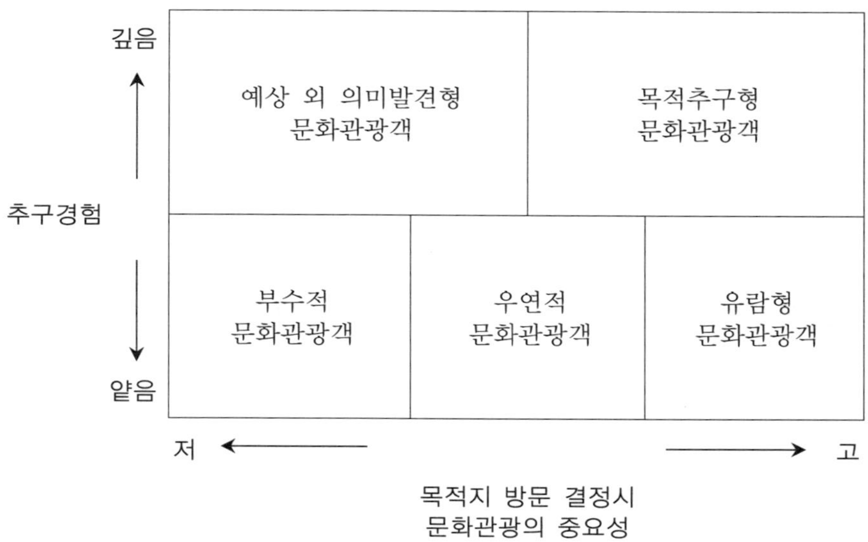

수평축은 목적지 방문을 위한 전체 의사결정에서 문화관광의 중심성을 반영한 것이다. 이는 목적지 방문 의사결정시 문화관광의 역할이 주된 혹은 유일의

이유에서부터 관광객이 여정 중에서 일부 문화관광활동에 참가하지만, 의사결정 과정에서 그렇게 중요한 역할을 하지 않는 경우까지 있을 수 있다. 수직축은 경험의 깊이를 나타낸다. 경험의 범위도 심오한 혹은 의미 있는 경험에서부터 오락 중심 혹은 레크리에이션적 문화경험에 이르기까지 다양하다.

가. 중심성

모든 문화관광객들이 같지 않기 때문에 그 기준 자체가 분명해야 한다. 문화관광객들의 유형에서는 목적지 방문 의사결정시 문화관광의 중심성 혹은 탁월성(primacy)을 인정해야 한다. 일부 사람들은 문화 혹은 유산관광 경험을 할 목적으로 여행결정을 할 수도 있다.

또다른 사람들은 문화관광경험을 하나의 중요한, 그러나 전체 여행의 중심부분이 아닌 것으로 계획할 수도 있다. 나머지 사람들은 문화 혹은 유산자원 방문이 사전에 계획되지 않았지만, 그들이 여행하는 동안 그런 지역들을 방문하는 경우도 있다. 제시된 문화관광객의 상이한 유형에 관한 직관적 이해(intuitive understanding)를 높이기 위해 실증적 연구를 진행하고 있다(Anonymous 1999d). 캐나다 온타리오 지방 소재의 문화관광객들을 대상으로 한 연구에서 4가지 구별가능한 유형을 확인할 수 있었다(Silberberg 1995). 주된 연구결과로는 상당수의 사람들이 문화관광 동기로 목적지를 방문한다는 것이다. 두 번째 그룹들은 문화에 의해서 부분적으로 동기부여되고 있었으며, 세 번째 집단은 다른 주요 여행 동기부여에 문화가 부수적인(adjunct) 경우이다. 네 번째 집단은 우연적 문화관광객(accidental cultural tourists)로 명명했다. 이 우연적 문화관광객은 문화자원 혹은 이벤트를 보러 갈 의도가 없지만, 여행기간 중 어느 곳에서 문화관광자원을 방문하는 경우를 의미한다. 우연적이라는 용어가 암시하듯이, 참가가 계획되기보다는 말 그대로 우연에 의한 경우이다.

유사한 맥락에서, 유럽관광·레저교육학회(ATLAS: the European Association for Tourism and Leisure Education)의 문화관광 프로젝트에서는 문화관광객을 구체적(specific) 및 일반적(general) 문화관광객으로 구분했다(Richards 1996c). 구체적 문화관광객이란 문화관광자원을 구체적으로 보기 위해 방문하는 여행객들이다. 그들에게는 자원이 그들의 목적지 선택에 중요한 혹은 아주 중요한 동기부여가 된다. 그들이 머무는 기간 중 많은 자원들을 보기 위해 방문하게 됨을 알게 되는데, 결과적으로 무엇을 볼 것인가에 관한 복수의 의사결정이 이루어지게 된다. 역시 그들은 다른 집단들보다는 문화자원들을 보기 위해 방문하는 빈도수가 높은 집단임을 발견하게 된다. 이 정의를 이용한다면, Antolovic(1999)이 제시한 70%보다는 낮은 유럽관광객의 9%만이 구체적 문화관광객으로 한정할 수 있다. 이와는 대조적으로, 다수의 문화관광객이라 표현하는 일반관광객들은 그들의 전체 목적지 의사결정과정에서 문화관광에 대한 중요성이 훨씬 약한 경우이다.

미국 펜실베이니아주 자연자원보존과(the Pennsylvania Department of Conser- vation and National Resources)에서는 최근 유산관광 연구를 의뢰했다(DKS 1999). 그 연구결과를 살펴보면, 펜실베이니아로의 레저 여행객들의 약 26%가 여행기간 중 유산관광활동에 참가하는 것으로 밝혀졌다. 이 연구팀에서는 유산관광객들을 핵심 유산여행자들 집단(core heritage travelers)(표본의 46%)으로서 이들은 펜실베이니아 방문이 그들의 의사결정시 아주 중요 요인으로 작용한 것으로 나타났다. 펜실베이니아 방문의사결정시 중간 정도의 중요한 요인으로 작용한 중간 정도의 유산여행자들이(moderate heritage travelers) 39%로 나타났다. 중간 정도의 유산관광이 방문의사결정에 중요한 요인이 아니었지만, 여행기간 중 유산자원들을 방문한 경험이 있는 낮은 유산여행자들(low heritage travelers)이 14%였다. 펜실베이니아를 방문한 레저여행자들 가운데 핵심 유산여행자들이 1997년도에 약 12%로 나타났고 이들이 전체 관광소비액의 25%를 차지하고 있는 것으로 밝혀졌다.

나. 경험의 깊이

중심성(centrality)은 문화관광객 유형을 개발할 때 반드시 고려해야 할 하나의 차원이다. 또다른 차원은 경험의 깊이이다. 관광객 유형별로 그들이 방문하는 관광자원으로부터 추구하는 편익도 다르다는 것이 점차 분명해지고 있다(Prentice · Witt · Hamer 1998 ; Kerstetter · Confer · Bricker 1998; Sharpley 2000). 휴가목적지 선택에 관한 점진적 이해를 위해서는 목적지 방문의 주된 동기에 대한 이해가 전제되어야 한다. 다른 말로 표현하면, 관광지 방문을 통한 관광객 개인이 추구하는 편익이 무엇인지를 이해해야 함을 뜻한다. 보다 효과적인 관광상품 개발과 촉진활동을 위해서는 효과적으로 관광시장을 한정하는 가장 중요한 방법이 편익세분화이다(Moscardo et al. 1995).

관광행동의 중심목적은 경험의 깊이와 같다는 것을 가정하고 있다. 그 예로서 구체적으로 문화관광목적의 여행자들은 다른 이유로 여행하기보다는 보다 심오한 경험을 추구한다는 게 일반적인 가정이다. 그러나 이 가정이 시간적인 여유, 사전지식, 해당 관광자원에 대한 애호 정도, 교육수준, 다른 이슈들을 포함한 광범위한 모든 경우에 이 가정이 진실이 아닐 수도 있다. 때문에, 표면상으로는 두 사람이 문화관광목적으로 같은 매력물을 본다 할지라도 아주 전혀 다른 경험을 하게 될 것이다.

Stebbins(1996; 948)는 이런 현상을 설명하기 위해 진지한 여가(serious leisure)라는 개념을 사용하고 있다. 그에 의하면, 진지한 여가란 본질적으로 아마추어 취미가, 혹은 자원에 의한 활동과 같이 참가자들이 해당 자원에 대한 특별한 기술, 지식, 경험을 획득하거나 표현할 수 있는 정도로 발전시킬 수 있는 방법들을 발견하기 위한 실질적이고도 흥미진진한 체계적인 여가추구활동으로서 정의하고 있다. Stebbins에 따르면 문화관광객은 취미가에 가깝다. 취미가는 취미추구과정에서 하나의 주제에 대해 깊은 흥미를 가지거나 일정수준의 기술, 지식, 습관화(conditioning), 혹은 경험을 나타내 보이는 사람들이다. 문화관광이 주된 여행동기일 수 있지만, Stebbins는 취미가로서 문화관광객(hobbyist cultural tourists)을 2가지 다른 형태로 구분하고 있다. 일반문화관광객(generalized cultural tourist)은 다양한 자원 및 지역들을 취미차원에서 방문하는 경우를 말한다. 시간이 경과하면서, 이 부류의 문화관광객은 상이한 문화에 관해 광범위하고 보편적인 지식을 획득하게 된다. 이와는 달리 전문문화관광객(specialized cultural tourist)은 그들의 노력을 소수의 지역 혹은 문화적 실체에 초점을 두고 있다. 이 유형의 관광객들은 특별한 도시 혹은 나라를 몇 번이고 반복 방문하여 그곳에 대해 문화적 이해를 깊게 하거나 특정 예술, 역사, 축제, 혹은 박물관을 비교할 목적으로 다른 도시, 지역, 나라들을 방문하기도 한다.

Timothy(1997)는 하나의 자원에 대한 개인의 연관성 관점에서 경험의 깊이를 강조하고 있다. 그에 따르면, 문화유산자원들을 세계적, 국가적, 지방적, 개인적 4가지 수준으로 분류하고 있다. 관광객들은 각 개별 자원의 형태에 대해 연관성 수준이 다르므로, 의미 또한 다르며, 방문한 자원의 형태에 따라 경험의 깊이 또한 다름을 Timothy는 주장하고 있다. 세계문화유산들은 경외로움을 유발시키기 때문에 대량의 관광객들로 하여금 관심을 불러일으키겠지만, 개인적인 애착감은 불러일으키지 못할 수 있다. 이와는 대조적으로 국가적, 지방적, 그리고 개별 지역은 점진적으로 자기 자신과의 연관지어가는 강한 느낌을 유발시켜 방문객 개개인은 상이한 경험의 깊이를 촉발하게 될 것이다.

MacCannell(1973)의 연구결과들을 토대로 다른 학자들(Waller · Lea 1999; McIntosh · Prentice 1999)은 고유성(authenticity) 혹은 고유성 추구에 관한 지각이 경험의 깊이에 영향을 주게 될 것이라는 주장이다. 특히 McIntosh와 Prentice(1999)는 관광객들에 의해 획득된 지각된 고유성과 해당 자원들이 위치한 상황으로 인해 야기된 정서적 처리과정 사이의 관련성을 규명하였다. 그들에 따르면, 영국 사회산업적 문화유산자원들에 대한 방문객들의 경험의 깊이와 질은 이들 자원들을 방문했을 때 개인적인 사고과정과 그 결과로서 상품화에 대한 지각 수준 사이에는 관계가 있었음을 발견하였다. 방문객들의 보고된 경험으로부터 확인된 3가지 독특한 심리적 처리과정을 확인할 수 있었다. 그 3가지는 강화된 동화(reinforced assimilation), 인지적 지각(cognitive perception), 소급적 연상(retroactive association)이다. 여기서 강화된 동화란 방문객이 평소 관광자원들에 대해 갖고 있는 형상이나 이미지가 관광지를 방문하여 확인하여 일치하게 될 때 관광지의 문화유산자원들에 대해 한층 더 확고한 이미지나 형상지어짐을 의미하는 것으로 풀이할 수 있다. 인지적 지각이란 관광객이 관광지의 관광자원들에 지금까지 알았던 것이든 몰랐던 것이든 간에 다시 한 번 확인하는 과정을 뜻한다 하겠다. 소급적 연상은 관광객이 관광지에서 관광자원을 관광함으로써 과거에 이와 유사한 관광자원들과를 결부시켜 생각하는 과정을 의미한다 하겠다.

4. 문화관광객의 5가지 유형

중심성과 경험의 깊이라는 2가지 차원을 조합하게 되면 문화관광객을 5가지 유형으로 분류가능하게 된다.

1. 목적추구형 문화관광객(proposeful cultural tourist) - 목적지 방문의 주된 동기가 문화관광인 경우이고, 이런 관광객들은 깊은 문화적 경험을 추구하게 된다(〈사진 9.1〉 참조).

2. 유람형 문화관광객(sightseeing cultural tourist) - 문화관광이 주된 혹은 주요 이유로 목적지를 방문하지만 보다 피상적이다.

3. 예상외의 의미 발견형 문화관광객(serendipitous cultural tourist) - 문화관광목적으로 여행하지는 않았지만, 참가 후 결과적으로 의미 깊은 문화관광경험을 한 경우를 뜻한다.

4. 우연적 문화관광객(causal cultural tourist) - 목적지 방문 시 문화관광 동기가 약하며, 그 결과 경험도 얕은 경우를 의미한다(〈사진 9.2〉 참조).

5. 부수적 문화관광객(incidental cultural tourist) - 이 부류의 관광객은 문화관광동기로 여행을 하지 않지만, 그럼에도 불구하고 문화관광관련 일련의 활동에 참가하게 되고 그 결과 얕은 경험도 하게 되는 경우를 의미한다.

〈사진 9.1〉 일본 교토 좌천사(Sasengi)

〈사진 9.2〉 중국 항주

일부 문화관광객들은 다른 관광객들보다는 다소 심취해 있다. 문화관광객 유형별 소구하는 바에 맞추면서 문화관광객 유형별 상이한 유인책을 제시할 수 있는 자원개발이 이루어져야 한다. 목적추구형 문화관광객은 일본 교토에 소재한 고대 사찰에 관해 더 많은 연구를 하고 있다(〈사진 9.1〉), 반면 우연적 문화관광객은 중국 항주에 위치한 한 사찰에서 관광용 사진을 찍고 있다(〈사진 9.2〉).

위의 5가지 유형의 문화관광객들은 어떠한 목적지 내에서 어느 때나 쉽게 찾아볼 수 있다. 관광객 형태의 결합은 목적지 그 자체, 목적지 내의 찾고자 하는 자원, 문화관광객의 관광동기에 따라 목적지별로 다양하다. 문화관광 중심점으로서 목적지 전반에 대한 인식과 명성은 방문객 형태를 결정짓는데 영향을 미치게 된다. 잘 알려진 문화유산 관광지는 잘 알려진 일반 관광지보다는 많은 문화관광객들을 유치할 뿐만 아니라, 목적추구형 문화관광객, 유람형 문화관광객, 우연적 문화관광객들에게는 보다 더 많이 매력을 느낄 수 있을 것이다. 관광객들은 그들의 문화 혹은 유산의 명성 때문에 그런 곳들을 방문하려고 할 것이다. 이런 유형의 관광객들은 깊거나 아니면 얕은 경험을 추구하게 되지만, 경험은 논쟁의 여지가 있다. Boniface와 Fowler(1993)가 제안한 것처럼, 하나의 자원이 잘 알려져 있다는 그 이유만으로 방문객 개개인 모두가 그 자원에 대해 잘 알고 있음을 의미하지는 않는다. 일부 방문객들은 방문목적지에 대해 개인적으로 과시하거나 사진을 찍어 소장하는 게 유일한 방문목적이 될 수 있다. 많은 방문객들은 기본적으로 목적지에 대해 잘 모르거나 한정된 지식만을 가지고 방문하는 결과 그들이 깊은 경험을 갖는다는 것은 기대할 수 없다. 그러나 또다른 일단의 방문객들은 목적지향적 문화관광 경험을 추구하거나 즐길 것이다.

다소 덜 알려진 문화관광 목적지들은 목적추구형 문화관광객들이나 부수형, 우연형, 예상외의 의미발견형의 문화관광객들 모두에게 매력을 느끼게 될 것이다. 목적추구형 문화관광객은 목적지의 문화적 속성을 알고자 할 것이다. 이런 부류의 사람은 Stebbin(1996)의 전문화형 문화관광객들이다. 부수형, 우연형, 예상외의 의미발견형 3가지 유형은 문화관광객들이 방문하는 곳의 문화에 관해 잘 모르고 문화관광이 그들 여행의 부수적인 요소로 얕은 경험만 하게 될 것이다.

같은 맥락에서, 하나의 목적지 내 다른 지역들 혹은 자원들은 경험의 강도와 만족한 경험을 얻고자 하는 개인의 노력 정도에 따라 상이한 형태의 문화관광객들을 유인하게 될 것이다. 예를 들면, 박물관, 미술 갤러리들은 목적추구형 문화관광객들에게 더 매력적일 수 있다. 경험보다는 재미를 추구하는 거리풍경, 역사적 건물, 역사공원 및 문화관광자원들은 보다 얕은 경험추구를 하는 사람들에게 매력적일 수 있다.

마찬가지로, 문화관광객 범주 내지 유형은 다른 어떤 형태의 관광객과 배타적이지는 않다. 여행동기 및 어떤 형태의 여행을 하느냐에 따라 개인은 5가지 형태의 문화관광객이 될 수도 있다. 미술 갤러리 방문이라는 목적이 명확한 사람은 목적추구형 내지 유람형 문화관광객으로 지칭가능하다. 같은 맥락에서, 똑같은 개인이 문화적 요소를 포함한 가족휴가를 가게 될 경우는 목적지 방문의사결정 시 문화관광의 중요성 정도에 따라 우연적 내지 예상외의 의미발견형 문화관광객으로 부를 수 있는 것이다. 똑같이 사람이 사업목적으로 여행하면서도 깊은 경험을 하게 되었다면 예상외의 의미발견형 문화관광객으로 부를 수 있다.

어떤 한 목적지에서의 문화관광객들의 유형은 그 관광객들의 출발지에 영향을 받는다. 국제방문객인 경우, 관광지 문화와 여행자 자신의 문화간에 문화적 거리가 크면 클수록 목적지는 목적추구형 문화관광객들에게 매력이 더 할 것이다(McKercher · Chow 2001). Mclntosh와 Goeldner(1990: 257)는 문화적 거리를 관광객 자신이 거주하고 있는 거주지 문화와 목적지 문화와의 차이정도로 정의하며...특정 지역과 목적지의 문화적 거리가 크면 클수록, 다양성 추구형 관광객(allocentric person)은 그 목적지에 여행하고자 하는 욕망이 더 할 수 있다.

반면에, 국내여행자들은 그들이 방문하고자 하는 장소들에 대해 보다 많은 문화관광경험을 하고자 할 때 문화적 근접성이 더 큼을 알 수 있을 것이다. 문화유산자원이 국내여행자의 핵심가치(the core values)에 근접하면 할수록, 목적추구형 문화관광객을 유인할 기회는 더 클 것이다. 지속적인 국가적 이상 혹은 국가의 집단적 핵심가치를 반영한 문화관광지 내지 문화관광자원들은 가치가 덜한 자원들에 비해 목적추구형 혹은 유람형 문화관광객들에게는 더욱더 많은 호감을 불러일으키게 될 것이다.

문화관광객의 모든 형태들은 어떤 한 가지 목적 혹은 자원에 대해 동시적임을 발견하지만, 개별적으로는 다른 이유로 자원을 찾게 됨을 그리고 다른 경험을 추구하고 있음을 이해하는 것이 중요하다. 문화관광은 방문지역에 대한 이해를 하고자 하며 가치 있는 곳으로 의미부여한다. 그러나 사람들은 같은 지역이라도 상이한 곳(place)으로 형상화시킨다(Ashworth 1999). 이것 자체가 자원관리자와 목적지 마케터들에게는 관리의 도전이라는 흥미를 유발하며, 그들의 도전은 자원 혹은 목적지를 소구하게끔 관계지어 나가는 것이다.

5. 모형 검증 : 사례연구로서 홍콩

1999년 하반기 홍콩을 방문한 중국, 대만, 싱가포르, 미국, 영국, 호주 6개국 2,066명의 방문객을 대상으로 문화관광 관련 설문조사를 통해 문화관광 관광객 유형을 개발하였다. 방문객의 3분의 1(33.3%)은 그들의 방문기간 중 일정시간을 문화관광 활동에 참가하는 것으로 조사되었다. 이 통계치는 세계관광기구가 세계적 문화관광을 예측한 수치와도 어느 정도 비슷하다. 그러나 방문객들의 추적에 따라서는 참가율이 다양했다. 아시안 방문객들보다는 서구 방문객들이 문화관광 참가율이 1.5배 내지 2배 많았다. 미국인들과 호주인들이 각각 41%, 39% 참가율을 나타내 가장 큰 문화관광상품 소비자로 나타났다.

〈표 9.2〉에서 보는 것처럼, 홍콩방문 문화관광객들의 대다수(58%)가 홍콩 방문의사결정시 문화관광목적은 거의 없거나 큰 역할을 못했다고 한다. 이런 부류의 문화관광객들은 대부분이 단순히 보는 관광에 비중을 두거나, 사진을 찍거나, 홍콩 문화유산에 관해 약간의 지식만 가지는 등 얕은 경험의 문화관광활동에 참

가하고 있었다. 이와는 대조적으로 문화관광객의 42%는 홍콩을 방문한 주된 이유가 문화관광이었다. 그러나 이 집단에서조차 단순 관광목적의 문화관광객들이 목적추구형 문화관광객보다 1~2.5배 많은 것으로 밝혀졌고, 이들은 상당히 얕은 수준에서 많은 경험을 하는 것으로 나타났다.

〈표 9.2〉 홍콩 문화관광객 유형

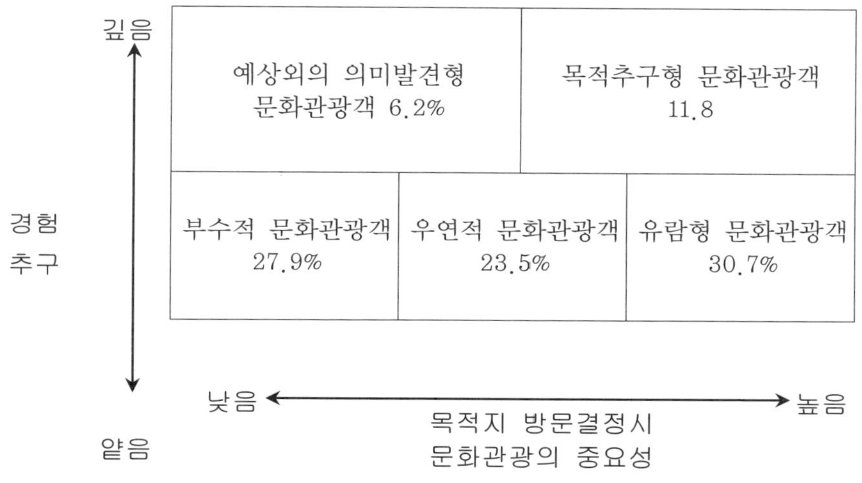

설문조사에서 나타난 참여율을 기초로, 홍콩 관광객의 33.3%는 문화관광객임을 주장할 수 있다. 그러나 좀더 자세히 살펴보면, 조사대상 관광객의 10%만이 홍콩방문결정시 문화관광동기가 중요한 역할을 했음을 알 수 있고, 모든 관광객들의 4%만이 목적추구형 문화관광객이었고 이들은 문화관광 동기에 의해 여행을 결정짓게 되었고 깊은 경험을 하는 것으로 나타났다.

가. 문화관광객 프로파일 면에서의 차이 미발견

5가지 문화관광객 유형은 인구통계적 측면 혹은 여행행동면에서 유의한 차이를 발견할 수 없었으므로 이런 요인들이 문화관광을 나타내는 신뢰할 만한 것이 못된다는 주장이다(Kerstetter · Confer · Bricker 1998; Prentice · Witt · Hamer 1998). 다소 차이가 발견된 것으로는 홍콩 방문 결정시 문화관광이 보다 중요한 역할을 했던 사람들이 있었다는 것이다. 이들은 주로 유람 및 목적추구형 문화관광객들로서 처음 방문자이고, 다른 문화관광객들보다는 패키지관광 일원으로 참가한 것으로 나타났다. 예상외의 의미 발견형 및 부수적 문화관광객들과 같이 홍콩 방문결정시 문화관광이 중요한 작용을 하지 않았던 사람들로서 사업목적 여행자 혹은 개별 관광객에게서 많이 볼 수 있었다.

나. 행동면에서 유의한 차이

그러나 문화관광객 5개 집단 간의 행동면에서는 유의 차이를 발견할 수 있었다. 목적추구형 문화관광객은 대개 박물관 경험이 가장 큰 것으로 나타났고, 이들은 훌륭한 미술박물관, 미술화랑, 도자기 박물관을 주로 찾고 있었다. 목적추구형 문화관광객들은 사원과 유산자원에 관한 지식이 약하기 때문에 찾고 있음을 알 수 있었다. 덧붙여, 목적추구형 문화관광객은 홍콩 전역에 산재해 있는 많은 시장들을 방문해 봄으로써 지역문화에 그들 스스로가 빠져들었다.

이와는 달리 유람형 문화관광객은 깊이 있게 어떤 한 가지 활동을 추구하기보다는 다양한 경험들을 해 보는데 흥미를 더 가지고 있었다. 어떤 한 가지 대상에 대한 깊은 경험보다는 많은 대상에 대해서 경험해보고 싶어 한다. 이런 유형의 관광객 대부분은 우상이 되고 있는 자원들을 방문해보고 싶어하며, 또 해당지역을 폭넓게 여행하기를 좋아한다. 조사분석 결과를 보면, 유람 및 거리 풍경 관상활동을 좋아하는 것으로 나타났다.

이와는 대조적으로, 문화관광객들은 쉽게 이용가능하고 특별히 정서적 혹은 지적인 도전 없이 단순한 관광객으로서 편의위주의 자원들을 방문하였다. 예를 들면, 부수적 문화관광객 대부분은 Space Museum, IMAX 영화관, 역사주제공원 방문을 좋아했다. 또한 이들은 사원과 다른 종교자원을 방문하는 것은 삼가했다. 우연적 문화관광객은 사원들과 동떨어진 지역을 방문해 음미하고 싶어하는 것을 제외하면 부수적 문화관광객과 행동면에서 유사했다. 우연적 문화관광객 역시 부수적 문화관광객보다는 보는 활동에 강한 의지를 보였지만, 목적추구형 관광객의 강도보다 약했다. 예상외 의미발견형 문화관광객의 행동은 설명하기가 대단히 어렵다. 이들은 목적지에서 뭔가 새로운 것 아니면 비일상적인 것을 발견하거나, 예기치 않은 자원을 찾아가 즐거운 경험을 하기 때문이다.

6. 문화관광을 위한 시사점

문화관광은 많은 관광객들에게 부수적 활동으로 나타난다는 이해는 목적지 마케터 혹은 상품개발자에게는 중요한 의미를 갖게 한다. 나아가 문화관광객들의 유형별로 상이한 욕구가 존재하고 있음을 깨닫는다는 것은 문화관광상품 및 서비스 개발과 전달에 영향을 미치게 된다. 문화관광 참가는 하나의 대량 관광활동일 수 있지만, 목적추구형 문화관광시장은 여전히 작고 틈새시장이다. 대부분의 주류 또는 대량 문화관광 참가객들의 활동은 대개 방문의 보조적 요소이지 핵심적 활동은 아니다. 그러므로 문화관광의 촉진은 여행경험을 완벽하게 해준다는 데 초점을 두어야 하겠다. 그러나 방문의 주목적이 문화관광인 경우는 모든 것을 강조하면 비생산적이므로 몇몇 목적지의 걸출한 문화유산자원에 대해서만 강조하는 게 중요하다.

이 부문에서의 사업기회는 앞의 설문조사 자료결과에서 제시하는 것보다는 제한적일 수 있다. 여기서 생태관광은 하나의 지침을 제공해준다. 생태관광경험의 질적 추구를 위해 여행사에서 제시하는 요금을 기꺼이 지급하면서 보호지역을 방문하는 사람들은 일부이므로 생태관광시장을 영업목적으로 하는 데는 극히 제한적이고, 사업의 기회 또한 제한적일 수밖에 없다(McKerche · Robbins 1998). 문화관광의 경우도 마찬가지 경우라 생각한다. 사람들은 문화관광활동에 참가하려고 한다. 그러나 이런 활동들에 대해 상업적 측면에서 충분한 돈을 지급하려는 의지에는 의문이 갈 수밖에 없다. 그렇다면 생태관광상품은 이용이 쉽고 즐거운 경험을 추구하려는 대량 문화관광객에게는 소구할 수 없게 된다.

문화관광객 유형이 상이함을 인식하는 경우 역시 상품개발에 더 중요한 의미를 제공해준다. 목적추구형 및 유람형 문화관광객들에게는 대개 문화 혹은 유산관광이 주된 동기가 되므로 이런 경험을 추구할 수 있는 목적지를 탐색해야 할 것이다. 그러나 문화관광 참가자 대부분을 구성하고 있는 부수적, 우연적 및 예상외의 의미 발견형 문화관광객들은 부수적으로 여행에 참가하면서부터 이루어지게 된다. 이들은 편리성과 접근용이성을 토대로 방문 및 이용을 결정한다. 이런 사람들은 어떤 지역내에서 관광 혹은 쇼핑경험을 추구하게 되며 다른 경험을 위해 모험을 하지 않는다.

이와 마찬가지로, 문화관광객 대부분은 거의 얕고, 이용이 용이한 경험을 추구하고 있다. 결국 그들은 휴가 및 일상생활로부터 벗어나 막간을 통해 문화관광 활동을 하게 된다. 이것의 의미는 상품을 개발할 때는 표적시장과 거기에 타당한 방법을 고려해야 함을 뜻한다. 다음의 2개 장에서는 이와 관련된 주제가 다루어 진다.

제10장

관광정보 제공원천

1. 도입부

아는 것이 힘이라고 했던가? 방문객에게 전달되는 정보를 관장하는 주체는 문화관광자원(cultural tourism assets)의 최종 용도에 상당한 영향력을 미친다. 장소 개념화 과정에서 정보가 어떠한 역할을 하는지에 대해선 이미 잘 알려져 있다(Dann 1996). 정보를 통해 자원이 제공하는 것에 대해 어느 정도 알 수 있게 되고 어떤 경험을 하게 될 것인지를 생각해 볼 수 있다. 또한 정보를 통해 현지에서 어떠한 행동이 적절한지, 적절하지 않은지를 판가름할 수 있다.

지식교환은 관광상품과 관광객 양쪽 모두가 관련되는 상호작용이다. 문화관광매력물의 역할 중 하나가 방문객에게 바람직한 데시지(desired message)를 전달하는 것이지만, 주의할 점은 방문객이 메시지를 받아들일 자세를 갖추고 있을 때라야만 메시지가 효과적으로 전달될 수 있다는 것이다. 마찬가지로 관광객 역시 장소가 무엇을 제공해야 할 것인지 또는 어떤 경험을 하게 될 것인지에 대해 구체적인 기대 혹은 불명료한 기대이든 간에 어느 정도 기대를 일반적으로 하게 된다. 따라서 효과적인 커뮤니케이션을 위해서 메시지는 소비자의 기대치에 부응해야 하며, 소비자의 기대치는 메시지에 부응해야 한다. 즉 효과적인 커뮤니케이션 프로그램을 구성하기 위해서는 방문객의 기대치를 이해하는 것이 무엇보다 필요하다 (Belland · Boss 1994).

메시지가 잘못 전달되는 경우 (장소에 도착하기 전 소비자가 기대하던 경험과는 상이한 경험을 하게 될 경우, 소비자의 마음이 닫혀 있는 경우, 메시지 때문에 예전에 확립되었던 사고방식이 바뀌는 경우) 불일치가 발생하게 될 것이다. 이 같은 불일치로 인해 소비자는 그냥 약간 실망을 하게 되거나 정도가 심하면 문화자원의 역할, 의미, 용도에 대해서 상당한 가치대립을 경험하게 된다.

가장 이상적인 상황은 관광객에게 전달되는 정보의 흐름을 문화자원이 직접 통제하는 것이다. 문화자원이 정보흐름을 직접 통제하는 동안 정보를 최대한 이용하여 제공될 경험에 대한 적정 수준의 기대감을 형성하게 하여 바람직한 유형의 개인이 방문할 확률을 높일 수 있다. 그러나 사실상 문화자원은 방문객에게 전달되는 정보의 유형 · 품질 · 정확성에 대해 현실적으로 통제를 거의 하지 못하고 있다. 왜냐하면 대다수 방문객들에게 있어 문화자원은 정보사슬(information chain)에서 시작점보다는 종착점에 위치해 있기 때문이다. 대신 정보는 매우 많은 중개자나 정보제공자(gatekeeper)를 거치는데, 이들은 조직과 청중 사이에서 정보를 걸러주거나 매개체를 연결시켜주는 역할을 한다(Seaton · Bennett 1996). 문화유산 관리자는 관광산업과 미디어가 바람직한 유산경험을 가져다주게끔 해야 하는데, 불행하게도 제대로 선전하지 못하고 있다는 평가이다 (Whytock 1999).

과연 정보제공자의 정체는 무엇일까? 정보제공자는 관광객의 여행계획에 대한 조언이 가능한 모든 매개체로서 관광목적지 선택시 관광객에게 전달되는 모든 관광정보의 출처이기도 하다. 예를 들면, 상업적 여행업체, 지역 관광가이드, 목적지 마케팅 에이전시, 여행가이드 책자 출판사, 심지어 가족이나 친구도 정보제공자라고 할 수 있다. 제10장에서는 총 9종류의 정보제공자에 대해 살펴보고자 한다. 정보제공자는 방문객을 대상으로 장소 관련 정보제공에 관여하는 중요한 참가자이다. 각 정보제공자는 정보를 수집하고 가공한 다음 커뮤니케이션 사슬을 따라 다른 정보제공자에게 재전송하거나 여행자에게 직접 재전송한다. 정보제공자에 의해 잠재고객에게 전달된 정보는 선택적으로 수정되며, 해당 메시지는 정보제공자의 필요에 맞추기 위해서나 여행자의 요구에 대한 정보제공자의 자각에 맞추기 위해서, 아니면 그냥 단순히 부지불식간에 수정되어 버린다.

관련되는 정보제공자 수가 많아질수록 메시지는 단순해지거나 상업화되거나 정확하지 않은 방식으로 제시될 확률이 높다. 매력물의 이미 알려진 문화가치 또한 소비자의 관심을 끌기 위해 시시해져 버리거나 단순한 방식으로 제시될지도 모른다. 정보제공행동의 각 단계마다 전달된 정보에 대한 통제가 상실되면서, 결국 이는 자원에 대한 통제 상실을 의미하게 된다. 전달된 정보에 대한 통제 상실이란 자원의 바람직한 메시지를 잠재 방문객에게 바람직한 방식으로 전달할 수 없음을 의미하며, 결국 이는 자원에 대한 기술되는 방법과 기대경험의 유형에 대한 통제 상실을 의미한다. 즉 정보통제 상실은 자원의 앞으로의 용도에 대한 지배력 상실이란 결과를 낳게 된다.

누군가가 홍보물이나 여행사, 구전 등이 강력하게 소구하는 대로 행동했을 경우 그의 행동이 부적절하다고 비난할 수가 없다. 그러므로 오스트레일리아 원주민 출신 관리인들(Aboriginal custodians)과 국립공원 관리자들의 바람과는 달리 대다수 관광안내책자에서 강조되는 메시지로 인하여 관광객들은 오스트레일리아의 Uluru 방문시 등반을 잔뜩 기대하기 마련이다(McKercher · du Cros 1998). 게다가 개발도상국가의 관광지들 스스로 자신들을 골동품 구매의 최적지라고 홍보하고 있으니 유적지에서 약탈해온 골동품을 구매하는 관광객들을 과연 비난할 수 있겠는가? 또한 일본 도야마현을 찾은 방문객들이 도야마현을 한낱 볼거리 중심의 관광지로만 여기고 이 곳 주민들에 대한 존중을 표하지 않는다고 해서 이 방문객들을 비난할 수 있겠는가? (Otake 1997). 정작 관광가이드들이 사진 찍기를 강력하게 권유하는 경우에도 관광은 한낱 사진 찍기에 지나지 않는다고 비난할 수 있을까? (Urry 1990) 이 질문들에 대답은 모두 '비난할 수 없다'이다. 앞의 경우들 모두 관광객은 그저 정보제공자가 제공한 정보에 근거하여 그대로 행동했을 뿐인 것이다.

2. 문화자원과 유산자원을 활용한 관광목적지의 브랜드화

문화 및 유산자원은 관광객과 목적지 간의 끈끈한 정서적 연결고리를 재현하는 지역사회의 독특한 특성들이 반영되기 때문에, 목적지를 브랜드화할 때는 이들 자원을 가장 두드러지게 사용한다. 조직체들이 브랜드화를 반기는 이유로는, 브랜드화가 경쟁적 우위의 원천이 되기 때문이다 (Aaker 1995 ; Bharadwaj · Varadarajan · Fahy 1993). 즉 목적지들이 브랜드화를 꾀하는 이유는 브랜드화를 통해 경쟁목적지들과의 차별화를 꾀할 수 있으며 (Evans · Fox · Johnson 1995), 소비자의 마음속에서 확고한 위치를 "점유"할 수 있기 때문이다 (Ries · Trout 1986 ; Bonn · Brand 1995 ; Jarrett 1996 ; Chacko 1997). 브랜드화는 친숙하지 않은 상품의 소비에서 감지되는 위험을 감소시켜 주기 때문에, 외국인 방문객들을 대상으로 할 경우 브랜드화의 이용이 점차 증가하고 있음을 알 수 있다 (Mitchell · Greatorex 1990 ; Dodd 1995).

올바른 브랜드 연상관계 구축은 해당 상품이 구매자의 열망이나 자기만족을 채워주는 성격의 상품일 경우 더욱 중요하며 (Selwitz 1998), 관광상품이 바로 이러한 상품에 해당한다고 볼 수 있다. 긍정적인 브랜드 연상관계는 소비자의 요구와 욕망을 충족시키기 위해 해당 브랜드와 연관된 유형적 속성(제품)과 무형적 속성 (경험)을 한데 묶어냄으로써 구축된다 (Dev · Morgan · Shoemaker 1995). 목적지라는 상황에 비추어 볼 때, 이들 유형 및 무형의 속성들은 목적지에서 이루어지는 일련의 활동들이라 볼 수 있으며, 이 활동들을 통해 해당 목적지가 추구하는 종합적인 포지션이 무엇인지를 알 수 있다.

브랜드화되는 특성들이 한 묶음화되어 하나의 상품으로 제시되어야만 비로소 해당 브랜드가 효과적으로 작용할 수 있다 (Chacko 1997). 관광이란 상황에서 본다면, 목적지의 매력물들을 상품화하여 주제가 있는 상품으로 한데 묶어낼 때 브랜드의 효과가 나타난다. 그러나 주제는 매력물의 소유자/운영자가 아니라 공공이나 민간부문의 관광마케팅부서에 의해서 주로 개발된다. 그래서 관리인 (custodians)과의 폭넓은 협의 없이 자원이 포지셔닝되거나 포지셔닝 전략이 관리인의 필요에 배치될 경우에 분쟁이 발생할 수도 있다.

이와 같은 현실적인 문제를 극복하기 위한 방안으로서 지속가능한 관광에서는 파트너십이 많은 부분을 차지한다(UNESCO, Nordic World Heritage Office 1999). 파트너 간의 힘의 균형이 엇비슷하고, 파트너들 간의 목적이 양립되지 않을 경우엔 어느 정도까진 파트너십이 효과가 있다. 이 경우 자원의 쓰임새에 대한 통제력을 발휘할 수 있다. 반면, 파트너 간의 힘의 균형이 맞지 않거나 각 이해관계자 간의 목적이 양립할 경우, 힘이 센 쪽이 자신의 목적을 달성하기 위해 힘이 약한 쪽을 희생시키면서 영향력을 행사하게 될 것이다. 이같은 문제는 해당 유형 및 무형 자원과는 직접적인 연관성이 없는 제2, 제3자가 자원을 상품화했을 경우 더욱 두드러지게 나타난다. 본래와 다른 메시지를 홍보하는 것이 관광업계의 최대의 상업적 관심사라면, 계속 밀고 나갈 것이다.

가. 표준화된 상품, 단순화된 메시지

이제 관광의 현실에 대해 알아보자. 대체로 어느 목적지에서든 평균 체재일수는 하루나 시간 단위로 측정이 가능하다. 관광을 통해 최대한 많은 것을 얻기 위해서 관광객들은 체재하는 동안 될 수 있는 한 많은 경험을 하도록 권유받는다. 수입극대화는 관광경험이 재빨리 손쉽게 소비될 경우에만 달성될 수 있다. 많은 경험을 할수록 즐거움은 한껏 고무되겠지만, 깊이 있는 경험은 할 수 없다는 단점이 있기도 하다. 이는 자원에 깊이 관여함으로써만 달성할 수 있는 심도 있는 배움의 기회를 조장하는 문화관광과는 대조되는 현실이다.

이같은 상품화 과정에 지대한 기여를 하는 공모자(conspirator)가 바로 여행업계이다. 여행유통망에서는 중간업자가 개입되므로 "수수료 부과(commission-able) 상품"이 판매된다. 대부분의 경우, "수수료 부과상품"이란 교통 및 해설을 이용하여 특정관광지로의 방문을 집적화하여 창조된 판매가능한 유형적 상품인 것이다. 신상품일 경우 경험의 품질을 어느 정도 보장하기 위해서 패키징(packaging)이 필요하다. 그리고 경험의 품질보장은 표준화된 상품에서만 가능하다(〈사진 10.1〉). 요컨대, 단순 구경이 주요 관심사가 되어 버리면, 경험의 깊이는 잃게 되고 마는 것이다. 방문객을 효율적으로 관리하고 싶지만 시간제약 때문에 메시지는 단순화될 수밖에 없게 된다. 아이들의 이야기책과 같게 된다. 투어가이드는 뉴질랜드 간헐천이 지금으로부터 100년 전에 들판에서 졸고 있던 어느 양치기에 의해 우연히 발견되었다는 이야기를 들려주면서 매일 아침 10시 30분에 간헐천이 갑자기 분출한다는 사실을 확인시켜 주고자 간헐천 입구에다 비누를 집어넣기도 한다. 방콕의 Royal Palace Compound 투어를 담당하는 투어가이드는 궁전에 관한 이야기를 들려주기보단 사진촬영에 좋은 지점을 알려주는데 훨씬 더 열의를 보일 것이다. 관광객들은 쿡 제도(the Cook Islands)의 "코코넛 사나이"(맨손으로 코코넛 껍질을 벗겨내는 재주를 가진 사람)를 재미있어 할 뿐, 섬 주민들의 조상인 폴리네시아인들이 어떻게 이곳을 처음 발견하게 되었는지에 대해서는 별 관심을 보이지 않는다(〈사진 10.2〉). 샌프란시스코의 투어가이드들은 차이나타운에 중국어로 휘갈겨 쓴 벽의 낙서들의 사진을 찍도록 하기 위해 버스를 세울 뿐 차이나타운이나 중국인의 이민역사에 대해서는 아무런 얘기도 없다.

〈사진 10.1〉 뉴질랜드, 노스 아일랜드(North Island, New Zealand)

상품표준화의 극단적인 예로서, 철저히 상품화되고 피상적인 잠깐 동안의 사진 촬영만이 가능한 관광객들은 매일 아침 정확히 10시 30분에 분출되는 간헐천을 보기 위해 이곳으로 몰려든다. 하지만 간헐천이 제 시간에 분출되기 몇 분 전에 간헐천 입구에다 비누를 집어넣어야 간헐천이 분출한다는 말은 전혀 듣지 못한다. 간헐천이 계획대로 분출하기 시작하면, 관광객들은 으레 사진촬영에 열을 올리고 10분 남짓 지나고 나면 그 자리에 남아 있는 사람이 거의 없다. 결국 분출하는 간헐천 사진을 찍은 건 좋았는지 몰라도 궁극적으로 불만족스런 경험에 지나지 않는 것이다. 관광객들은 홍보책자에서 설명한 대로 간헐천이 자연적으로 분출하는 모습을 보길 기대하지만, 도착한 후에는 매우 인위적이고 부자연스러운 경험을 목격하게 되고 만다.

〈사진 10.2〉 쿡 제도의 "코코넛 사나이"

문화관광이 엔터테인먼트로 이용되고 있는 사례로서 쿡아일랜드 문화센터(Cook Island Cultural Centre)의 "코코넛 사나이"가 맨손으로 코코넛 껍질을 벗기는 모습을 보여주고 있다. 이같은 시연은 문화관광 매력물이 심도깊은 학습보다는 엔터테인먼트 중심 경험을 제공할 경우 효과적이다. "코코넛 사나이"는 사회자가 폴리네시안 문화에서 코코넛이 지니는 중요성을 설명하는 동안 관광객들에게 껍질 벗기는 기술을 보여준다. 이 생생한 시연은 관광객에게 다양한 경험을 제공해주는 동시에 정적인 문화시연에 활력소를 불어 넣어 준다.

관광객들의 문화자원에 대한 이해능력 역시 가지각색이라는 점에 주목해야 한다. Goulding (1999)은 개인들 각자 자신만의 용어로 장소의 의미를 결정하고 분석한다는 점을 강조한다. Ryan (2000)은 더 나아가 관광객은 자신만의 의미를 만들어내기 위해 신호와 상징을 다채롭게 이용한다고 덧붙였다. 정보탐색의 본질과 사람들의 정보 요구 유형 모두 변화무쌍하고 대개 불완전하다는 사실은 이미 잘 알려져 있으며 (Fodness · Murray 1997 ; Vogot · Fesenmaier 1998 ; Stewart · Vogt 1999), 이는 곧 장소의 의미를 결정하는 개인의 능력 또한 아주 변화무쌍하다는 것을 의미한다. 따라서 방문객이 바라는 대로 메시지가 전달되리란 보장은 전혀 없는 것이다.

목적추구형 문화관광객 (문화관광이 방문동기로 목적지 체류시 심도 깊은 경험을 하려는 관광객)은 방문지에 대해 가능한 한 많은 정보를 알아내려는데 관심이 있을 것이다. 사실 지식이 많은 사람일수록 정보수집에 더욱 열성적이다 (Vogt · Fesenmaier 1998). 이에 비해 본서에서 정의한 다른 유형의 문화관광객들은 보다 한정된 정보탐색에 관여할 것이다. 예를 들어, 뚜렷한 목적의식 없는 일반적인 (예상외의 의미발견형, 부수적, 우연적) 문화관광객은 문화관광을 부차적 활동으로 여기므로 해당 목적지에 도착하기 전에 폭넓은 정보탐색을 할 가능성은 높지 않을 것이다. 심지어 뚜렷하게 문화관광을 위한 여행을 하지만 그다지 별다른 경험은 없는 단순 구경 문화관광객의 경우 폭넓은 정보탐색을 했다는 증거를 찾아 볼 수 없다. 그래서 목적지에 대한 많은 정보를 얻기 위해 정보제공자에게 의존할 것이다.

자원의 시각에서 볼 때, 매력물의 의미와 매력물에 대한 기대를 구체화하는 수많은 정보제공자들과 관련하여 관광객의 정보요구가 축척되어 관광객의 방문으로 이어지는 것이다. 정보의 양과 질, 정확성을 통해 (1) 방문 가능 장소로서의 자원의 매력, (2) 관광객이 어떤 식으로 자원의 의미를 결정하게 되는지, (3) 관광객이 자원을 어떻게 이용할 것인지와 어떤 행동을 하게 될지가 결정될 것이다.

이로써 자원관리자의 바람직한 메시지 전달능력은 관광객이 경험하는 동안 떠올리게 되는 정보나 잘못된 정보의 양에 좌우된다. 만약 관리자가 열린, 올곧은 마음을 갖게 된다면 관광객을 바람직한 방식으로 교육할 수 있는 기회를 갖게 된다. 반면, 관광객의 마음이 이미 부적절한 자원정보로 점철되어 있고 새로운 생각을 받아들일 자세가 준비되어 있지 않을 경우엔 매력물 관리자는 관광객에게 새로운 정보를 제공할 수 있는 기회를 갖지 못하게 될 것이다. 그러므로 가장 먼저 해야 할 일은 새로운 정보를 제공하기보다는 잘못된 정보를 바로 잡는 것이다.

〈사진 10.3〉 캘리포니아, 샌프란시스코에 위치한 알커트래즈섬

방문객들은 샌프란시스코 근처에 위치한 알커트래즈섬에 도착하자마자 산림경비대를 만나게 된다. 산림경비대는 방문객들에게 알커트래즈가 국립공원으로 지정된 연유를 설명해 주고 알커트래즈에 대해 무엇을 알고 있는지 질문을 던진다. 이는 알커트래즈섬과 예전에 있었던 연방교도소와 관련하여 전해 내려오는 여러 가지 낭설을 바로잡고자 하는 것이다.

샌프란시스코의 알커트래즈섬 (Alcatraz Island)에서는 위와 같은 오류정보 수정이 효율적으로 이루어지고 있다. 방문객이 섬에 도착하자마자 만나게 되는 산림경비대는 섬에 대한 지식과 이 섬이 왜 국립공원의 일부인지를 방문객에게 질문한다 (<사진 10.3>). 산림경비대는 매우 온화한 방법으로 잘못 알려져 있는 이야기를 하나씩 바로잡아 나간다. 영화 〈Birdman of Alcatraz〉 의 경우 실제로는 알커트래즈섬이 아닌 레번워스 (Leavenworth)의 한 교도소에서 촬영되었

으며, 감옥에 수감된 후 새를 좋아하게 된 주인공은 영화 속에서는 호의적인 인물로 그려졌지만, 모델이 되었던 실존 인물은 오히려 정서불안자였다고 할 수 있다. 이곳 교도소의 수감자들은 그저 범죄자였을 뿐 영화스타나 민중의 영웅이었던 것은 아니다. 이 섬에서는 영화 속에 등장했던 lower 등대도 터널도 찾아 볼 수가 없어 영화에서 묘사된 것과는 전혀 다른 모습을 하고 있다. 그러나 산림경비대는 왜 이 섬이 국가적으로 중요한지를 관광객에게 주의 깊게 상기시킨다(이 섬이 국립공원으로 지정된 이유는 요새와 같았던 감옥 때문이 아니라 군사적 이유 때문이다. 1970년대 초반 미국 인디언(Native American)의 "알커트래즈섬 점령" 사건은 사회적으로나 역사적으로 중대한 사건이었다). 이와 같이 산림경비대는 관광객들이 이곳의 이미지가 아닌 그 존재 자체로 평가해주기를 바라며 이 섬에 관련된 흥미위주뿐인 헐리우드식 얘깃거리를 지워 보려고 노력하고 있다.

이처럼 방문객이 도착하기 전에 자원의 문화적 중요성에 대해 아는 게 적을수록 자원관리자가 그 짧은 방문 동안 자원의 진정한 중요성을 알려 줄 확률이 줄어든다. 예전부터 관광객과 목적지 간의 문화적 차이가 클수록 관광객이 목적지의 매력물에 깊이 관여될 확률은 줄어든다는 것을 봐왔다. 이것이 관광객의 관심 부족 때문인지, 아니면 능력 부족 때문인지 알 수가 없다. 극단적인 경우 관광객은 경험을 여러 가지 시각으로 보기 위해서, 평범하지만 전혀 색다른 무언가에 관심을 쏟을 것이다. 어떤 곳을 총체적으로 조망해 볼 경우 거의 당황하게 될 것이다. 예를 들어 중국을 방문한 관광객의 경우 중국 전설의 신(Chinese diety)에 대해 알려고 하기보다는 그 신의 캐리커처를 표현한 도자기 모형에 담긴 해학에 관심을 보일 것이다. 가끔 가이드나 관광객들이 서로 나누는 이야기를 엿들어 보면 장소의 요소들과 자신이 생각했었던 것과의 차이를 이해하려는 노력은 전혀 하지 않은 채 얼마나 차이가 나는지에 대해서 놀랍다는 말만 되풀이할 뿐이다.

3. 메시지 전달과정에서의 정보제공자의 역할

관광에서 정보제공자의 역할은 일반적으로 잘 알려져 있다(Middleton 1994 ; Bernstein · Awe 1999 ; McKercher 1998c). 그러나 문화관광에서의 정보제공자의 역할에 대한 연구는 미흡한 편이다 (Prideaux · Kininmont 1999). 정보제공자가 누구인지, 어떤 역할을 하는지, 메시지가 어떻게 집합적으로 변할 수 있는지를 이해하고 나면, 장소에 대한 관광객의 기대가 어떻게 형성되고 그 기대를 어떻게 이용하는지를 이해할 수 있게 된다. Seaton과 Bennett(1996)는 여론형성자 (opinion former)와 여론선도자 (opinion leader), 이렇게 두 가지 유형의 정보제공자가 있음을 확인했다. 여론형성자는 전문지식으로 인해 높은 신뢰감을 주는 반면, 여론 선도자는 여론 형성자의 측근으로 동일한 사회적 네트워크를 공유한다.

본 장에서는 모두 9가지 유형의 정보제공자에 대해 살펴보고자 한다 (〈도표 10.1〉). 이들 정보제공자들이 커뮤니케이션 과정에 미치는 축척된 영향을 살펴보기 전에 각 정보제공자에 대해 간단히 설명하고자 한다. 분명히 정보제공자 모두가 모든 상황마다 모든 관광객들과 관계되지는 않을 것이다. 대다수 개별 여행자들에게는 여행업체와 연관된 정보제공자들이 필요하지 않을 것이다. 그와 마찬가지로 다른 여행자들은 자신이 필요한 만큼 선택적으로 정보제공자를 활용하기도 할 것이다. 가령 신용 있는 여행사의 조언을 구한다거나 목적지 웹사이트를 방문해보거나 가족이나 친구들과 얘기를 나누어 보기도 한다.

정보제공 과정에는 4 가지의 일반적인 특성들이 적용된다. 첫 번째 특성은 관광객과 목적지 간의 물리적 거리가 클수록 관여하는 정보제공자의 수 역시 많아진다는 것이다. 먼 곳으로 여행을 가는 경우 비행기표와 숙박을 마련하려면 소매여행업자가 꼭 필요하다. 그래서 소매 여행업자는 부분 또는 완전 포괄 패키지 여행상품을 마련한다.

두 번째, 방문장소에 대해 잘 모를수록 정보제공자 수가 많아지거나 정보탐색 범위가 넓어지게 된다 (Stewart · Vogt 1999). 가령, 첫 방문객의 경우 재방문객에 비해 지역 여행상품을 구매할 확률이 높고 더 많은 여행정보를 탐색할 가능성이 높다. 중간형(midcentric) 관광객과 안정추구형(psychocentric) 관광객은 목적지가 매우 이국적이라고 여겨지면 패키지투어를 선택할 가능성이 많다 (Snepenger et al. 1990).

〈표 10.1〉 자원과 관광객 간 정보흐름을 통제하는 정보관리자

소비자(Consumer)
소매여행업자(Retail Travel Agent)
도매여행업자(Tour Wholesaler)
인바운드 여행업자(Inbound Tour Operator)
관광안내원(Tour Guide/Escort)
지역 투어 오퍼레이터(Local Tour Operator)
관광 언론매체(Tourism Media)
상업 언론매체 (Commercial Media)
가족/친구(Frinds and Family)
현지 관광안내원(On-site Tour Guide)
상품(Product)

가. 자원

이 논의의 출발점은 바로 자원이라고 할 수 있다. 자원관리자와 관광객 간의 직접적인 커뮤니케이션을 통해 바람직한 메시지가 아무런 방해없이 전달된다. 이렇게 전달된 메시지는 처음 그대로의 어떠한 개입물에 의해서도 오염되지 않은 상태이다. 분명히 이것이 이상적인 상태이긴 하지만 거의 이렇지 못하다. 대부분의 방문객들은 도착 전에 자원에 대해 알고 싶어한다. 방문객에게 도착 전 자원에 대한 정보를 제공하는 것은 목적지 마케터나 관광업체, 여행업계가 할 일이다. 그래서 관광객이 우연히 자원에 대해 알게 되거나 자원관리자를 통해서만 자원에 관한 정보를 수집하지 않는 한, 정보제공자의 영향력이 미칠 것이다.

나. 현지 안내원/ 해설자

현지 안내원은 메시지를 바꾸어 놓을 수도 있는 첫 번째 정보제공자이다. 몇몇 연구에 따르면 방문객에게 정보를 효과적으로 전달하는 해설자/안내원의 능

력은 상당한 차이가 있다(Ryan · Dewar 1995). 방문객은 안내원에게 의존하게 되는데, 안내원은 자원에 활력소를 불어 넣어 자원에 대한 이야기를 들려준다. 이를 효과적으로 하기 위해서는 안내원의 자원에 대한 지식과 훈련 프로그램의 효율성, 그리고 명확한 업무 세부사항이 직접적으로 관련된다. 어떤 경우엔 아주 탁월한 해석이 제공되기도 하는데, 고고학자, 문화유산 전문가, 미술 전문가가 관광객과 효율적으로 상호작용하며 고품질의 경험을 제공하기도 한다. 또다른 경우엔 안내원이 연극의 등장인물로 가장하여 무대의상을 입은 공연자에 지나지 않을 때도 있다. 게다가 별 나쁜 의도는 없으나 무지한 스태프에 의해 메시지가 단순화되어버리는 바람에 진정한 배움을 조장하기보다는 편협한 태도가 강화되는 경우도 있다.

다. 가족과 친구

가족과 친구는 문화· 유산자원 이용에 대한 기대나 선택에 잠재적으로 상당히 큰 영향을 미친다. 신뢰성 있는 이들 "전문가"는 해당 장소를 이미 방문해본 적이 있기 때문에 조언을 할 만한 자격을 충분히 갖추고 있다. 그러나 아직까진 이들 역시 조언을 할 만큼 해당 장소의 문화적 가치에 대해서는 잘 모르는 경우도 있다. 사실 친구란 가끔씩은 중요한 정보제공자이긴 하지만 그다지 믿을 만 하다고는 할 수 없다. 친구가 짧은 휴가기간 동안 잠깐 방문했다거나, 그 곳의 문화적 가치에 대해 친구 스스로도 잘 알지 못한다거나, 정확한 조사를 해보지 않았다면, 이들의 조언에 대해 한번은 의문을 품어봐야 할 것이다.

라. 상업 언론매체

요즘은 여행이 일상생활 속에서 자리 잡았으며, 인포테인먼트(infotainment) 및 에듀테인먼트(edutainment) TV 쇼, 라디오 쇼, 잡지 등이 어디에나 널려 있다. 이 정보제공자들은 여행을 계획하는 사람들에게 정보원천으로서의 역할을 한다. 그러나 제작자들은 극소수의 시청자만이 해당 목적지로 여행을 떠날 것이고 나머지 대다수 시청자들은 그냥 TV앞에서 대리만족감만 느낄 거라는 사실을 알고 있다. 그래서 TV나 라디오에서 소개되는 장소들은 아름다운 장관과 목가적인 분위기, 고급 리조트, 친절한 지역주민들로 치장되는 경향이 있다. 그 속에서 문화적 특징들은 “와! 정말 환상적이지 않습니까?”라거나 주제공원의 놀이기구처럼 그려지는 경향이 있다.

결국 목적지들은 아주 짙은 상업성을 띠게 되고 목적지의 특징들은 그저 소비대상인 상품으로 표현된다. 만약 심신의 피로를 풀어 주고 일상생활을 벗어나게 해주는 경험이라면, 위와 같은 경우가 당연할는지도 모른다. 그러나 문화·유산자원의 경우 소비의 대상으로서 홍보되지 않을 경우 문제가 발생할 수도 있다.

마. 관광 언론매체

관광홍보물은 두 가지 종류가 있는데 목적지 마케팅조직이 제시하는 홍보물과 독립 언론매체가 제시하는 홍보물이 그것이다. 이 두 홍보물의 역할은 약간 상이하다. 목적지 마케팅조직이 제공하는 정보는 방문을 장려하고 더 나아가 체류시 더 많은 소비를 촉진하기 위한 것이다. 그래서 목적지의 자원들은 소비되어지는 상품으로 제시되며 메시지는 대게 간결하고 한결같다.

Lonely Planet, Fodor's, the AAA와 같은 출판사들에 의해 제작되는 독자적 매체의 경우 해당 목적지에 대해 보다 자세하고 균형 잡힌 개괄적인 내용을 담고 있다. 해당 목적지의 문화가치에 대한 배경정보를 싣고 있는데, 이는 체류시 적절한 행동을 유도하기 위한 것이다. 그러나 여타 정보제공자들과 마찬가지로 이들 매체 역시 묘사되는 장소들에 대한 메시지 전달시 한계가 있으므로 메시지는 한 가지 핵심적인 특징만으로 압축되어져야 한다. 이 경우 자원의 다른 특징들은 배제될 것이다. 상업적 안내책자에서는 중요한 매력물일지라도 겨우 몇 칼럼 정도밖에 할애되지 않는다. 가령, 워싱턴 DC가 소개된 유명 안내책자에서도 베트남참전용사비 (Vietnam Memorial) 에 대한 내용은 겨우 한 칼럼정도 뿐이며, 기념비 외관에 대한 짧은 설명과 함께 한때 이 기념비가 논란이 되었던 사실에 대해 몇 문장으로 언급할 뿐이다.

바. 지역 투어 오퍼레이터

지역 투어 오퍼레이터는 대략 반나절 내지 당일짜리 짧은 일정의 여행안내를 맡는다. 이들 지역 투어 오퍼레이터는 대개 독립 사업체이거나 대규모 여행업체의 지역 판매점인 경우이다. 지역투어 오퍼레이터는 교통, 지상교통, 설명 등을 제공하고 경우에 따라선 식사나 기념품에 관한 사항도 포괄한다. 보통 문화·유산 요소가 포함되기도 하는 관광을 제공하는 버스투어 오퍼페이터가 대부분이다. 최근 몇 년간 몇몇 전문 투어 오퍼레이터들이 등장하기 시작하여 문화관광이나 유산관광 또는 생태관광을 전문적으로 취급하고 있다. 이러한 투어 오퍼레이터들은 전형적으로 규모가 영세하여 시장소구를 하기에 역부족이다. 오퍼레이터의 역할은 방문객에게 해당 목적지의 멋과 정취를 제공하는 것이다. 그래서 중요 매력물에서 잠깐 동안만 머물기 때문에 대충 둘러보거나 사진촬영을 하거나 목을 축이거나 화장실 이용 이외에는 아무것도 할 수가 없다.

문화 브로커로 묘사되는 투어 오퍼레이터는 경험을 구체화하고 관광객에게 자료를 제시하는 중요한 역할을 하는 것으로 여겨지고 있다(Welgemoed 1996). 그러나 지역 투어 오퍼레이터/안내원이 되기 위해 필요한 가장 중요한 자격요건은 버스 운전면허이다. 투어 오퍼레이터를 찾기란 어려우며, 특히 역사/문화유산 관리 관련 정식 자격요건을 갖춘 대규모 대중관광 전문업체를 상대로 하는 투어 오퍼레이터는 더욱 찾기 힘들다. 사실 대부분의 지식은 단기 사내/사외 훈련프로그램 이수나 안내원 자신의 개인적인 노력에 의해서나 지역정보로부터 습득할 수 있다.

사. 투어 에스코트

투어 에스코트는 단체여행객의 외국 방문시 동행한다. 투어 가이드가 목적지에서의 활동에 대해 책임을 지는 반면, 투어 에스코트는 여행단체가 도착하자마자 합류하여 그 나라에 머무르는 동안 계속 동행한다. 투어 에스코트의 주요 역할은 여행이 원활하게 진행되도록 하고 어떠한 문제든 해결하는 데 있다. 그러나 투어 에스코트 역시 지역 투어 오퍼레이터처럼 문화 브로커의 역할을 하기도 하는데, 방문대상지를 위한 배경을 설정하고 방문대상지 간 연속성을 제공한다. 투어 에스코트는 해당 국가의 국민이라는 신분 덕분에 "지역 전문가"로서의 역할을 하게 된다. 투어 에스코트가 정보를 어떻게 제시 또는 해석하느냐에 따라 여행단체가 겪게 되는 문화경험의 전반적인 품질이 결정된다.

그러나 투어 에스코트는 투어 오퍼레이터와 마찬가지로 그가 가진 문화·유산 관련 경력과는 다른 이유로 대부분 고용되고 있는 실정이다. 투어 에스코트가 명확한 훈련을 받지 않았을 경우, 현장경험과는 별도로 투어 에스코트는 자신의 일상생활환경 외의 장소에 대해서는 실제로 아는 바가 거의 없다. 결국 단체여행객이 믿고 따르는 이 "전문가"를 과연 전문가라고 할 수 없을 것 같다.

아. 인바운드 투어 오퍼레이터

인바운드 투어 오퍼레이터는 여행업계를 대표할 만큼 큰 비중을 차지한다. 인바운드 투어 오퍼레이터는 다양한 수배를 통해 소비자와 생산자를 연계하는 역할을 한다. 인바운드 투어 오퍼레이터는 해외의 도매 여행업자와 여행사를 대신하여 방문지의 지상관련 사항들을 맡아 처리한다. 따라서 인바운드 투어 오퍼레이터는 여러 가지 요소들을 한데 묶어 하나의 상품으로 조립해내는 소규모 제조업자와 비슷하다. 인바운드 투어 오퍼레이터가 성공하기 위해서는 매력적인 패키지를 만들어내서 시장에 독특한 방법으로 패키지를 포지셔닝해야 한다. 투어 패키지가 문화관련 주제를 담고 있지 않을 경우, 깊이 있는 문화관광 경험은 하위 목적이 되어 버릴 것이다.

자. 도매 여행업자

도매 여행업자는 지상관련 교통편을 마련하여 소매점을 통해 판매가능한 유형 상품을 제공한다. 여기서 지상관련 요소들은 인바운드 투어 오퍼레이터들도 제공하기도 하는데, 도매 여행업체가 대규모 기업일 경우 모든 게 자체 내에서 이루어진다. 따라서 도매 여행업자의 주요 역할은 상품을 공급하는 것이다. 일부 소규모 전문 도매 여행업체가 있긴 하지만, 대부분 대중관광 수요에 맞춰 대규모로 운영되고 이윤이 적은 사업이다. 도매 여행업자는 효율적으로 안전하게 이익을 올릴 수 있는 규격화되고 표준화되고 상업화된 상품을 공급함으로써 운영을 해나간다.

한 목적지에서만 오랜 시간을 보내기보다는 여러 곳을 둘러보거나 단시간에 많은 것들을 하는 것이 훨씬 더 중요하다. 가령 유럽 여행시 파리에 머무는 시간은 기껏 이틀 밤 정도가 보통이며, 하루 종일 버스투어를 한 후 밤늦게 파리에 도착해서 둘째 날 밤까지 보낸 후 다음날 오후 3~4시쯤에 호텔을 출발하는 일정이다. 따라서 파리에서 이틀 밤을 보낸 것으로 보이긴 하지만, 정작 파리에 머문 시간은 40시간도 채 되지 않는다. 결국 각각 매력물에서 보내는 시간이 얼마 되지 않아, 당연히 수박 겉 핥기식 경험밖에 하지 못한다.

차. 소매 여행업자

소매 여행업자는 관광객과 여행경험을 직접적으로 연결시켜 준다. 인터넷으로 인해 소매 여행업자의 역할 변화가 다소 있긴 하지만, 여행 구매의사 결정과정에 있어 여전히 가장 중요한 정보제공자로 자리매김하고 있음은 논의의 여지가 없다(Middleton 1994). 정보(knowledge)는 소매 여행업자에게 있어 주요 자원(stock and trade)이며, 고객에게 이 정보를 판매한다. 소매 여행업자의 추천이야말로 소비자의 최종 구매결정에 있어 큰 영향력을 행사한다. 소매 여행업자는 고객의 여행 요구 충족에 충실한 숙련된 전문가로 소비자가 가장 손쉽게 접할 수 있는 지역 전문가이기도 하다.

그러나 많은 사람들이 간과하고 있는 사실은 바로 고객의 요구뿐만 아니라 여행업자 당사자의 이해에 따라 추천내용이 달라질 수도 있다는 것이다. 여행사는 항상 빠듯한 이윤으로 운영되고 있기 때문에 경쟁에서 살아남기 위해서는 이윤이 큰 상품을 판매해야 한다. 이윤이 큰 상품은 곧 수수료율이 높고 예약 소요시간이 가장 적은 상품을 의미한다. 대부분의 여행 소매업자들은 비용문제로 인해 대규모 국내외 여행업체들이 제공하는 대량 관광상품을 우선적으로 고려하게 된다. 따라서 고객의 요청이 특별히 없는 한, 사람들이 원하는 유형의 문화관광을 취급하는 소규모의 전문 투어 오퍼레이터를 구하는 소매 여행업자는 거의 없을 것이다.

소매 여행업자는 도매 여행업자가 제공한 자료나 운이 좋을 경우 도매 여행업자가 주최하는 팸투어 참가를 통해 목적지에 관한 정보를 얻게 된다. 앞서 언급한 바와 같이 목적지 정보와 관련하여 소매 여행업자는 믿을 수 있는 정보원이긴 하지만, 이들 소매 여행업자의 정보기반은 판매상품과 상품공급자인 도매 여행업자가 제공해 준 메시지일 뿐이다. 따라서 소매 여행업자는 자연스레 목적지를 상품으로 인식하게 되고, 자원은 목적지에 머무른 동안 소비하게 될 소모품으로 보는 경향이 있다.

4. 관광객에게 전달되는 메시지에 미치는 정보제공자의 영향

정보제공자마다 자원과의 물리적 거리는 서로 다르며(근거리 - 원거리), 자원과의 접촉 빈도도 서로 다르며(빈번 - 드묾/전혀 없음), 자원 존재에 대한 인식 정도도 다르며(알고 있거나 전혀 들어 본 적도 없는), 자원에 대한 지식수준도 다르며(높음 - 낮음), 정보제공 목적도 다르다(상품판매, 방문유도, 지식제공 등). 게다가 각 정보제공 단계마다 관계되는 개인들의 관심거리, 교육수준, 직업, 상대하는 고객 유형, 자원 설명에 대한 직업상의 책무가 저마다 다를 것이다.

그 결과 각 정보제공자의 관심, 기능, 정보욕구는 자원에서 소비자로 이어지는 커뮤니케이션 사슬의 각 단계마다 눈에 띄게 달라진다. 정보제공자와 자원 간의 거리가 가까울수록 문화유산 관리의 목표가 훨씬 더 두드러지고, 반대로 정보제공자와 관광객 간의 거리가 가까울 경우엔 정보제공자는 관광상품에 더욱 초점을 두게 된다. 이렇듯 서로 다른 직업상의 기능과 지식수준으로 인해 전달되는 메시지의 유형 역시 크게 달라질 것이다. 문화유산 관리자라면 자원의 문화가치를 강조하는 메시지를 전달하는데 관심을 보일 것이고, 관광전문가라면 판매증가에 보탬이 되는 소비성향이 강한 메시지를 전할 것이다.

각 정보제공 단계에서 발생하는 특징들은 다음과 같다.

- 자원은 전달되는 메시지와 메시지가 전달되는 방식을 통제하지 못한다.
- 정보제공자 수가 증가하면서 메시지의 의미가 자꾸만 재해석되어 바람직한 메시지가 왜곡되고 있다.
- 메시지 전달자가 문화유산 가치에 대해서 점점 모르게 될수록, 반면 관광상품에 대해서는 점점 잘 알게 될수록 메시지는 단순해진다.

- 메시지는 목적지의 문화적 상황이 아닌 잠재 방문객의 문화적 상황 속에서 전달된다.
- 소비자에게 메시지를 보다 분명하게 전달하고 해당 자원을 좀더 매력적으로 포지셔닝하기 위해 메시지는 점차 상업화되어 간다.
- 주요한 매력물은 강조되지만, 그에 비해 덜 중요한 자원(정보제공자 입장에서는 제2 또는 제3의 자원)은 관심 밖 대상이 된다.
- 상품을 재빨리 소비할 수 있을 거란 기대를 하면 할수록, 심도 깊은 경험에 대한 기대는 버려야 한다.
- 메시지 전달자와 해당 상품과의 친밀도가 점차 떨어지게 되면서, 메시지 전달자가 정보를 상세하게 전달하는 능력이 저하된다.
- 메시지 전달자의 문화유산 메시지에 대한 관심은 점점 줄어드는 반면, 관광 메시지에 대한 관심은 증가한다.
- 바뀐 메시지가 전달되면서 잠재 방문객의 자원에 대한 기대 역시 변할 것이다.
- 현지에 적합한 행동에 대한 기대가 달라지기도 하며, 그로 인해 관광객은 부적합한 활동을 하기도 한다.

결국 방문객이 현장에 도착할 때쯤엔 실제로 제공되고 있는 경험과는 꽤 다른 경험을 기대하고 있을지도 모른다. 어떤 경우엔 이같은 차이가 별것 아니지만, 대규모 단체관광객의 경우 목적지 도착 전 기대하고 있던 행동방식과 다른 행동방식을 강요당할 경우 중대한 문제가 발생한다. 관광객들은 으레 둘 중의 하나의 행동양상을 보일 것이다. 즉 후자의 메시지를 무시하거나, 아니면 더 이상 방문하지 않을 것이다. 하지만 어느 쪽도 쉽게 받아들일 수 있는 대안은 아닌 것 같다.

제11장

평 가

문화유산
관광자원관리론

1. 도입부

제10장까지는 문화관광에 영향을 미치는 관광·문화유산관리 관련 문제들에 대해 살펴보았다. 앞의 내용을 간추려 본다면, 관광관리와 문화유산관리 부문 모두 거의 독립적이고 양립된 형태로 작용하며, 이들의 공유점이라고 할 경우 자원밖에 없음을 알 수 있다. 문화관광에 있어 최대 난제는 문화유산관리와 관광관리를 어떻게 하나의 과정 속에서 어우러지게 하여 문화·유산 가치를 보존하면서 동시에 방문객의 주의를 끄는 매력적인 상품을 만들어 내는 것이다. 그래서 이에 부응하여 등장한 신조어가 지속가능한 문화관광(sustainable cultural tourism)이다. 그러나 지금까지 다양한 그룹들이 완전 정반대의 업무사항을 촉진하기 위해 이 용어를 사용하게 됨으로써 오용되고 올바른 이해를 얻지 못하고 있기 때문에, 앞으로는 세심한 주의가 필요하다 (McKercher 1993). 지속가능성을 경제적 지속가능성으로 보는 이들은 부를 창출할 수 있는 한도까지 자원을 과하게 이용하는 것이 당연하다고 정당화한다. 장소에서는 장소의 이용가치가 주된 관리대상이기 때문에 어느 정도 역효과가 예상되기도 하지만 이를 감수할 수밖에 없다. 다수 이용에 반대하기 위해 지속가능성을 이용해온 이들은 어떠한 용도로 사용

하더라도 어쩔 수 없이 파괴로 이어질 것이라고 주장한다. 관리조치로 인해 자원의 생존능력이 상실될지라도, 이용을 지양하기 위해서 관리조치를 취할 수밖에 없다.

사실상 관리활동 전반에 걸쳐 지속가능성을 통해 이용가치와 보존가치가 구체화되어야 한다. 그러나 여기서 문화자원 관리의 복잡함, 이해관계자마다 다양한 요구, 자원마다 다양한 견고성(robusticity)인 방문객 수용능력 그리고 문화자원의 다채로운 관광매력을 간과해서는 안 된다. 비록 관광관리와 문화유산관리가 함께 이루어져야 하긴 하지만, 이들의 협력이 항상 똑같을 필요는 없다는 점도 충분히 인식해야 한다. 대부분의 경우 문화유산관리 원칙이 선행되어야 하고 관광은 보조역할을 하게 된다. 자원이 너무 취약하거나 시장성이 없는 극단적인 경우에는 관광부분이 지양되기도 한다. 그러나 문화·유산 관리 사항이 덜 중시되고 오히려 관광이 우선시되는 경우도 있다. 마찬가지로 특수목적(purpose-built) 주제공원이나 엔터테인먼트 지향 매력물의 경우엔 관광만을 고려하고 있는 게 사실이다.

제11장과 제12장에서는 문화·유산관리와 관광관리 중 어느 부문을 우선시할 것인지를 결정하고, 아이디어를 실제 관리계획이나 전략으로 구체화하는 방안에 대해서 다루어 보고자 한다. 제11장에서는 자원의 관광잠재력을 측정하고 관리실행계획을 결정할 때 검토해야 할 여러 가지 관광·문화유산 요소들에 대해 살펴보도록 하겠다. 그리고 평가시 자원이나 장소 자체만을 대상으로 할 게 아니라 보다 거시적이고 목적지 관점에서 살펴보아야 한다. 제12장에서는 수집된 정보의 평가방법에 대해 논의해 보고 자원의 관리방안을 중점적으로 다루고자 한다.

2. 자원의 관광 잠재력 평가

문화·유산자원의 관광잠재력 평가는 단순히 자원의 시장잠재력만을 평가하는 것이 아니기 때문에 복잡한 작업이라고 볼 수 있다. 또한 어떠한 평가에서든 자원의 견고성, 즉 방문객 수용능력을 고려해야 한다. 시장잠재력 평가에서는 자원이 방문객들에게 소구할 수 있는 특성들을 가지고 있는지, 자원의 잠재력을 어떻게 소비성 상품으로 전환할 수 있는지를 결정하는 것이 가장 큰 관심거리이다. 반면, 견고성 평가에서는 관광객의 방문 허용 여부와 자원의 본래 고유가치를 손상시키지 않고 어느 정도의 수준까지 방문을 허용할 수 있는지, 즉 보다 근본적인 문제에 대해 다룬다.

이같은 평가는 거시적인 수준뿐만 아니라 미시적인 수준에서도 이루어져야 하며, 처음엔 보편적인 것에서 시작하여 점차 구체적인 내용을 다루도록 한다. 보다 광범위한 상황에서 여러 측면들을 고려한 후 보다 구체적인 문제들을 점검할 필요가 있다. 구체적인 내용이라 하면 장소나 문화적 공간으로서 자원의 직접적 환경, 이해관계자, 그리고 자원에 관련된 사람들, 기술 그리고 재정자원 등을 들 수 있다. 이러한 내용들을 평가한 후에는 제12장에서 제시한 대로 보다 치밀한 분석을 통해 자원의 통합계획 수립 및 개발을 위한 사항들에 대해 규명해볼 수 있다.

가. 광범위한 상황 고려

일반적으로 관광과 문화관광은 보다 광범위한 사회적·정치적 상황에 밀접하게 연관되어 있다. 만약 문화관광개발 조건이 그다지 양호하지 못할 경우, 해당 프로젝트의 매력을 차치하고서라도 해당 프로젝트의 성공 가능성은 제한적이라고 할 수 있다. 아이디어가 좋고 나쁨을 떠나서, 일부 개발이 법률상으로 제약을 받게 될 경우 더 이상의 프로젝트 진행은 어렵게 된다. 마찬가지로 시장상황이 유망하지 않거나 개발대상 상품이 해당 목적지의 이미지나 여타 상품들과 양립되지 못할 경우 성공 가능성은 없다고 봐야겠다. 처음부터 보다 광범위하고 해당 목적지 전반을 아우르는 평가가 이루어져야 한다. 이에 〈표 11.1〉에서는 평가시 고려해야 할 수많은 요소들에 대해 정리해 보았다. 요소들은 크게 세 가지 항목, 정치적/법적 상황, 문화·유산 자원, 목적지 내 관광활동으로 나뉜다. 문화유산관리 및 관광 이해관계자별로 해당되는 요소들 뿐만 아니라 이 두 부문 모두와 관련되는 요소들도 규명해보았다. 이들 요소의 대다수가 본서의 곳곳에서 언급되고 있기 때문에 여기서는 자세히 언급할 필요는 없을 것 같다.

〈표 11.1〉 광범위한 상황에서의 문화관광 관련 고려사항

주제	일반적 고려사항	문화유산관리 고려사항	관광 고려사항
법적/정치적 사황	• 현재 법적/정치 체제 • 보존 법률의 유무 • 건축/이용 내규 및 개발 규제/지침	• 윤리강령 및 보존주의 • 조직내 유산담당부서 부서 정책 • 이해관계자의 동의	• 관광의 정치적 중요성 • 지역사회의 관광에 대한 지지
문화·유산 자원	• 문화·유산 자원의 양 • 자원의 공간상 분류 • (국제·국가·지역·지방 차원에서의)자원의 중요성/독특성 • 대표 자원	• 견고성(방문 압박을 견뎌내는 능력) • 보존/이해관계자 관련 이유로 특정 자원으로의 접근 제한 필요	• 자원의 임계량(臨界量) • 문화·유산 자원에 대한 인식을 묶어내는 능력
목적지에서의 관광활동	• 목적지 포지셔닝 전략(포지셔닝 과정에서 문화관광의 중요성) • 다른 유형의 문화·유산 관광활동량	• 자원관리정책이나 자원보존관련 제도를 통한 관광욕구 및 기타 이용자들의 욕구 통합 방안 • 방문량 증가 현황 파악과 방문 증가시 필요한 계획 및 관리방안 수립	• 관광활동량 • 기반시설 및 상부구조의 수준 • 관광객 원천(국내/국제, 문화적 거리) • 관광객 특성(체류기간, 여행목적, 방문경험, 인구통계적 특성 등) • 사회심리학적 특성 • 경쟁 관광상품 • 상품의 상호보완성(相補性) • 가격 • 시너지효과(묶음, 중심자원 등) • 시장 접근 문제

나. 법적/정치적 상황

문화유산의 관광화(tourismification)는 법적·정치적 테두리 안에서 이루어져야 한다. 국제·국가·지역 법률과 원리헌장(charter of principles)을 통해 궁극적으로 얼마나 많은 유형 및 무형 자원이 관광목적으로 개발될 수 있는가를 알 수 있다. 지구단위 규제(zoning regulations)나 유산 건물 개발통제와 같은 평

범한 법률만으로도 프로젝트 진행 여부가 판가름 나고 자원을 위해 해야 할 일과 하지 말아야 할 일이 결정되는 등 큰 영향을 미친다.

문화관광의 가치에 대한 논쟁이 종종 확연한 정치색을 띠기도 했다. 만약 관광이 정치적 후원을 받아 지역사회의 입장에서 유익한 것으로 여겨진다면, 해당 개발 프로젝트에 대한 지지는 당장에라도 가능하다. 반면 관광에 대한 적대감이 존재하거나 이해관계자 집단이 자원의 관광화에 이의를 제기할 경우엔 개발계획이 통과되기란 더욱 어려워질 것이다.

다. 문화·유산 자원

지역사회의 관광안내원들에 따르면, 지역사회는 보유자원 현황 파악을 위해 자원목록 작성부터 해야 한다고 강력하게 제안한다(NTHP 1999). 문화유산관리 입장에서 목록화 작업의 주된 목적은 후세대를 위해 해당 지역의 대표적인 유형·무형 유산 사례를 보존하기 위해서이다. 이와 달리 관광적 측면에서 목록화작업의 주된 목적은 상당한 차이를 보이는데, 즉 자원 고유의 가치보다는 이용가치에 더 많은 관심을 쏟는다.

목록화 작업시 자원의 임계량(critical mass)과 자원 간 공통된 주제가 존재하는지를 결정지어야 한다. 그리고 자원을 공간적으로 분류함으로써 이들 자원을 중심점(nodes)이나 구역, 네트워크 또는 주제별 관광 루트를 기준으로 묶어 낼 수 있다. 비록 자원의 임계량도 중요하긴 하지만, 대표자원(icon assets)을 확인하는 것이 더욱 중요하다. 대표자원은 정말 독특하거나 특출한 자원으로 사람들을 해당 목적지로 유인하는 역할을 한다.

라. 관광활동

자유재량적 성격을 띠는 대다수 문화관광상품/경험의 성공 여부는 본래 목적지에서의 전반적 관광활동들과 관련이 있다. 따라서 관광흐름의 배경분석, 해당 목적지의 시장입지, 서비스 및 기반시설에 대한 평가는 신상품 개발이나 기존 상품의 시장확대 가능성을 결정하는데 중요한 역할을 한다. 방문객이 적은 곳보다는 유명한 관광목적지에서 성장가능성 있는 관광상품을 개발하는 것이 훨씬 쉽기 마련이다.

해당 목적지의 시장 포지셔닝 전략과 시장입지를 살펴보고 과연 문화관광개발에 적합한지를 고려해보아야 한다. 목적지의 포지셔닝 전략에 따라 문화관광활동의 유형이 결정될 뿐만 아니라 관광경험의 규모와 깊이도 영향을 받게 된다. 즉 다른 자원과는 차별화되는 유산자원을 보유한 목적지일수록 문화·유산 관광 잠재력을 활용할 수 있는 기회가 더 큰 것이다. 필라델피아와 비교해볼 때, 라스베이거스와 같은 목적지에서 심도 깊은 역사·문화관광경험을 제공하기란 어려운 일이다. 왜냐하면 필라델피아와 라스베이거스의 시장 포지셔닝 전략이 서로 다르기 때문이다. 외형상 라스베이거스는 엔터테인먼트를 지향하는 고도의 상업화된 문화관광경험을 제공하기에는 최적의 장소일 것이다.

3. 자원 및 자원환경의 이해

자원개발의 사회문화적 상황과 더불어 자원이 처한 배경 속에서 자원을 이해해야 한다. 자원의 배경으로는 자원의 형성에 기여했던 물리적 환경, 물리적 접근성, 사회역사적(sociohistorical) 환경을 들 수 있다(〈표 11.2〉 참조).

〈표 11.2〉 환 경

주제	문화유산관리 고려사항	관광 고려사항
사회역사적 환경	• 역사적 상황 • 연속성	
지역 내 물리적 환경	• 방문 • 자원의 문화가치를 보호하기 위한 관리 및 보존 관련 고려사항	• 목적지 내 물리적 입지 • 주변 시설/건물과의 양립
접근성		• 다른 문화·유산 자원과의 거리 • 관광중심지와의 거리

가. 사회역사적 환경

자원형성에 기여했던 역사적·사회적 발전에 대해 살펴보아야 한다. 문화유산 관리 측면에서는 자원의 이해관계를 반대하여 사회역사적 환경을 고려치 않은 관광상품을 생산하려고 한다. 자원의 주위경관과의 물리적 관계로 구성된 환경은 문화가치를 가장 뚜렷하게 해주는 중요한 요소이다. 따라서 카페테리아에서 보여주는 비디오 상영물을 통해서보다는 시장이나 거리 같은 "문화공간"에서 전통에 열의를 가진 자(traditional bears)가 이야기를 들려줄 경우, 과거 모습이 훨씬 더 생생하게 떠올려진다.

나. 물리적 환경

물리적 환경의 미학은 문화유산 관리뿐만 아니라 관광시각에서도 고려해 볼 사항이다. 매력적인 환경 덕분에 경험의 질이 향상되는 반면, 매력이 없거나 위험한 환경으로 인해 관광매력이 감소되기도 한다. 특히 산업유산 등의 수많은 도시유산 건물들의 경우 매력적이지 못하거나 위험한 지역에 들어서 있다. 이러한 자원들이 중요한 고유가치를 지니고 있다 할지라도 안전성을 고려하지 않거나 자원의 환경 자체가 매력이 없을 경우 관광객의 흥미를 끌지 못한다. 게다가 유형자원과 자원의 주위환경이 서로 어울릴 때, 경험이 한층 강화되고 방문객은 자원과 자원의 환경을 함께 고려함으로써 자원의 의미와 중요성을 보다 잘 이해할 수 있게 된다.

다. 접근성

접근 용이성에 따라 이용수준이 결정된다. 일반적으로 쉽고 편하고 직접 접근할 수 있을 때 방문 가능성은 더욱 커지게 마련이다. 이와 달리 접근시 불편하거나 까다롭다면 불편함을 감내하는 것도 여행의 일부인 경우를 제외하고는 방문을 저해하는 요소로 작용한다. 이런 경우 자원으로의 접근 자체만으로도 값진 목적이 되기도 한다. 혼자만 떨어져 있거나 멀리 떨어져 있는 자원보다는 가까이 위치해 있는 자원이 훨씬 매력적이다. 자원이 멀리 있을 경우 관광객은 방문 전에 지각되는 거리상의 방해물을 극복해야만 한다. 가령 멀리까지 이동하는 것이 시간낭비이고 손해라고 생각하거나 훨씬 매력적인 자원들이 많다거나 방문할 마음이 들지 않을 만큼 자원에 대한 관심이 충분하지 않다면, 방문객 수 증가를 기대하기가 어렵다.

4. 자원의 구체적 문제점들: "장소"와 문화공간

광범위한 문제들을 살펴본 후에는 특정 자원 자체를 다루어야 할 차례이며, 점검해보아야 할 문제들은 〈표 11.3〉과 같다. 유형 및 무형 자원은 문화유산관리조직마다 서로 다르게 개념화하고 있기 때문에 우선 첫 번째 방문을 기준으로 각각의 범주로 구분하도록 한다. 그렇지만 관광 측면에서 볼 때, 유사한 문제점들도 반드시 고려해야 한다.

〈표 11.3〉 "장소"와 문화공간 문제

주제	문화유산관리 고려사항	관광 고려사항
유형 자원	• 자원의 물리적 상태 및 자원의 견고성 • 손상되지 않을 것인가? (무결성) • 자원이 제공할 문화적 가치 • 유적물의 가시성 • 독특성 • 자원 유형의 좋은 사례/ 나쁜 사례 • 자원의 문화가치	• 독특성 • 경험을 구체화하여 제공하는 능력 • "상품" 잠재성과 상품성을 실체화할 수 있는 능력 • 매력물 위계상에서의 자원의 잠재적 위치 • 고유성 유지 및 방문객 만족 극대화를 위한 신중한 상품화
소유/ 관리	• 자원에 대한 정기적 보수 및 감시가 가능한 시스템 관리체제의 유무	• 소유주체 (개인, 공공, 지역사회) • 목적 (민간부문 대 공공부문) • 정식 관리체계/사업계획의 유무
무형 자원	• 관광목적상 자원의 이용이 문화적으로 적절한 것인가? (예: 종교 관련 지식 입수) • 책임감 있는 마케팅 시행 • 관광상품 디자인에 자원의 문화가치 보존을 거스르는 요소를 포함하지 않음 • 전통에 열의를 가진 자를 존중하고 해를 끼치지 말 것 • 관광요구 수용을 위해 자원의 문화가치를 변질시켜서는 안 됨	• 무형 자원의 독특성 • 경험을 다듬어 공급하는 능력 • "상품성"과 그 상품성을 실체화할 수 있는 능력 • 매력물 위계상에서의 자원의 잠재적 위치 • 마케팅되고 있는 유형자원의 매력을 무형자원이 어떻게 보완하고 강화시킬 수 있을까? • 고유성 상실 없이 방문객 만족을 극대화하기 위한 주의 깊은 자원 상품화

표 계속

현 이용 상황 및 잠재 이용	• 현재 이용 현황(공적 공간, 사적 공간) • 현재 이용 주체 • 일반 대중 대상 교육이 주된 관심사 • 유산 보존에 관한 메시지 전달을 위해 자원 이용	• 관광의 중요성 • 유사/경쟁 장소의 수 및 개발 현황 • 매력물 위계상에서의 위치 및 위치 변동 능력

가. 유형자원

"장소" 개념은 인공물, 역사적 물건, 소지품과 같은 이동이 가능한 문화적 물건뿐만 아니라 유적지, 역사적 건물, 교회·사원 등의 유형 자원의 통합관리 및 개발 관련 문제들을 규명할 때 유용하게 이용된다. 유형자원에 대한 장소 관련 평가시 자원의 문화가치와 중요성뿐만 아니라 자원의 물리적 상태, 견고성, 물리적 보수 상태, 무결성도 고려해야 한다. 이와 같은 평가는 자원의 보수 상태를 파악하여 방문이 이루어질 경우를 대비해야 할 일이 무엇인가를 결정하기 위한 것이기도 하다. 또한 비전통적/타지역 이용자들의 방문으로 인해 문화가치가 손상될 가능성이 있는지를 살펴보기도 한다. 관광 측면에서의 고려사항은 훨씬 더 실리적이다. 관광평가에서는 관광객에게 자원이 매력적일지 아닐지, 그리고 관광 매력물 위계(1급 매력물, 2급 매력물, 3급 매력물)에서 자원이 어디에 해당되는지를 결정한다. 또한 이러한 평가를 통해 자원의 관광잠재력을 실체화하기 위해서 무엇을 해야 할 것인지 결정된다.

나. 무형자원

무형자원은 유형자원과는 다소 상이한 접근법이 필요하며, 무형자원 평가시 제5장에서 언급했던 "문화공간" 개념이 유용하게 사용된다. 문화공간 개념을 통해 방문객이 자원의 문화가치를 해석하고 이해하는데 도움을 주는 전통적 배경과 온갖 종류의 무형자원과를 연관시킬 수 있다. 또한 문화공간 개념으로 무형자원 기능보유자(presenter)는 방문객의 경험을 통제하고 개발 및 관리문제점들을 처리할 수 있다. 즉 평가를 통해 시장과 문화분석에 근거한 관광이용의 수용 여부와 관광 이용이 과연 바람직한가를 결정하고 자원의 상품화를 위해 무엇이 필요한지 결정할 수 있다.

다. 현재 이용 및 잠재 이용, 그리고 이용객

현재와 미래의 이용자를 살펴볼 때 고려해야 할 중요한 포인트는 바로 관광이용과 일반이용 양립여부를 결정하는 것이다. 누구나 거리낌 없이 방문할 수 있는 서원 등의 종교 관련 장소에서처럼 관광이용 (관광객)과 일반이용 (이용자)이 양립한다면, 자원이 상업화되더라도 별다른 문제가 발생하지 않을 것이다. 그러나 관광이 기존 영역을 침해하거나 기존 영역과 양립되지 않는 활동으로 보여질 경우엔 관광의 장점을 재고시키거나 관광객 행동관리계획을 개발해야 한다.

5. 이해관계자들 간의 협의

대다수 문화·유산 자원에 얽혀 있는 수많은 이해관계자들의 의견도 고려해야 한다. 〈표 11.4〉에서 문화·유산자원 관련 이해관계자 유형에는 어떤 것이 있는지 알 수 있다.

〈표 11.4〉 이해관계자

주제	일반 고려사항	문화유산관리 고려사항	관광 고려사항
이해관계자 규명 및 협의	• 가능한 협의 초기 단계에서 모든 관련 이해관계자 규명 • 이해관계자의 협의과정 참여 유도 • 자원에 대한 이해관계를 통제하는 주도적 이해관계자 파악 • 이해관계자의 다양한 관여 기대치와 능력 이해 • 분쟁 / 협력 근원에 주시	• 이해관계자의 관심사 경청, 자원개발 완료 후 관리 피드백 • 관광분야와 관련 이해관계자의 견해 및 업무 파악	• 이해관계자의 관심사 경청, 상품개발·마케팅·사업전략피드백 • 문화유산관리/보존부문과 관련 이해관계자의 견해 및 업무 파악

표 계속

이해관계자 유형		• 교육기관, 보존 / 유산 관련 비정부조직, 정부기관, 박물관, 토착민/소수민족, 종교단체 등	• 지방/국가/주정부 관광기구, 투어 오퍼레이터, 지역가이드
이해관계자 관련 주요 문제점	• 이해관계자들 간의 권력관계 • 이해관계자에게 방문객을 위한 자원 노출에 대한 동의 • 관광의 영향 • 소유 및 저작권 문제 • 현재 진행 중인 보존에 주력	• 이해관계자와 소유주에게 방문 및 보존방안에 대한 동의를 구함 • 방문객 요구에 부응하면서 문화적으로 적절한 해설을 계획 • 문화유산 관리자는 자원봉사자와 후원자의 역할을 이해하고 재고함 • 자원의 견고성과 수용력	• 이해관계자와 소유주의 방문 및 개발에 대한 지원을 유도 • 문화적으로 적절하고 지속가능한 성장가능성을 갖춘 상품을 디자인·마케팅 • 이해관계자 협의시 소요되는 비용 • 기타 이해관계자가 관광업자를 승인하기까지 소요되는 리드타임(제품의 기획에서 완성까지의 기간)

물론 일부 이해관계자는 다른 이해관계자들보다 자원에 대해 더 깊은 이해관계에 있기도 하다. 이해관계자는 자원이 관광목적으로 개발된 경우 자원의 지속적 관리에 있어 중요한 부분으로 여겨지기 때문에 간과해서는 안 된다(ICOMOS 1999 ; AHC · TCA 1999). 아주 소수의 이해관계자라 할지라도 그 이해관계자의 요구를 무시한다면, 관리구조의 효율성을 기대할 수 없는 상황에 이르게 된다. 협의과정에서 이해관계자가 배제될 경우 이들의 관심사(concerns)가 무엇인지 알 수가 없으며, 처음부터 이들의 정당한 관심사가 두각을 나타내지 못하게 될 것이다. 협의과정이 단순히 일회성에 그치는 것은 아니다. 자원의 지속가능성을 위해 이해관계자의 지속적인 피드백을 유도해 냄으로써 새롭게 부각되는 문제점들을 해결할 수 있다.

가. 이해관계자 파악과 협의

보존 및 자원관리 과정에서 이해관계자와의 협의가 중요한 역할을 한다는 사실은 당연하다. 그러나 과거에는 이해관계자의 관심사가 종종 무시되었고, 특히 반(反)관광 감정을 드러내는 관심사일 경우엔 더욱 그러했다. 무형자원 관리에서의 협의와 비교해 볼 때, 유형자원 관리에서의 이해관계자와의 협의는 좀처럼 이루어지지 않았다. 안타까운 일은 수많은 개발도상국들이 관광을 통한 외화획득에 열을 올리게 됨에 따라 지역주민의 정당한 요구가 무시되는 사례가 여전히 존재한다는 것이다. 대다수 전문가들에 따르면 가능한 계획수립 초기 단계에서부터 협의가 시작되어야 한다고 한다(Pearson · Sullivan 1995).

이해관계자 고려시 해결해야 할 두 가지 주요 문제들이 있다. 첫 번째는 누가 자원의 관리에 정당한 관심을 가지고 있는지를 파악하고, 두 번째는 공정하고 공개적인 협의과정이 진행되도록 하는 것이다. 관광 프로젝트의 크기, 중대성, 정치적 민감성에 따라 글자 그대로 수백, 수천 명의 사람들이 자신의 이해관계를 주장할 것이다. 투어 오퍼레이터, 투어 가이드뿐만 아니라 전통에 열의를 가진 자나 전통기능 보유자(owner), 토착주민(indigenous groups), 소수민족, 역사적 이용자 등의 이해관계자들은 즉각적이고 직접적인 이해관계를 형성하며, 그 외의 이해관계자들은 간접적이긴 해도 나름대로 정당한 이해관계를 형성하게 될 것이다. 지방 · 지역 · 국가 규모의 비정부조직(NGO), 지방 여행업계, 민간 관광기관과 더불어 유산관리에 관여하는 연구기관, 비정부조직, 국제 유산기관, 기타 유산 관련 기관, 역사조직, 보존단체들 모두 자원에 대해 직접적이지는 않지만 어느 정도 타당한 이해관계를 형성하고 있을 것이다. 반면 계획상의 이용이 쟁점이 될 경우, 자원에 대한 정당한 이해관계를 형성하지 않았던 이해관계자들마저 자원관리에 관여할 수 있는 권리를 주장할 것이다. 가장 높은 목소리를 내긴 하지만 정작 자원에 대해서는 이해관계가 가장 적은 이해관계자도 종종 있다. 해결대상인 관리상의 문제점 중 하나는 바로 부적합한(illegitimate) 이해관계자로부터 정당한(legitimate) 이해관계자를 구분해내는 것이다.

이해관계자 고려시 해결해야 할 두 번째 문제는 어떠한 협의든 간에 공정하고 공개적이어야 한다는 것이다. 과거에는 계획수립 및 관리과정에서 협의내용을 중요하게 활용하기보다는 겉으로 보기에 일반 대중의 의견을 충분히 수렴하고 있다는 과시의 일환으로 협의에 동참시켰었고, 오늘날에도 일부 장소들에서 되풀이되고 있다. 이상적인 것은 협의시 전체 계획수립 과정에서 모든 적법한 이해관계자를 참여시켜야 한다. 더 나아가 협의를 통해 현재의 문제점이나 예상문제점에 대해 이해관계자 모두가 납득하는 해결책을 찾고 서로 다른 견해를 가진 이해관계자들이 상대방의 관심사에 귀 기울이고 이해하여야 한다.

나. 이해관계자 관련 문제

이해관계자들은 대체로 서로 오랜 기간 동안 함께 해왔기에 이들 간에 형성된 파워 동맹과 같은 문제들을 이해할 필요가 있다. 이해관계자들은 이들 사이의 리더십의 실체를 가정하고 있고, 거기에 주요 갈등들이 존재해 있다면 협의과정을 통해 성숙된 해결책을 강구하여야 한다. 게다가 관광은 기존 이해관계자들 간의 힘의 균형을 바꿔 놓을 수 있는 강력하고 새로운 이해관계자로서의 역할을 종종 하기도 한다. 모든 이들이 관광의 진정한 힘의 위치를 인정하도록 하기 위해서는 관광적 이해관계가 포함될 때는 세심한 주의가 필요하다.

6. 인적자원, 기술자원, 재정자원

다음으로 기술, 자원, 인적 자원 및 가용자원에 대한 평가를 마지막으로 모든 평가가 마무리된다. 이 마지막 평가단계에서 필요한 고려사항은 〈표 11.5〉와 같다. 비전을 이행하고 문화자원을 관광매력물로서 지속가능하게 관리하는 능력과 프로젝트에 직접적으로 관련된 이들의 능력은 직접적인 연관성을 갖는다. 인적 요소로 인해 좋은 아이디어를 살리지 못하거나 심각한 관리상의 문제를 일으킴으로써 프로젝트가 실패하는 경우 인적 요소가 치명적인 결함이 될 수도 있다. 따라서 프로젝트 목적 이행에 관여하는 이들의 능력에 대한 문제점들을 살펴보고 이들의 프로젝트에 관여하게 된 동기를 평가해볼 필요가 있다. 가령 이들이 아무런 기술도 가지고 있지 않다면, 그들 본인 스스로 기술습득 능력이나 기술을 사들일 자금을 보유하고 있는지를 고려해봐야 한다.

〈표 11.5〉 인적자원, 기술자원, 재정자원

주제	문화유산관리 고려사항	관광 고려사항
인력	• 관련 개인의 기술 • 기술 차이 • 기술 차이를 상쇄하는 능력 • 참여 동기	• 관련 개인의 기술 • 기술 차이 • 기술 차이를 상쇄하는 능력 • 참여 동기
자원	• 가용자금 / 자원량 • 필요한 자금 / 자원량 • 자금 / 자원의 바람직한 이용 (보수, 개발 등) • 자금 / 자원 출처 • 목적달성 수단으로서의 관광인가, 아니면 관광 자체가 목적인가?	• 가용자금 / 자원량 • 필요한 자금 / 자원량 • 자금 / 자원 출처 • 목적달성 수단으로서의 관광인가, 아니면 관광 자체가 목적인가?

기술을 구매해야 할 경우 두 번째로 중요한 의문이 제기된다. 즉 아이디어를 내놓은 쪽에서 해당 아이디어를 실행할 만큼의 충분한 재정원을 보유하고 있는가 하는 것이다. 일반적으로는 보존활동을 위한 자금을 확보하기란 어려운 일이다. 유지·보수보다는 일회성 개발프로젝트나 장소 안정화를 위한 자금원 확보가 훨씬 수월하다. 그러나 관광자원은 꾸준한 유지보수가 필요하기 마련이다. 그렇다면 이를 위한 재원은 어디서 확보할 것인가? 더 나아가 프로젝트 자금이 계속 지원될 것인가 하는 문제도 짚고 넘어가야 할 것이다. 사업계획 구상시 자금지원 능력도 철저히 평가해야 한다.

마지막으로 해결해야 할 중요한 두 가지 의문점은, 첫째 왜 관광을 내세우는가 하는 것이다. 과연 관광 자체가 목적인지 아니면 관광은 단순히 다른 목적을 달성하기 위한 수단인지 본서에서 얘기하고자 하는 것은 강력한 매력을 지닌 자원, 방문객 수요를 충분히 감당해낼 만큼 견고한 자원, 독특하고 매력적인 포지셔닝 전략을 가진 자원만이 관광매력물로 개발되어야 한다는 것이다. 관광이 여타의 목표, 즉 자원을 보호하거나 파괴되지 않도록 하기 위해서, 또는 자원을 유산으로 등록하기 위해서 등의 목표를 정당화하기 위해 이용될 경우 신중을 기해야 한다.

7. 결 론

위와 같은 정보를 수집한 후에는 의미 있는(meaningful) 방식으로 평가하도록 해야 한다. 정보 하나하나가 모두 중요하긴 하지만, 이 중에서도 훨씬 더 중요한 세부 정보인 입법상황(legislative context), 위기의 가치(values at stake), 재정자원이 있기도 하다. 일반적인 내용에서 세부적인 내용으로 평가가 진행됨에 따라 자원관련 시각에 비추어 볼 때 좀더 중대한 문제점이 드러나기도 한다. 제12장에서는 관리방향을 제시하기 위해 수집된 정보를 활용하는 방법에 대해 논의해보고자 한다.

제12장

자원감사 및 계획수립

장소관리자(administrator), 보호주의자, 사회지도자, 관광공무원들이 자신을 대규모 계획과정의 일부로 생각하고 계획수립에 관여해야 위험과 낭비를 막을 수 있다(ICOMOS 1993: 28).

1. 도입부

제11장에서는 문화유산자원의 관광잠재력 평가시 고려해야 할 요소들에 대해 살펴보았다. 그렇다면 이제 이 정보로 무엇을 해야 할까? 제12장에서는 지역/그룹 단위별 자원에 대해 자원 각각에 대한 정보평가 모형을 제시하고자 한다. 그리고 자원관리 방안을 위한 거시적 지표(macroconditions)를 제시하고 관광관리와 문화유산 관리 간의 관계를 최적화하는 방법에 대해 고찰해보았다(du Cros 2000; du Cros 2001). 본 모형에 대한 검증은 홍콩을 사례로 한 연구를 통해 실시하였다.

먼저 정식 계획수립과정을 간략하게 소개하고자 한다. 계획수립에 대해 다룬다고 해서 누구나 아는 장소관리나 관광운영 계획수립을 열거하려는 게 아니라,

그보다는 계획수립 과정에서 드러나는 고려사항들과 계획수립 단계들에 대한 이해를 넓히기 위함이다. 만약 계획수립과정을 좀더 자세하게 알고 싶다면 Ambrose와 Paine (1993), Hall과 McArthur (1998), Leask와 Yeoman (1999), Lord와 Lord (1999), ICOMOS (1993, 1999)를 참조해주길 바란다.

2. 자원감사 모형

수집된 정보를 체계적으로 처리하여 자원의 관광잠재력에 대한 결론을 도출하도록 하고 이를 바탕으로 적절한 관리방안을 마련해야 한다. 아래의 감사절차를 통해 관광잠재력 평가가 가능하다. 자원감사를 통해 자원관리자와 지역관광계획수립자는 문화관광개발에 최적인 자원과 관광이 필요하지 않는 자원, 관광은 적용하되 세심한 관리가 필요한 자원을 구분한다.

제11장에서 제시했듯이 관광잠재력 결정시 시장성(market appeal) 평가 외에도 무수히 많은 평가들이 이루어져야 한다. 여기에 자원의 관광객 수용력, 즉 견고성 역시 평가대상에 포함된다. 비록 관광 측면에서는 확실히 시장성이 중요하긴 하지만, 시장성만을 고려할 경우 여러 가지 문제들이 분명 발생하게 될 것이다. 관광을 시행하고 진정한 지속가능성을 달성하기 위해서는 자원에 방문 증가 대처능력이나 자원가치의 손상 없이 자원이용이 가능하도록 하는 능력에 시장성을 연관시켜 생각해야 한다.

이 두 차원 간의 관계는 〈그림 12.1〉의 시장성 - 견고성 매트릭스에 나타나 있다. 다음에 논의되는 자원감사를 통해 매력물의 시장성과 견고성의 단계를 '낮음/중간/높음'으로 평가할 수 있으며, 본 매트릭스에서의 매력물의 위치에 따라 그에 맞는 방안이 제시된다.

"A"급 자원은 시장성이 중간 정도나 높은 편이고 견고성은 높거나 (A1) 중간인 (A2) 유적지가 해당된다. 해당 유적지는 관광객을 끌어들이는 특성들을 지니고 있기 때문에 여러 가지 관광활동에 이상적이며, 과다한 이용도 견뎌낸다 (〈사진 12.1〉). 과다방문으로 인한 문화가치 훼손을 방지한다 하더라도 자원의 견고성이 높기 때문에 최소나 중간 정도의 보존정책만으로 충분하다.

〈그림 12.1〉 관광잠재력의 시장성 – 견고성 매트릭스

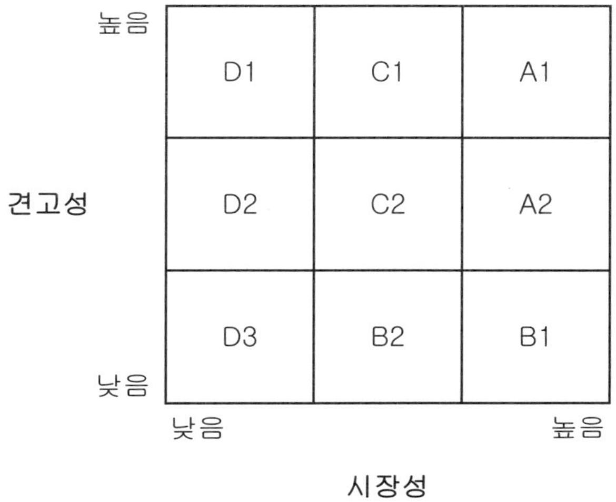

"B"급 자원은 시장성이 높거나 (B1) 중간 (B2) 인 반면 견고성은 낮은 편이다. 견고성이 낮다는 것은 자원의 물리적 구조가 취약하거나 자원의 문화가치가 방문객의 영향에 극도로 민감하다는 것을 의미한다. 관광객들은 "B"급 자원으로의 방문에 흥미가 많긴 하지만, 낮은 견고성 때문에 관광객의 집중된 이용에 대처하는 능력은 한정되어 있다. 일부 관광목적 방문이 관리활동과 상관없이 발생하기도 한다. 그러므로 관광객의 방문으로 인해 자원의 문화가치가 손상되지 않도록 하기 위한 관리방안을 마련하는 것이 과제이다. 어떤 경우엔 자원의 시설·구조·환경의 취약성, 공공책임 문제, 관광목적 자원의 변경으로 인한 위험, 또는 관광이용에 대한 지역사회의 민감성 때문에 방문을 제약하거나 지양할 필요가 있다.

이와 달리 더 많은 관광이용을 가능케 하는 보존·방문자 관리방안을 택할 경우도 있다. 너무나 취약하지만 관광매력이 강한 자원에 대해서는 강경한 조처가 취해지기도 한다. 가령 자원 자체가 관광과는 관련 없는 주요 이해관계자들이 방문에 대처할 수 없다고 판단하는 경우엔 관광을 확실하게 지양할 것이다. 반면 관광을 아예 배제하는 대신에 프랑스 라스꼬 (Lascaux) 의 경우에서처럼 홍적

세 (洪積世) 때의 흔적을 볼 수 있도록 근처에 방문객센터를 마련하여 센터 내에 암석을 그대로 재현하는 등, 해당 자원으로부터 떨어진 곳에 특수목적(purpose-built) 시설을 마련하는 것도 한 방법이다.

〈사진 12.1〉 캐나다 퀘벡시

세계유산으로 등재되어 있는 퀘벡시는 문화관광 개발의 최적지이다. 퀘벡시는 높은 시장성과 높은 견고성이 적절히 조화되어 있다. 퀘벡시의 지속가능한 경쟁력은 이곳이 북아메리카 내 유일무이한 성벽도시라는 점에 있다. 그리고 퀘벡시는 수많은 유산 매력물을 보유하고 있으며, 방문객들에게 많은 볼거리와 즐길거리를 제공하고 있다. 퀘벡시는 역사적으로 중요한 의미를 지니며, 아브라함 평원(the Plain of Abraham)은 캐나다 역사상 최고의 격전지였다. 또한 퀘벡시는 북아메리카 지역 방문객들에게 이국적인 프랑스 경험을 제공하고 있다. 캐나다에서 가장 오래된 퀘벡시는 지역의 유형/무형 구조를 훼손하지 않고서도 수많은 방문객으로 인한 압박을 견뎌낼 만큼 충분히 견고하다.

"C"급 자원은 시장성이 중간 정도이며 견고성이 높거나 (C1) 중간 (C2) 정도이다 (〈사진 12.2〉). 관광 측면에서 본다면, 두 가지 관리방안이 제시된다. "C"급

자원은 견고하기 때문에 현재의 시장성만으로 가능한 방문수요보다 더 많은 방문수요를 견뎌낼 수 있을 것이다. 자원의 잠재력을 충분히 개발하거나 시장성 확대를 위해 방문경험을 강화하는 관리방안이 채택될 것이다. 이와 달리 더 이상 관광객 수가 증가하지 않을 것이라고 확정하는 관리계획에서는 그저 현 상태를 유지하는데 주력할 것이다.

〈사진 12.2〉 뉴욕주(州)의 Crown Point

뉴욕주 북부에 위치한 18세기의 Crown Point와 같은 중요 유산자원은 견고하긴 하지만, 관광매력은 강하지 않다. Crown Point에는 초기 소규모 프랑스식 항만과 대규모 영국식 항만의 자취가 남겨져 있다. 영국식 항만은 북아메리카에 정착한 영국인들에 의해 세워진 가장 큰 항만이긴 하지만 독립전쟁이나 미영전쟁(the War of 1812)과 같은 전투들을 겪지 않았기에 역사적으로 중요성 의미를 갖지 못한다. 그에 비해 근처에 있는 Ticonderoga 요새는 원래 프랑스인이 카리용 요새(Fort Carillon)라는 이름으로 세운 요새로 수많은 교전을 겪었던 덕분에 인기가 훨씬 많은 편이다.

"D"급 자원의 시장성은 낮으며, 고유의 가치를 완전히 희생하여 상품화되지 않는 한 많은 방문을 끌어내지 못한다. "D"급 자원은 관광 이외의 이유만으로도 관리의 필요성이 요구되는데 우선적으로 해결해야 할 과제는 자원관리자에게 자원의 매력이 부족하다는 것을 깨닫게 하는 것이다.

3. 자원감사 절차

제11장에서는 관광관리와 문화유산 관리의 통합방법을 평가할 때 고려해야

하는 요소들에 대해 살펴보았다. 비록 모든 요소들이 고려되어야 하겠지만, 너무 많은 요소들을 고려하게 되면 각각의 자원을 평가한 후 시장성-견고성 매트릭스에 표시하는 데에는 실용성이 떨어진다. 감사시 평가가 필요한 가장 중대한 요소들은 〈표 12.1〉과 같다. 상징적 상태(icon status), 유일성, 역사적 가치, 보수상태 등의 항목은 독립변수이며 분위기 및 배경, 접근, 관광흐름 평가, 심미적 가치, 영향 고려 등의 항목은 제11장에서 살펴보았던 요소들이 복합된 변수들이다.

이들 변수들을 기준으로 각 자원에 대한 등급이 설정되고 여기에 관광관리와 문화유산 관리 항목별로 산출한 점수가 더해진다. 등급 책정시 정도에 따라 단순히 '그렇다/그렇지 않다'로 대답하거나 좀더 신중을 기하기 위해 척도(1-낮음, 5-높음)를 이용하기도 한다. 관리계획이 수립된 자원의 경우 그렇지 않는 자원에 비해 높은 등급을 받을 수 있다. 그와 마찬가지로 매우 독특하고 방문객의 관심을 유발하는 이야기를 지닌 자원이라면 지역 주민의 흥미만 끄는 지극히 평범한 이야기를 들려주는 자원보다 더 높은 점수를 받을 것이다. 또한 평가과정에 있어 결정적으로 중요한 변수들에게 더 높은 가중치가 주어질 것이며 상징적 상태, 취약성 등이 해당된다. 일단 모든 항목에 대한 점수를 책정한 후, 자원을 매트릭스에 표시함으로써 자원의 위치가 결정된다.

변수의 대부분이 질적인 요소가 강해서 주관적인 평가가 되기 쉽다. 이 점은 감사를 담당하는 이들(auditor)에게 있어 기회인 동시에 풀어나가야 할 숙제이다. 개인의 성향 때문에 주관적 평가가 이루어진다. 그뿐만 아니라 감사담당자가 자원이나 지역 역사를 잘 알지 못하는 관광객의 입장에서 평가를 관광요소를 평가할 수 있느냐 마느냐에 따라 감사의 효력이 달라진다. 그와 마찬가지로 문화유산 관리 변수 역시 문화유산 관리 시각에서 평가해야 한다. 즉 문화유산 관리 변수 감사시 세심한 주의가 필요하다는 것이다. 그리고 내부 편견의 위험을 제거하기 위해서 외부 평가자에 의해 감사가 시행되어야 한다고 본다. 뿐만 아니라 이 방법을 지속적으로 적용하고 지역적 견지를 확보하기 위해서 지역 단위나 목적지 단위로 감사를 시행해야 한다.

〈표 12.1〉 문화유산관광 하부 지표

관광

■ 시장성
- 분위기와 배경
- 지역 외에서의 지명도
- 국가적 아이콘/상징
- "좋은 이야기"로 방문객의 주의 환기
- 주변 매력물보다 부각되는 특성
- 특수 목적 / 용도 시장에 소구 (예: 순례, 축제, 스포츠)
- 구역 / 지역 / 목적지 내 다른 관광상품을 보완
- 지역 내 관광활동
- 문화 / 유산과의 관련성
- 정치적 지지

■ 상품 디자인
- 자원의 특성을 최대한 부각
- 거주지에서 자원까지의 편리한 교통 / 접근
- 여타 유산 매력물과의 근접 정도
- 편의시설 (화장실, 주차장, 통로, 식음료, 정보 이용성)

문화유산 관리

■ 문화적 중대성
- 심미적 가치 (건축상의 가치 등)
- 역사적 가치
- 교육적 가치
- 사회적 가치
- 과학적 가치
- (지방·지역·국가 입장에서) 희귀성 여부
- (지방·지역·국가 입장에서) 대표성 여부

■ 견고성
- 자원의 취약성
- 보수상태
- 적절한 관리계획 / 정책
- 정기 모니터링과 유지
- 주요 이해관계자의 관여 및 협의가 이루어질 가능성
- 과도한 방문이 자원의 구조에 미칠 영향
- 과도한 방문이 지역사회의 생활양식·문화전통에 부정적 영향을 미칠 가능성
- 자원의 구조와 지역사회의 생활양식·문화전통에 부정적 영향을 미치게 되는 변경 (상품 개발상 필요한 변경)이 발생할 가능성

4. 자원감사절차 검증 - 홍콩사례를 중심으로

감사모형에 대한 검증은 2000년 여름, 홍콩에서 실시되었다. 검증대상은 선사시대에서 20세기 중반에 걸쳐 고고학적 발굴지(archaeological sites)부터 건축물까지 12개의 유적지를 대상으로 하였다. 이 12개 유적지들을 살펴보면, 관광목적상 이용된 적이 없거나 적극적인 보존관리도 없던 곳도 있는 반면, 관광목적상 이용되었던 적이 있거나 보존관리가 이루어졌던 곳도 있었다. 이들 유적지들은 건축물군(building complex)이나 단지(site cluster)에서부터 바위 표면에 새겨진 돌조각에 이르기까지 종류가 다양하다.

본격적인 연구에 앞서 각 유적지별로 입지 관련 배경 지식을 수집하였다. 그 내용을 살펴보면 해당 유적지의 소유구조 평가, 관리 연혁, 문화적 중요성, 정보해석을 위한 자원, 대중과의 근접성, 관광상품/주변 매력물 유무, 그리고 관광, 유산 보존, 계획수립에 관여한 이해관계자의 규명 및 평가 등이 있다. 배경 정보를 체계적으로 수집하기 위해 목록을 작성하였다. 문화유산 가치에 대한 정보는 정부지원의 유산관련 기관들과 공문서 기록보관소, 도서관, 그리고 자료제공자(informant)를 통해 수집되었다. 관광부문 하위지수(subindicator) 관련 정보는 대개 관광협회 출판물과 관광상품 정보, 안내책자, 관광부문 보고서를 통해 수집하였다. 현장조사를 통해 부족한 정보를 보완하였으며, 현장조사야말로 평가를 완결하는데 커다란 일조를 했다.

평가 후 각 자원에 대한 점수를 표식화하여 시장성-견고성 매트릭스에 표시한 결과는 〈그림 12.2〉와 같다. 시장성이 높은 자원은 단지 한 곳으로 이 자원은 도심과 매우 가까운 곳에 위치한데다 유일무이하고 사람들에게 중요한 곳으로 여겨지고 있었으며 재미있는 이야기도 갖고 있었다. 이 외 자원들의 시장성은 여러 가지 이유로 인해 “중간” 정도로, 이 중 일부 자원들은 시장성을 높여 관광객을 끌어들이는 식으로 상업화되었었다. 잠재적으로 시장성이 높은 자원들의 경우 상대적 고립과 상품개발 기회 부족으로 인해 더 높은 순위에 오르지 못했다.

시장성 - 견고성 매트릭스에 근거하여 각 자원에 대한 관광효과와 관광 추진

방안에 대한 제안사항을 제시한다. 어떤 자원에 대해서는 관광이 추구되어서는 안 된다는 제안에서부터 관리계획에서 관광에 낮은 우선순위 부여, 취약한 고고학적 발굴지가 안정될 때까지 적극적인 디마케팅(demarketing)에 주력, 현재의 관리 및 개발활동의 적정성 여부 판가름, 관광매력 극대화를 위한 상업화 고려 등의 제안을 제시한다.

〈그림 12.2〉 홍콩 유산 매력물의 시장 매력 – 견고함 매트릭스

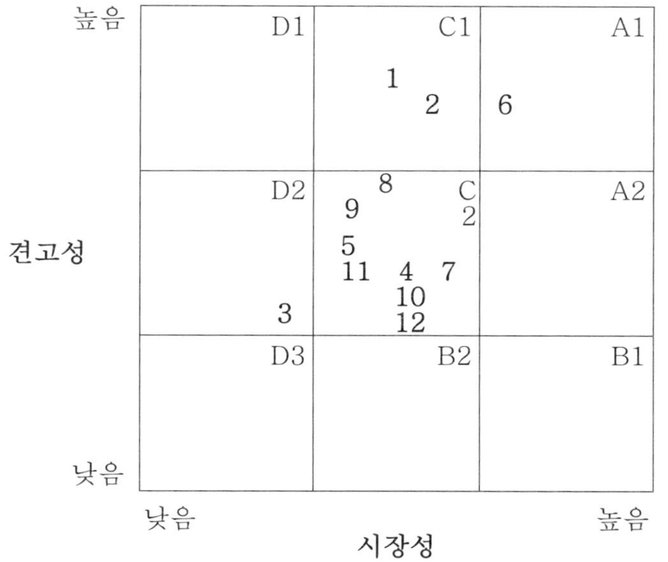

주:

1. Sheung Yiu 민속박물관
2. Tai Po Market 철도박물관
3. Victoria Barracks
4. Wong Chuk Hang의 바위 조각
5. Tung Chung 요새
6. The Former Marine Police Headquarters
7. 홍콩 기상대
8. Cheung Shan Kwu Tsz 수도원
9. Lung Yuek Tau Heritage 남부 site cluster
10. Wun Yiu 발굴지(토기 가마 분포)
11. Sai Kung 사원과 주변 마을 경내
12. Shek Kip Mei 주택 단지

가. 조사결과 응용 : 문제 규명 및 선택사항 선별

평가를 통해 주요 문제점들을 파악하고 차후 관리계획 개발의 근거가 되는 관리방향을 선택할 수 있다. 이 과정에서 드러나는 주요 선택권은 다음과 같다.

1. 자원의 시장성이 충분하지 못할 경우 관광을 개발목표로 설정하지 말 것
2. 관광목적으로 이용될 경우 보존 및 상업화에 비용이 덜 소요되는 자원을 선택할 것
3. 방문 증가에 대비하여 자원의 문화가치를 잘 관리하기 위한 보존조처에 높은 우선순위를 두는 자원개발 지속
4. 시장성을 강화하기 위한 상업화와 관광상품 기획에 높은 우선순위를 두는 자원개발 지속
5. 보존조처와 상업화/상품기획, 둘 다 모두 똑같이 중요시하는 자원개발 지속

본 모형을 좀 더 활용한다면, 관리의사결정시 관광관리와 문화유산관리 중 어느 쪽을 더 중요시할지를 결정할 때 도움이 된다. 관광잠재력이 높고 견고한 자원의 경우 (A급 자원), 관리목표 설정시 관광이 선도적인 역할을 할 것이다. 그러나 자원이 취약할 경우엔 (B급 자원), 관광잠재력과는 전혀 상관없이 문화유산관리를 주요 고려사항으로 삼아야 한다. 이와 비슷하게도 관광잠재력이 적을 경우 (D급 자원), 자원의 견고성과는 상관없이 관광을 내세운다 하더라도 별 이득을 보지 못할 것이다. 어느 정도의 관광매력과 중간 정도의 견고성을 지닌 자원의 경우, 관광관리와 문화유산관리 간에 보다 평등한 관계가 성립될 수 있다. 자원의 목표를 분명히 한다면 이해관계자 문제에 전력을 다할 수 있을 것이다.

5. 계획수립

궁극적으로 감사를 통해 각각의 자원이나 그룹/국가 규모의 자원에 대한 관

리계획/정책개발을 추진할 수 있다. 일부 조직들은 정책 가이드라인의 규명을 선호하는 반면, 다른 조직들은 보다 구체적인 계획을 선호하기도 한다. 거시적 차원에서는 정책이 유용하겠지만, 미시적 차원, 즉 자원별로 본다면 정확한 형식을 갖춘 계획이 유용하다고 하겠다.

계획수립과 수많은 다양한 용어들에 대해 여러 가지 접근법이 있겠지만, 궁극적으로 계획수립의 목적은 단 하나, 즉 장소/자원/사업/목적지를 현재의 자리보다 더 유망한 자리로 옮겨놓는 것이다. 그래서 수많은 다양한 계획수립 모형들이 고안되어 왔으며, 일부 모형에서는 사업적 측면에만 중점을 두는 반면, 다른 모형에서는 오히려 사업적 측면을 등한시하기도 하지만(Pearce 1989 ; Aaker 1995 ; WTO 1994 ; Conlin 1996 ; Hayword · Walsh 1996 ; Joyce · Woods 1996 ; ICOMOS 1993 ; NTHP 1999 사례 참조), 사례들을 살펴보면 공통점도 많다. 계획수립 과정을 간단하게 설명하자면 다음과 같다.

- 현 상황에 대한 현실적인 평가(내부 분석 및 외부 분석)
- 협의
- 미션/비전 확립
- 선택사항 규명 및 가장 유망한 선택사항 선별
- 정량화가 가능하고 달성 가능한 목적 및 목표 설정
- 목적과 목표 달성에 필요한 시행계획 수립(예산, 프로그램, 프로젝트, 실행계획)
- 목표 달성 여부를 감시하기 위한 평가 및 피드백 체계 구축

제12장 앞부분에서 이미 언급했지만 본서는 미래의 문화관광 관리자를 위한 계획수립 매뉴얼을 의도한 것이 아니다. 여러 가지 자료들을 통해 계획수립 과정에 대해 자세하게 논의하는 가운데 관리계획의 구성요소를 간략하게나마 살펴봄으로써 문제점들을 파악하는 데 있다.

계획수립 과정은 성격상 반복과정(iterative process)이어서 계획이나 초기 조건이 변경될 경우 몇몇 요소들을 재확인해 보아야 한다. 문화관광 상황에서 특히 효과적인 계획수립은 그룹 간 파트너십을 구축하면서 동시에 가능한 많은 이

해관계자의 관심사를 만족시키기 위한 일종의 의견일치 훈련이다. 문화관광 계획수립이 도전해볼 만한 가치가 있는 것도 이러한 이유에서이다. 문화유산관리와 관광관련 관심사를 계획수립 초기에 규명함으로써 매력물의 개발 및 관리 전반에 걸쳐 균형이 유지될 수 있다. Silberberg (1995)에 따르면, 문화유산관리와 관광관리 간의 원활한 균형 유지를 위해서는 방문객 관리, 파트너십, 종합적 기회 검토(packaging opportunities)와 같은 측면에 초점을 맞춘 정책 및 세부사항(practices) 운영에 대한 면밀한 조사가 필요하며, 유산 보전 및 교육에 대한 요구사항도 만족시켜야 한다.

자원에 대한 계획수립은 언제든 가능하겠지만, 어느 때보다 자원에서 매력물로 변환되어가는, 즉 자원의 라이프 사이클 초기 단계에서 계획을 수립하는 것이 가장 유용하고 모든 당사자들의 지지를 받을 수 있을 것이다. 그리고 우선적으로 다음과 같은 근본적인 문제들의 해결이 요구되는 것도 바로 이 단계에서이다. 즉 자원을 지속가능한 관광매력물로 전환하기 전에 어떤 선택사항들을 점검해봐야 하는지, 계획수립 및 관리과정의 주체는 누구여야 하는지, 자원의 실질적인 통제권을 가진 주요 이해관계자는 관광과 보존 간의 만족스러운 균형을 유지하기 위해 여타 이해관계자들과 어떻게 협력해야 하는지 등과 같은 문제점들을 해결해야 한다.

가. 현실적 평가

계획수립은 현실을 바탕으로 할 경우에만 비로소 효과가 있다. 제11장과 본장의 앞부분에서 관광 및 문화유산 가치 모두에 대한 평가 및 감사 메커니즘 개발을 집중적으로 다룬 것도 이러한 이유에서다. 이미 언급했던 바와 같이 자원관리자와 관련 이해관계자들은 자원과 너무 밀접해 있어서 자원의 관광잠재력에 대해 현실적이고 공정한 평가를 내리지 못한다. 결국 대부분 관광잠재력이 전혀 없는 곳에서의 관광활성화에만 달려들기도 하고, 아니면 자원의 가치가 훼손될 거라는 두려움에 지레짐작한 채 자원의 관광화(tourismification)를 반대하기도 한다.

나. 협의

협의는 자원관리 초기부터 이루어져야 하며, 특히 자원의 관광잠재력을 달성하기 위해 현지 주민(indigenous stakeholders), 전통적 이용자(traditional users), 전통 전승자(traditional bearer)의 희생이 요구되는 경우 협의는 필수 불가결하다. 모든 이들이 계획수립 과정(협의과정)에 충분히 참여할 수 있도록 투명하고 공정한 방식으로 협의가 이루어져야 한다. 계획수립(협의) 초기 단계에서 자원에 관련된 주요 이해관계자와 책임자, 통제자가 누구인지를 확인함으로써 전체 계획수립 과정이 보다 원활하게 진행될 수 있다.

뿐만 아니라 협의로 인해 자율적이며 평형관계의 과정들이 침해받지 않도록 하기 위해서 협의시 효율적인 관리가 중요하다. 관리체제(framework)를 구축하고 이해관계자들의 동의를 전제로 해야 계획수립 수정이 필요한 경우처럼 업무담당자(task holders) 간의 커뮤니케이션이 지속적이고 정기적으로 이루어질 수 있다. 자원과 이해관계자의 요구에 따라 관리체제를 구성하는 것에 대해 몇몇 단체들(authorities)이 자세한 조언을 제시하기도 하지만, 본서에서는 여기까지만 다루도록 하겠다(Hall · McArthur 1998 ; NTHP 1999 ; AHC · TCA 1999).

다. 미션/비전 확립

자원에 대한 명확한 미션/비전을 밝혀내기란 말로는 쉽지만 실제로 행동으로 옮기기는 어려운 일이다. 그러나 미션/비전이 확립되지 않는 한 계획수립 과정이 더 이상 진행되지 않기 때문에 미션/비전이 무엇인지 밝히는 것이 우선이다. 이해관계자마다 자원을 바라보는 관점이 다르고 다른 가치를 부여한다. 자원에 대해 허무맹랑한 열망을 품는 이해관계자가 있기도 하고 다른 이해관계자에 대해 색안경을 쓰고 보는 이해관계자도 있다. 미션/비전 확립단계에서 협의를 도출하고 의견일치를 유도함으로써 차후 발생하게 될 문제들을 사전에 방지할 수 있다.

미션/비전은 자원 그 자체와 양립되어야 한다. 다음 장에서 자세히 논의하도록 하겠지만 어떤 것이 자원이 아닌지, 자원이 제공하지 않는 것은 무엇인지, 어떤 유형의 관광객을 대상으로 자원이 구체화될 것인지를 결정하는 것은 자원의 핵심 상품, 시장, 메시지가 무엇인지를 결정하는 것 못지않게 중요한 일이다. 관광객의 관심을 끌 만한 매력적인 유산장소도 있고 그렇지 못한 유산장소도 있다. 문화관광에서는 모든 관광매력물이 똑같을 수는 없으며 문화자원이라고 해서 모두 문화 매력물이라고 할 수 없는 것이 기본원칙이며, 더 나아가 문화/유산 자원은 어떠한 형태로든 상업화를 거치지 않고서는 자동적으로 관광매력물이 될 수가 없으므로 처음부터 이러한 문제점들을 짚고 넘어가야 한다.

라. 선택사항 파악 및 우선 선택사항 선별

자원이 무엇을 제공해야 하는지, 이해관계자들은 자원이 이용되도록 하기 위해 어떠한 준비를 하는지, 전체적으로 사람들이 자원을 통해 바라는 것이 무엇인지를 파악함으로써 자원관리자는 선택사항 목록을 작성할 수 있다. 그리고 여러 선택사항들 중 어떤 선택사항이 자원의 비전에 최적인지를 결정하기 위해 철저한 검토가 필요하다.

감사를 통해 바람직한 관리방향과 주요 목표를 규명해내야 한다. 그러나 일단 잠재력에 대한 초기 평가가 마무리되는 순간, 무수히 많은 선택사항들이 대두되게 된다. 그러므로 이들 선택사항들에 대한 논의를 거친 후 가장 쓸모 있는 선택사항으로 범위를 좁혀나가야 한다. 여기서 이해관계자들의 바람, 기술, 자원 (인적 및 재정), 그 외 자원에 대한 평가가 선택사항의 선별에 크게 영향을 미친다.

마. 정량화가 가능한 목적 및 목표 수립

정량화가 가능한 목적 및 목표를 수립함으로써 관리체제 내에서 여과된 선택사항들을 실행계획으로 구체화시킬 수 있다. 한 지역 전체의 문화자원 및 유산자원을 대상으로 할 경우 종합기본계획(master plan)을 수립하도록 하고 대개 국제적으로 개발된 가이드라인을 따르는 게 관례이다(Nordic World Heritage Office ·UNESCO 1999). 종합기본계획 수립 후에는 각 자원별로 구체적인 실천계획을 수립하도록 한다. 목적수립시 금전적인 목표뿐만 아니라 비금전적인 목표 (경험, 해설, 보존)도 포함시키고, 더 나아가 악영향을 완화하기 위한 조처들도 마련해야 한다.

목적의 두드러진 특징 중의 하나는, 목적은 SMART(Specific : 구체적이고, Measurable : 측정 가능해야 하며, Attainable: 달성 가능해야 하고, Realistic: 현실적이고, Timely : 시의적절)해야 한다는 것이다. 목적은 문화관광상품의 성공 여부를 판가름 짓는 기준점 역할을 한다. 목적이 구체적이지 않고 목적의 달성 여부를 측정할 수 없다면, 자원의 성과 여부 역시 결정할 수가 없다. 더 나아가 잠정목적(interim/milestone goals)을 수립함으로써 조직체들은 자신들이 계획을 잘 수행하고 있는지, 목표달성을 위해 무엇을 할 것인지를 자체적으로 평가할 수 있다. 잠정목적을 달성하지 못할 경우 계획을 재변경해야 하며, 그렇다고 해서 너무 높게 설정한 잠정목적 역시 좋다고만 볼 수 없다. 특히 민감한 매력물에서의 방문객 수와 관련한 잠정목적일 경우에 더욱 그러하다. 즉 잠정목적이 너무 지나친 경우에도 계획 수정이 필요하다.

바. 실행계획 수립

일단 목적이 수립되고 나면, 목적달성을 위한 실행계획을 개발해야 한다. 실행계획으로 자원개발시 자원의 보존과 모니터링, 자원 소개(presenting) 실행계획, 신뢰성 있는(responsibly) 마케팅, 관광용도 외 주요/특별 용도 수용, 부정적 영향 경감, 주요 이해관계자들의 지속적인 관여 및 협의 등을 들 수 있다. 위의 실행계획들에 대한 자세한 내용은 다음과 같은 문헌에서 찾아 볼 수 있다(Hall · McArthur 1998 ; ICOMOS 1993 ; Uzzell · Ballantyne 1998 ; Leask · Yeoman 1999 ; Lord · Lord 1999 등). 분명한 것은 이 모든 실행계획들이 공동의 목적을 달성하기 위한 것이기에 실행계획들이 통합되고 양립되도록 신중을 기해야 한다. 제13장에서는 다양한 수많은 목표들을 달성하기 위한 관리도구인 마케팅의 활용방안에 대해서 살펴보고자 한다.

사. 평가 및 피드백 기제

평가 및 피드백 기제(mechanism)는 계획수립 과정의 마지막 단계이면서 동시에 차후 계획수립의 첫 단계이기도 하다. 평가 및 피드백 기제를 통해 자원관리자는 목적달성 여부를 판가름할 수 있다. 매력물의 성과(performance)의 모든 측면들을 측정할 수는 있겠지만, 자원의 핵심 요구와 활용가능한 자원이 한정되어 있기에 이 중에서 몇 가지 측면만을 선택해야 할 것이다. 그래도 최소한 매력물의 효율성에 대해서는 방문객 만족도 조사 등을 실시해야 하며, 뿐만 아니라 관광 이용이 유형 및 무형자원의 상태에 미치는 영향에 대해서도 짚고 넘어가야 한다.

끝으로 문화관광을 위해 자원의 모든 잠재력을 최대한 끌어내어 개발하기 시작한 이상, 그 이후에도 해야 할 일이 많다는 사실을 명심해야 한다. 자원의 개별관리와 장기적인 보존 및 경제적 수요에 대해서 계획이 수립되는 동안에 이해관계자들로부터 승인을 받아야 하며, 계획수립 이후에도 주의 깊은 모니터링이 필요하다(Clarke 1997). 전문가들의 대다수가 이같은 사실을 이미 잘 알고 실천에 옮기긴 하겠지만, 매력물의 관리 및 보존은 계속적으로 진행되는 것임을 실행계획이나 종합기본계획 속에서 확연하게 강조해야 한다.

제13장

마케팅

1. 도입부

문화유산관리와 마케팅, 과연 어울리는 한 쌍일까? 자원관리에 마케팅을 도입하라고 하면 문화유산관리 관련자들의 대다수가 선뜻 나서지 않는다. 문화유산관리자들은 마케팅은 곧 판매확대라는 인식을 갖고 있기 때문에, 자칫 소비자 저변확대라는 미명아래 자원의 핵심 가치가 잘못 표현되는 거라고 생각한다. 이와 마찬가지로 대부분의 사람들 역시 마케팅을 광고나 판매촉진(promotion)과 혼동을 하며, 마케팅에서는 어떠한 이미지든 판매확대로 연결시켜 때론 해당 자원에 독이 되기도 한다. 그러나 따지고 보면 판매와 판매촉진은 그 자체가 목적이라기보다는 마케팅 과정의 최종 산물로서 결과에 도달하기 위한, 즉 좀더 광범위한 마케팅목표를 달성하기 위한 수단인 것이다. 무계획적인 판매/홍보활동은 본서에서 언급한 문제점들을 야기할 수도 있기 때문에 철저한 계획이 필요하다.

사실상 문화관광에서 나타나는 수많은 악영향은 마케팅 때문이라기보다는 마케팅관리 시각을 제대로 채택하지 못한 결과라고 할 수 있다. 즉 핵심 상품, 표적시장, 재정 및 비재정적 목표, 실행계획을 제대로 규명하지 못하기 때문에, 대중에게 전달되는 메시지가 복잡해지는 것이다. 그 결과 "바람직하지 않은(wrong)"

경험을 기대하는 “바람직하지 않은” 개인이 해당 자원에 관심을 가지게 되고 결국 자원관리자는 소비자의 요구를 만족시키고자 부적절한 방식으로 상품을 제시(present)하게 된다.

2. 관리도구로서의 마케팅

마케팅은 조직의 목표에 따라 관광상품(시설 및 서비스) 개발, 잠재 여행객 및 이들의 요구 파악, 관광상품의 가격책정, 표적시장에 관광상품 매력 소구, 고객만족을 위한 관광상품 전달을 위한 것으로 종합관리과정의 필수 부분이다(American Marketing Association as modified by Richardson 1996). 따라서 마케팅은 단순히 방문 및 판매 극대화를 위한 것이라기보다는 고객의 욕구(desires)에 적절한 용역과 서비스를 결부시켜 문화/유산 매력물이 추구하는 목적을 달성하기 위한 고객 중심의 관리도구를 채택하는 것이라고 할 수 있다(Kotler · Turner 1989에서 수정을 가함). 특히 문화관광 상황 내에서 문화/유산 매력물의 목적은 금전적인 목적 못지않게 비금전적 목적도 중요하다. 덧붙여서 책임 있는 마케팅이라면 지역주민의 요구도 고려해야 하는데(Seaton · Bennett 1996), 지역주민의 문화/유산 자원에 대한 요구와 이용형태는 관광객의 요구와 이용형태와는 상당히 다를 것이다.

마케팅을 채택한다는 입장이면 자원을 방문객에 의해 소비되는 상품으로서 고려한다는 의미이기도 하지만, 이는 특정 유형의 방문객만이 바람직하다는 것을 인정하는 것이기도 하다(〈사진 13.1〉). 사실상 문화/유산 자원에 대한 마케팅 사례를 살펴보면 자원의 디마케팅, 수요 축소, 계절별 수요 분산, 취약한 지역에 가해지는 압박으로부터 굳건한 지역으로의 전환 등이 있다. 따라서 마케팅은 표적시장 고객이 경험을 향유하도록 하기 위한 것뿐만 아니라, 반대로 상품을 이용하지 않도록 하기 위한 것이기도 하다.

영국 캔터베리 성당의 Canon Brett 신부가 성당 운영에 마케팅을 채택한 것도 이러한 이유 때문이다. Brett 신부는 성당 운영진이 홍보하고자 하는 캔터베리 성당의 특색과 바람직한 메시지에 주의를 기울여 정확하게 묘사해 낸다면, 캔터베리 성당에 올바른 관심을 가진 방문객을 끌어들이는데 마케팅이 큰 역할을 할 것이라고 지적했다(Brett 1999). 또한 "훌륭한 마케팅은 '올바른 방문객'을 선택할 수 있는 유용한 수단이 될 수 있으며, 올바른 방문객 선택이야말로 인기가 많은(high-profile) 매력물의 경우 지속가능성 문제해결에 도움이 될 수 있다"고 언급했다(Brett 1999: 84). 캐나다 문화부(the Department of Canadian Heritage in Parks Canada)가 여행업자에 의해 소비자에게 전달되는 메시지의 방향을 설정하고 수요를 조절하기 위해 마케팅이나 디마케팅 기법을 이용하는 것 또한 지속가능성과 관련된 이유에서다(Whytock 1999).

〈사진 13.1〉 중국 귀양도(道)

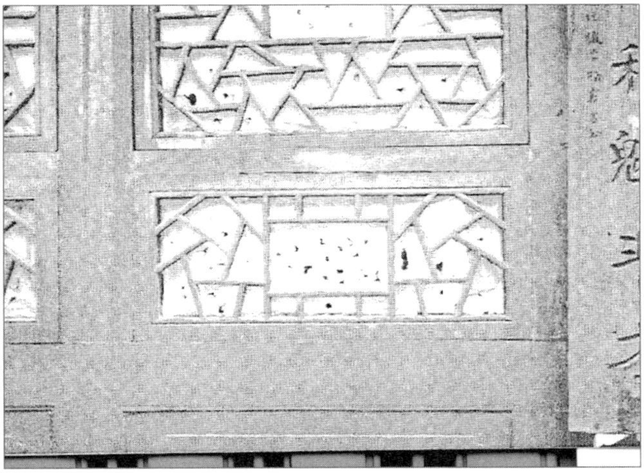

관리자는 마케팅을 이용하여 바람직한 유형의 방문객을 위한 바람직한 유형의 경험을 포지셔닝함으로써 자원에 대한 통제가 가능할 뿐만 아니라, 바람직하지 못한 유형의 방문객이 야기하는 관광의 악영향을 막을 수 있다. 사진은 중국 서부의 귀양시(Guiyang)를 방문한 관광객들이 창호지의 강도를 "실험"해보고자 구멍을 뚫는 바람에 창문이 엉망이 되어 버린 모습이다.

가. 마케팅을 채택하지 않았던 이유

앞서 논의했던 것처럼, 전략적 계획수립의 모든 단계에서 마케팅이 배제될 경우 상품에 대한 통제권을 잃게 되며, 때로는 엄청난 폐해까지 입기도 한다(판매 및 광고에서 이용되어 온). "마케팅"이 오랫동안 좋지 않은 인상을 받고 있는 이유는 달성해야 할 구체적인 목표와 전달해야 할 메시지가 무엇인지를 고려하지 않은 채 마케팅을 진행하기 때문이다. 대부분 "왜?", "마케팅활동을 통해 진정 성취하려는 것은 과연 무엇인가?" 라는 기본적인 의문도 전혀 없이, 판매목표를 설정하고 광고예산을 책정하며, 홍보촉진물을 제작한다. 이 경우 첫 번째 문제점은 마케팅부분을 담당하는 이들 대부분이 마케팅에 대한 실제적인 지식이 부족하다는 점이다. 그리고 두 번째 문제점은 놀랍게도 거의 모든 문화관광 매력물들이 분명하게 명시된 목적과 목표를 갖춘 마케팅계획을 보유하고 있지 않다는 것이다. 결국 문화관광 매력물은 반응적인 위치에 놓여져 소비자와 여행업계의 수요를 이끌어 내기보다는 그에 반응하는 정도밖에 할 수 없다.

세 번째 문제점은 목적지가 고품질 경험의 제공보다는 그저 방문객 수 증가에만 집착해 간다는 점이다. 목적지 마케터들 대다수가 고품질 경험에 대한 언급을 하기도 하지만, 밀어붙이기식 압박을 받거나 성과에 대한 평가 때문에 제일 먼저 고려하게 되는 것이 방문객 수이며, 두 번째가 경제적 영향이다. 결국 경험의 품질이 다소 낮아지는 결과를 낳게 된다. 따라서 거시적 수준에서의 마케팅활동은 대부분 판매 최대화를 지향하므로 이 때문에 문화자원에 압박이 가해지기도 하며, 이러한 현상을 판매촉진물에서 자주 볼 수 있다. 그 결과 광의의 마케팅에 속하는 수많은 활동들이 별다른 성과를 거두지 못하거나 실제로 자원의 최고 이해관계자의 이해를 거스르는 작용을 하게 된다. 고객에게 전달되는 메시지를 통제하지 못하거나 메시지와 조직의 목적을 분명하게 관련시키지 못할 경우 다른 누군가가 해당 메시지를 통제하는 기회를 가지게 되는 결과를 낳는다.

3. 문화관광에서의 마케팅의 특징

문화관광에서는 계획수립 과정에서의 마케팅의 중요성이 더욱 돋보일 뿐만 아니라, 마케터가 풀어나가야 할 수많은 특징들을 찾아볼 수 있다. 전체 목표 내에서 비금전적 목표는 금전적 목표와 동일한 역할을 하거나 때로는 더 강력한 역할을 하기도 한다. 보존, 교육, 인식 구축, 과거에 대한 자부심 갖기, 또는 종교적 명상(religious contemplation) 등의 목표가 방문객 수나 금전적 이득보다 더 중요할 수도 있다. 사실상 방문객 수 증가가 오히려 비금전적 목적달성에 거스르는 작용을 실제로 하기도 한다. 더군다나 문화관광 매력물 전체로 따지고 본다면, 사업상의 이해관계 때문에 운영되는 매력물은 극소수에 지나지 않는다. 대다수 문화관광 매력물들이 관광을 통해 직접적인 수입을 창출하지 못하거나, 때론 민간 및 공공부문 운영지원금을 증대할 목적으로 비용을 감당하고자 명목상의 입장료를 부과하기도 한다.

문화관광의 두 번째 특징이라면 관광객과 지역 주민이 해당 자원을 공유하게 되면서 외부 시장(관광객)과 내부 시장(지역 주민)의 존재를 간과해서는 안 된다는 것이다. 기존의 문화유산자원을 이용하여 문화관광상품 개발시 행해지는 조정행위(balancing act) 중의 하나는 해당 자원의 관광화에 대한 지역사회의 지지를 받아내는 것으로 그와 동시에 관광 이용으로 인해 지역 이용자의 요구를 위태롭게 하지 않도록 해야 한다. 즉 마케팅을 적용할 때 제 2 이용자(관광객이든 지역 주민이든 간에)의 행동으로 제 1 이용자의 요구가 침해되는 경우가 발생하지 않도록 해야 할 것이다.

세 번째 특징은 문화/유산자원관리자의 대다수가 시설들이 사실상 관광매력물이라는 점과 그렇기 때문에 적어도 관광이용 측면에서 어느 정도 관리되어야 한다는 사실을 깨닫지 못하고 있다는 점이다. 이같은 상황은 별도의 요금 부과 없이 대중에게 공개되는 자원(고택, 교회, 사원 등)이나 비영리로 운영되는 지역사회 공공서비스시설(지역 박물관, 역사 건물 등)의 경우 더욱 그렇다. 관리자는 마케팅을 고려하기에 앞서 관광위계(hierarchy) 상에서의 해당 자원의 역할에 대해 충분히 납득하고 있어야 한다.

4. 전략적 사고

문화관광 매력물에 대한 계획수립 및 관리과정에서 마케팅은 필수 요소로 고려되어야 한다. 그러나 마케팅을 고려할 경우 해당 상품과 시장, 효과적인 문화관광자원의 포지셔닝에 관한 전략적인 사고가 필요하다. 문화관광상품이든 일반 상품이든 간에 모든 소비자가 필요로 하는 것은 아니다.

미숙한 마케터(또는 마케팅 담당자)가 흔히들 하는 가장 큰 실수 중의 하나가 바로 해당 상품/경험이 누구에게나 통하는 보편적인 매력을 지니고 있다고 가정하는 데 있다. 마케터가 자원이라는 제한된 시각에 빠져버린 나머지 다른 사람들도 적당한 기회가 생긴다면 해당 자원의 매력에 심취하게 될 거라고 착각 속에서 이와 같은 실수를 아무렇지도 않게 해버리는 경우를 자주 볼 수 있다. 이러한 잘못된 믿음 때문에 마케터는 목적의식도 없는 흐지부지한 판매촉진에 매진하게 되고, 이는 불특정 다수인을 대상으로 한 불분명한 메시지만을 전달할 뿐이다. 결국 희귀한 자원을 비효율적으로밖에 이용할 수 없게 되어 방문율과 만족도는 감소하고, 거의 모든 단계에서 차선책만이 시행되는 결과를 가져온다.

그러므로 매력물 관리자는 해당 상품과 양립하는 요구와 욕구를 가진 바람직한 시장을 규명하고 문화유산 관리분야 및 그 외의 성공사례를 참조해야 한다. 전문 마케터라면 어느 특정한 세분시장이 다른 세분시장보다 해당 상품을 훨씬 더 원한다는 사실을 알고 있다. 국제적으로 높은 인지도를 가진 주제공원들을 살펴보면, 어느 특정 세분시장을 핵심 고객으로 보유하긴 하지만(일반적으로 어린 자녀가 있는 가족 방문객), 단순한 인구통계학적 기준에 의한 시장구분에 대해선 중요하게 생각하지 않는다. 고급자가용 제조업체의 입장에서 보면 일반 대중은 고급 자가용 구매능력이 없다고 생각하므로 관심 외 대상이며, 일반 자가용 업체보다 상위에 포지셔닝하여 부유층 고객을 대상으로 삼는다. 성공을 거둔 조직체들을 살펴보면, 표적시장의 요구와 욕구를 충족시키기 위해 상품을 구체화하여 효과적으로 포지셔닝하는 양상을 볼 수 있다. 그렇다면 과연 문화관광부문 전략도 이와 동일한 방향을 추구할 것인가이다.

전략적 사고는 그다지 까다로운 일은 아니나 명확한 비전, 목적의 단일성, 통제를 수반해야 한다. 어떤 전략적 마케팅활동이든지 간에 가장 먼저 해야 할 일은 해당 기업이 경쟁하게 될 시장과, 더 나아가 경쟁하지 않게 될 시장을 결정하는 것이다(McKercher 1998c). Aaker (1995)의 주장에 따르면, 전략적 마케팅에서 기본적으로 해결해야 할 일은 다음의 여섯 가지 질문에 대한 해답을 제시하는 것이라고 한다.

1. 어떤 상품을 제공할 것인가?

2. 어떤 상품을 제공하지 않을 것인가?
3. 어떤 시장을 표적시장으로 삼을 것인가?
4. 어떤 시장을 표적시장으로 삼지 않을 것인가?
5. 누구와 경쟁할 것인가?
6. 누구와 경쟁하지 않을 것인가?

가. 상품

자원이 제공하지 않는 상품이 무엇인지를 결정하기란 자원이 제공하는 상품이 무엇인지를 결정하는 것만큼이나 중요한데, 그 이유는 상품에 따라 방문객 유형과 방문객의 자원 이용행태가 결정되기 때문이다. 제9장에서 언급했듯이 마케팅 측면에서 볼 때, 상품은 제공되는 핵심 편익을 의미하며, 해결해야 될 핵심 문제라고도 할 수 있다. 가령 핵심 편익이 깊은 영적 체험 제공이라면, 핵심 편익이 세속적인 것일 때와 비교할 때 상품을 구체화하는 방식이 달라질 것이다. 다양한 소비자들에게 매우 광범위한 상품/경험을 제공할 경우 어느 누구도 만족시키지 못할 것이다. 그렇기에 Reis와 Trout (1993)는 핵심 편익 한두 가지에만 초점을 맞춰 표적시장 고객을 공략하라고 제시한다. 이 경우 소비자들은 아무런 고민 없이 해당 상품을 자동적으로 선택하게 된다.

나. 시장

제공상품 규명을 통해 잠재고객을 파악할 수 있을 뿐만 아니라 그만큼 중요한 누가 고객이 아닌지를 파악할 수 있다. 문화/유산 관리자 대다수가 첫 번째로 해결해야 할 일은 관광객을 대상으로 할 것인지의 여부를 결정하는 것이다. 그런데 문화/유산 관리자가 아니라 방문객 증가를 도모하려는 목적지 마케팅조직(destination marketing organization)이나 여행업체들이 이같은 결정을 하는 것을 자주 볼 수 있다. 반면 매력물 관리자는 다양한 관리조처(운영시간, 입장료, 방문 제한, 버스투어 권장/억제, 패키지투어에 포함 여부)를 통해 접근성을 강화하거나 억제함으로써 관광객의 방문에 상당한 영향력을 행사하기도 한다.

관광객을 수용하기로 결정이 났다면, 그 다음은 바람직한 관광객 유형과 바람직하지 않은 관광객 유형을 결정해야 한다. 'A'라는 유형의 관광객이 다른 유형의 관광객보다 해당 자원을 훨씬 더 소구할 경우엔 'A' 유형의 관광객이 바람직하다고 할 수 있다. 관광객의 체류기간, 배경(backgrounds), 자원에 관한 사전지식 등의 고려는 상품의 구체화 방안에 영향을 미칠 것이다. 표적시장이 일반(casual)/단순(incidental) 관광객일 경우 해당 매력물은 소비성 상품으로 제시될 필요가 있다. 단순히 보는데 비중을 둔 문화관광객을 대상으로 한다면, 비전문가도 비교적 쉽게 접할 수 있을 정도의 어느 정도까지만 심도 있는 그러한 경험을 제공하면 된다. 반면, 전문적 문화관광객이 표적시장일 경우, 이들에게 맞게 좀더 색다른 방식으로 해당 상품을 구체화시켜나가야 할 것이다.

다. 경쟁자

일부 사람들은 문화관광자원이 방문객 점유율을 높이기 위해 다른 관광자원과 경쟁해야 한다는 점을 이해하지 못한다. 일단 관광을 추구하기로 결정이 나면, 그 이후엔 관광객 유치를 위해 경쟁하는 쪽으로 의사결정이 이루어져 왔다. 어느 문화관광 매력물이든지 간에 방문객 유치를 두고 다른 문화관광 매력물과의 경쟁체제에 돌입해야 한다. 비단 경쟁자는 이뿐만 아니라 문화관광 외에 광의의 관광시장을 표적으로 하는 여타 매력물들도 경쟁자라 할 수 있다. 오직 소수의 문화관광객만이 진정 문화관광을 추구하는(committed) 전문 문화관광객이고, 그 외의 대다수 문화관광객은 방문 동안 문화적 활동뿐만 아니라 비문화적 활동 등 다양한 활동에 참여하는 양상을 보일 것이다. 반면, 문화자원이 모든 관광매력물과 경쟁해야 한다고 인식한다면 오산이다. 처음 방문한 이들이라면, 오직 약 3분의 1 정도의 관광객만이 언제가 됐든 문화관광활동에 참여하는데, 본서에서는 이들을 꽤 다른 행동양상을 띠는 다섯 개의 세분시장, 즉 목적추구형 관광객(높은 동기부여/깊은 경험), 예상외의 의미발견형 관광객(낮은 동기부여/깊은 경험), 유람형 관광객(높은 동기부여/얕은 경험), 우연적 관광객(중·저의 동기부여/얕은 경험), 부수적 관광객(낮은 동기부여/얕은 경험)으로 제9장에서 구분해 보았다.

효과적으로 경쟁하기 위해서(즉, 해당 자원을 사람들이 선호하는 방문지로 포지셔닝) 자원관리자가 명심해야 할 것은 다른 매력물들 역시 동일한 시장을 표적으로 비슷한 경험을 제공한다는 사실이다. 앞서 홍콩 사례에서 박물관 방문객의 대부분은 목적추구형 문화관광객이 차지했으며, 이와 반대로 단순 문화관광객의 경우 주제공원이나 IMAX 영화관과 같은 엔터테인먼트 중심의 매력물에 가장 큰 관심을 보였다. 이로써 박물관의 입장에서는 목적추구형 문화관광객을 유치하기 위해 다른 박물관과의 경쟁에만 주력하고 문화 주제공원 같은 매력물에 대해서는 아무런 걱정도 할 필요 없다. 그 이유는, 목적추구형 문화관광객은 문화 주제공원에 대해 아무런 매력도 느끼지 못하기 때문이다. 마찬가지로 문화 주제공원 역시 문화관광 영역 외에도 여러 분야의 문화 중심 매력물들과 경쟁해야 하긴 하겠지만 굳이 미술관과 경쟁할 필요는 없는 것이다.

5. 지속적 경쟁우위

전략적 마케팅의 궁극적 목적은 시장에서의 지속적인 경쟁우위(sustainable competitive advantages)를 보장해주는 특성들(attributes)이 무엇인지 알아내는 것이다. 지속적 경쟁우위란 다른 경쟁기업의 어떠한 반응에 직면하더라도 진정한 경쟁우위를 계속해서 유지해나가는 것을 의미한다(Aaker 1995). 지속적 경쟁우위는 곧 조직/매력물의 독특한 특징들로서 경쟁조직/매력물이 다른 경쟁조직/매력물에 비해 뛰어난 기능을 발휘하고 있음을 뜻한다. 그리고 지속적 경쟁우위는 다음과 같은 여러 가지 특성들을 지니고 있다.

- 지속적 경쟁우위는 경쟁자와 비교했을 때 눈에 띨 정도의 상당한 차이가 나는 특징이며, 약간의 차이로는 아무런 의미도 없다.
- 지속적 경쟁우위는 경쟁자의 반응 앞에서도 변함없이 지속되는 특징으로, 즉 경쟁자의 반응에 영향을 받지 않는다.
- 지속적 경쟁우위는 실제적인 것이어야 하며 소비자가 보기에도 실제여야 할 뿐만 아니라 소비자에게 귀중한 것으로 보여져야 한다.
- 지속적 경쟁우위는 상품의 전반적 포지셔닝에 있어 중심축(central platform)이다.

- 지속적 경쟁우위란 기존 경쟁자들에게서는 좀처럼 찾아보기 힘든 것이어야 한다(Aaker 1995 ; Bharadwaj · Varadarajan · Fahy 1993).

문화관광부문 어디서든 전략적 사고, 포지셔닝, 지속적 경쟁우위에 주력한 흔적을 찾아볼 수 있다. 대도시들마다 미술관, 자연사 박물관, 역사박물관 등 이것저것 보유하고 있는 이유는 무엇일까? 그 가운데는 미술관이 분야별로 나눠져 있기도 하다. 그렇다면 이렇게 굳이 분야별로 미술관이 서로 다른 상품을 제공하는 이유는 무엇일까? 사업적 측면에서 그 해답을 찾아본다면, 미술관 각자의 지속적 경쟁우위가 무엇인지를 규명하여 그에 맞는 마케팅믹스를 구상한 다음 자신의 자원이나 타 미술관과 구분되는 차별성을 이용하여 이익을 취하기 때문이라고 본다. 이 와중에 해당 미술관이 제공하는 상품과 제공하지 않는 상품의 경계가 분명해지고 그에 따라 고객의 윤곽이 뚜렷해진다. 즉 미술관은 시장세분화를 통해 직접적인 경쟁을 최소화할 수 있게 되는 것이다.

그런데 만약 대규모 매력물들이(player) 위와 같은 전략을 채택하니까 소규모 매력물들도 그래야 한다면 웃긴 얘기일까? 모든 문화관광 매력물은 그것이 유형유산이든 무형유산이든 간에 목적지의 주요 매력물이든 별 볼일 없는 매력물이든 간에 박물관, 미술관, 역사적 빌딩, 요새, 감옥, 산업단지, 컬쳐쇼, 또는 목적성(purpose-built) 주제공원이든 간에 수많은 경쟁문화/유산관광상품들과의 차별성을 꾀하기 위한 대책이 필요하다. 만약 차별화에 실패하게 된다면 낙오되거나 제대로 실력을 발휘하지 못하는 매력물로 추락할 것이다. 주의할 것은 관광객이 인지하는 차별성이 제대로 된 차별성이라는 점이다. 즉 자원관리자가 보기에 독특하거나 차별화된다고 생각되는 것은 중요하지가 않다.

6. 탐색의 역할

마케팅이 성공하기 위해서는 상품과 목표시장, 그리고 해당 산업의 기반환경을 철저하게 이해해야 한다. 마케터가 상품이나 조직의 입장이 아니라 소비자의 시각에서 상품을 바라보고 생각할 때 비로소 해당 상품에 대한 이해가 깊어진다. 또한 핵심 상품을 분명하게 명시하고 유형상품의 해당 핵심상품과의 조화 여부에 대한 평가를 통해 상품을 잘 이해할 수 있게 된다. 때로 자원관리자는 상품/경험과 너무 가까운 나머지 어떠한 편견도 없이 상품/경험을 진단하기가 어렵기 때문에 이 경우엔 고객이나 전문 조사자연구자가 객관적으로 더 잘 해낼 수 있다.

따라서 고품질 경험의 관리·마케팅·유통의 성공을 위해서는 탐색의 역할이 아주 중요하다. 문화관광부문에서도 점차 탐색의 역할이 부각되고 있지만, 예전에는 방문객의 일반적인 인구통계학적 측면만을 살펴보거나 단순히 만족도를 설정하는 정도였다. 그래서 요즘에는 많은 연구자들이 보다 정교한 시장 탐색 방안이 필요하다고 주장하고 있으며 (Wertheim 1994 ; Kerstetter · Confer · Bricker 1998 ; Prentice · Witt · Hamer 1998), 방문객의 방문동기 및 사이코그래픽상의 방문이유, 방문객이 바라는 경험, 그리고 경험의 전반적 품질을 초래하게 되는 중요 사건 등에 대한 탐색이 필요하다고 주장한다. Wertheim(1994)에 따르면, 방문객 조사에서는 방문 관련 사항(체재시간, 방문지, 지출액), 방문지 결정 과정 (광고 효과, 광고 환기, 주요 방문 이유), 방문객의 장소에 대한 태도와 의견 (정보 등급매기기 · 이동의 편리성 · 엔터테인먼트 가치와 교육적 가치, 방문의 하이라이트, 전체 만족도, 변화/개선에 대한 제안)과 같은 방문객 프로파일을 우선적으로 고려해야 한다. 여기에다 덧붙이자면 방문하는 동안 메시지가 효과적으로 전달되는지의 여부 또한 가늠해보아야 한다.

효과적인 탐색이라 함은 결과를 지향하며 구체적인 목표를 염두에 두고 시행되어야 한다. 즉 전술적/전략적 탐색법이 대세인 것이다. 중소규모의 문화·유산 매력물의 경우 다양한 출처를 통한 정보 수집이 가능하지만 정작 수집된 정보를 분석할 여력이 없는 경우가 많다. 이에 대한 변명으로 매력물을 운영하느라 너무 바쁜 나머지 자료를 분석할 시간이 없기 때문이라고 한다. 그래서 분명한 목적의식 없이 과다한 자료 수집에만 매달리거나 탐색활동을 하는 경우가 많다.

탐색기술 중 가장 많이 사용되는 기법인 SWOT 분석 (strength, weakness, opportunity, threat)은 제대로만 한다면 효과적이고 손쉽게 이용할 수 있는 탐색 도구로, 이 기법을 통해 조직의 지속적 경쟁우위를 규명하고 이를 십분 활용할 수 있는 기회가 주어진다. SWOT 분석은 본질적으로 비교분석 기법이므로 조직은 업계 규범이나 유명한 경쟁업체를 기준으로 하여 자신의 운영에 대한 평가가 가능하다. 그러나 실제로는 상황 파악이나 분명한 목적 없이 시행되는 SWOT 분석이 너무나 많다. 목적 없는 SWOT 분석의 경우 어떠한 현실적 결과도 내지 못하는 지루하기 짝이 없는 항목들만이 열거될 뿐이다.

명확한 목적이나 분석의 분명한 비교체계를 규명하지 못할 경우 의미 없는 결과를 초래하게 될 것이다. 300년 묵은 건물은 그냥 오래된 건물일 뿐이다. 비교대상이 없을 경우 건물의 연수가 강점이 될지, 약점이 될지, 기회가 될지, 위협이 될지 선뜻 결정하기가 어렵다. 건물이 마을에서 가장 오래되었다거나 재미있는 역사를 지녔다고 한다면, 건물의 연수가 강점으로 작용할 수 있다. 그러나 같은 건물이 고대 유적지 한가운데 서 있다고 가정한다면 고대 유적지 풍경을 해치는, 눈에 거슬리는 현대사회의 산물로만 보여지고 약점으로 여겨질 것이다. 그래서 탐색이 중요하긴 하지만, 탐색의 목적이나 결과가 정보수집행위 자체보다 더욱 중요하다. 제12장에서 언급했던 자원감사법(audit approach)이 선호되는 것도 이같은 이유에서이다.

7. 종합적 마케팅계획

마케팅계획에서 조직의 전반적 목적·목표 및 장기 마케팅활동과 당해 연도 마케팅 노력을 통합시키는 과정에서 마케팅활동이 도출된다. 다른 계획들과 마찬가지로 마케팅계획 역시 바람직한 행보를 제시할 뿐만 아니라 시장상황이 변할 경우 계획변경이라는 융통성 또한 보여주는 기동성을 갖추어야 한다. 마케팅계획은 일반적으로 5~6가지 요소, 즉 (1) 상황 분석, (2) 조직 미션 리뷰, (3) 금전적·비금전적 목적달성을 위한 목표 및 전략, (4) 실행계획, (5) 예산, (6) 계획의 효과 측정으로 구성되어 있다(Richardson 1996 ; Seaton · Bennett 1996).

다른 계획들처럼 마케팅계획 역시 전반적으로 목적이 어느 정도 달성되고 있는지를 평가하기 위해 연간목표나 중간목표를 수치로 나타낼 수 있도록 해야 한다. 마케팅계획이든 어떠한 계획이든지 헤쳐 나가야 할 도전과제는 바로 마케팅계획의 효과를 측정할 수 있는가 하는 것이다. 구체적·계량적 목표가 없다면 마케팅계획의 효과는 절대로 측정될 수가 없다. 어떻게든 목적에 대한 평가가 이루어지지 않는 한, "방문객이 자원에 대해 무엇인가를 배우도록 장려"하고자 하는 목적에 대한 평가가 불가능하다.

8. 마케팅 4 P's 믹스

마케팅믹스를 통해서 해당 계획이 어떻게 실행되고 있는지 알 수 있다. 마케팅 믹스란 "표적시장으로부터 기업이 추구하는 만큼의 판매실적을 달성하기 위해서 통제하는 마케팅 변수들의 집합"(Kotler 1984)으로 상품/서비스에 대한 소비자의 구매요구를 높이기 위해 이루어지는 실질적인 의사결정이라고 할 수 있다. 일반적으로 마케팅 4P's (product: 상품, price: 가격, place: 장소, promotion: 촉진)로 잘 알려져 있는 마케팅믹스는 보다 광범위한 관리목표들을 달성하기 위해서 각각의 요소들이 구체화되어야 한다.

가. 상품

상품개발시 마케팅을 채택할 경우 자원관리자는 자원경험에 대한 권한을 갖게 되지만, 마케팅을 채택하지 않을 경우엔 자원경험에 대한 통제력을 상실하게 된다. 자원관리자가 해당 자원에 대한 권한을 갖는다는 것은 핵심 상품, 즉 경험에 대한 통제력을 갖게 된다는 것을 의미한다. 반대로 상품개발시 마케팅을 채택하지 않거나 여행업체 등의 외부 조직이 상품을 개발하게 될 경우 부적절한 상품이 개발되어 바람직하지 않은 이용객을 끌어들일 확률이 높아진다.

나. 가격

가격이야말로 유일한 수입창출 마케팅믹스 요소이기에 조직에게 있어 경제적 역할 뿐만 아니라 전술적 역할을 수행한다(Holloway · Robinson 1995). 책정된 가격은 곧 상품의 가치를 의미하므로 가격은 그 자체가 경험의 품질과 상응해야 한다. 이국적인 장소로의 문화관광에 대해서는 비용 이상의 가치를 지니고 있기 때문에 10,000달러가 넘더라도 기꺼이 지급하면서도, 역사적 저택(historic home)의 경우 지급한 입장료만큼의 가치도 얻지 못할 거란 생각에 고작 1~2달러밖에 되지 않는 입장료도 지급을 꺼려할 것이다.

또한 가격은 경험의 보편화나 차별화를 가져다주는 역할을 한다. 가격이 낮으면 모든 이들이 쉽게 접근하게 되는 반면, 가격이 높아지면 사람들의 참여 의욕을 떨어뜨린다. 가격이 높을 경우 경제적 이유 때문에 일부 사람들은 대상 고객 목록에서 제외될 것이다. 이처럼 방문객 감소라는 관리목표를 달성하고자 가격이라는 마케팅믹스 요소가 사용되는 경우도 있다. 일반적으로 귀하거나 독특한 자원일수록 희소가치가 높기 때문에 높은 가격을 책정하더라도 정당성을 갖게 된다.

다. 장소

상품을 시장에 내놓기 위해 이용하는 장소(유통경로)가 어딘지에 따라 방문량, 방문객 유형, 경험의 기대 품질, 전달되는 정보량, 그리고 해당 정보에 대한 통제가 달라질 것이다. 본래 두 가지 정도의 유통망이 있는데 직접유통은 자원관리자가 해당 상품을 소비자에게 직접적으로 유통하는 것이며, 간접유통은 다양한 중간업자 — 가장 대표적인 중간업자인 여행업체 — 를 통해 해당 상품이 유통되는 것을 말한다. 정보전달과 기대 창출과 관련한 정보제공자의 역할에 대해서는 제10장에서 이미 다루었기 때문에 여기서는 언급하지 않도록 하겠다. 직접유통경로에서는 메시지 통제가 가능하다는 장점이 있긴 하지만, 도달범위가 한정적이라는 단점이 있다. 반면, 간유통경로를 이용하거나 특히 패키지 투어 등을 활용할 경우 엄청난 시장확대는 가능하겠지만, 메시지와 기대경험에 대한 통제는 불가능하다.

라. 촉진, 메시지 전달

촉진(바람직한 메시지 전달)은 문화관광 매력물 마케팅믹스에 있어 정말 중요한 요소이다. 촉진의 기본목적은 사람들로 하여금 상품/서비스에 대한 정보를 전달받은 후 긍정적인 행동을 취하도록 만드는 것이다(Richardson 1996). 메시지가 얼마나 잘 전달되는지, 그리고 어떤 메시지가 보내지는지에 따라 문화관광 매력물 방문에 대한 관심이 높아질 수도 낮아질 수도 있을 뿐만 아니라, 방문객이 도착해서 기대하게 되는 경험의 유형이 구체화되기도 한다. 전달되는 메시지는 분명해야 하고 모호해서는 안 되며, 언제나 바람직한 유형의 경험에 부합되는 메시지가 전달되어야 하는 것도 이러한 이유에서이다.

취약한 환경속에서의 관광촉진에 대해서 합법적으로 불만을 제기하는 대상 중의 하나가 바로 커뮤니케이션이나 의사불통이다. 마케팅 측면에서의 윤리적 행동 코드를 옹호하는 자들은(Wheeler 1995) 잠재 방문객에게 진실하지 못한 오도된 불완전한 메시지가 너무나 빈번하게 전달된다며 개탄한다. 또한 관광객이 제대로 된 사회적 인식을 갖고 문화관광상품을 소비하지 못하는 원인을 마케팅의 탓으로 돌리는 이들도 있다(D'Sa 1999 ; Sizer 1999). 이렇게 잘못된 커뮤니케이션으로 인해 비현실적인 기대가 형성되고 무책임한 행동이 야기되거나 묵과되며, 최악의 경우 목적지와 관광객 유형의 부조화가 심화되어 자원에 피해를 주거나 방문객 만족도를 떨어뜨리는 결과를 초래한다.

매력물들은 효과적인 커뮤니케이션을 통해 시장을 효과적으로 세분화할 수 있으며 자신들이 원하는 유형의 방문객의 관심을 끌 수 있는 메시지를 전달할 수 있다. 또한 효과적인 커뮤니케이션을 통해 잠재 방문객은 과연 해당 상품이 자신의 요구를 만족시켜 줄 수 있는지를 판단할 수 있게 된다. 반대로 커뮤니케이션이 비효과적이거나 오도될 경우 잠재 방문객을 혼란스럽게 만들어 바람직한 방문객의 관심은 떨어뜨리는 한편 바람직하지 못한 방문객을 끌어들이는 결과를 낳기도 한다.

9. 결 론

마케팅은 단순히 판매가 아니라 그 이상의 의미를 갖는다. 마케팅은 하나의 경영전략으로서 전체 관리계획의 일부라고 할 수 있다. 가장 중요한 것은 마케팅은 금전적 목적뿐만 아니라 비금전적 목적 등의 광범위한 관리목표들을 달성하기 위해 사용되는 전술적 도구라는 점이다. 다만, 시장에 대한 충분한 이해를 바탕으로 마케팅을 전략적으로 추진해야 비로소 제대로 된 효과를 거둘 수 있다는 점을 명심해야 한다.

제 14 장

유산자원의 제시 및 관리

1. 도입부

자원 이용/방문은 문화유산 관리에 있어서 필수 요소이다. 대다수 관리계획의 고유부분을 형성하면서 이용의 촉진은 지역사회 문화유산의 가치와 환경에 대한 이해를 촉진시키지만, 귀중한 유형 및 무형 자원의 보존에 대한 지역사회의 더 큰 지지를 위험에 빠뜨린다. 따라서 다른 목적들보다 제시(presentation)는 방문객으로 하여금 유산자원의 가치를 부여하도록 장려하는 것을 목표로 하며, 미래를 위해 유산자원 유지를 지지하여야 한다(Goulding 1999, Lowenthal 1998). 이를 적절히 수행하기 위해 최적의 자원을 선택하여 부각시킬 필요가 있으며, 자원의 상업화를 위한 방책에서는 가능한 한 많은 이들의 요구를 감당해내야 한다.

자원의 제시방법은 자원의 관리방안에 영향을 미칠 것이다. 가령 관리자가 메시지/제시를 통제할 수 있을 경우, 관광객 역시 통제 가능해지며, 그렇게 함으로써 자원의 이용도 통제할 수 있다. 사실상 일반에게 자원을 제시하는데 있어서 문화유산 관리의 주된 요구는 이들 자원이 사회에 있어 귀중하며, 이들의 현재 보존이 중요하다는 메시지를 전달하는 데 있다(Goulding 1999 ; Bell 1997 ;

UNESCO World Heritage Centre 2000). "장소의 유지와 장소에 대한 사회의 지속적인 지지, 관리자의 박식하고 긍정적인 반응은 더 많은 보존기금과 더 많은 고용, 더 좋은 장소 보존, 그리고 더 동정적인 지역사회의 지지를 의미할 수 있다"는 데서 관광은 큰 역할을 할 수 있다(Pearson·Sullivan 1995: 279).

관광 및 문화유산 관리 우선순위가 분리되어 정해질 때 문제 발생의 여지가 있다. 방문으로 인한 영향을 수용할 수 있는 자원의 능력과 자원의 소구에 대해 제대로 이해하지 못할 경우 또한 문제가 발생한다. 예를 들면, 과도한 방문으로 압박을 받고 있으나 보존관리에 대한 관심을 받지 못하는 유산장소의 경우 문화가치에 영향을 미치게 될 물리적 피해를 겪게 될 것이며, 결국엔 방문객 경험을 손상시키게 될 것이다. 가령 자원의 문화적 중요성에 대한 적절한 이해를 고무할 것을 강조해온 자원의 역사에 관한 측면들은 자원을 오직 엔터테인먼트의 형식으로 보여주려는 요구로 인해 파괴될 수 있다(Urry 1990; Daniel 1996). 종종 그러한 문제점은 그러한 가치들이 방문객 경험의 표준화라는 방식으로 취급될 때 드러난다(Dodson·Clarke 1999; Henderson 1999). 따라서 적절한 상업화 우선순위 설정은 전체 관리전략에 있어 아주 중요한 요소가 된다.

상업화는 대개 어떤 형태의 해석이나 관광부문이 선호하는 것처럼 상품개발을 염두에 둔다. 결국 관광 및 문화유산관리 모두 동일한 것, 즉 자원의 제시에 대해서 이야기하고는 있지만, 서로 다른 시각을 가지고 이 문제를 본다. 해설은 보다 포괄적인 개념이기 쉽다. Ham(1992)은 다섯 개의 주요 원리가 해설을 조종한다고 생각했다.

1. 해설이 정보전달을 포함하긴 하지만 학문적 측면에서 볼 때, 해설이 가르침이나 지도는 아니다.

2. 방문객이 즐길 수 있는 해설이어야 한다. 해설이 재미있고 즐거울 경우, 사로잡히지 않는 방문객들이라도 좀더 오랫동안 관심을 보일 것이다

3. 해설은 방문객과 관련된 내용이어야 하며, 방문객은 자신의 준거체계 내에서 해설을 관련시킬 수 있어야 한다.

4. 해설은 방문객이 손쉽게 따를 수 있도록 하기 위해서 잘 조직되어져야 한다.

5. 해설은 별개의 방식으로 정보를 단순히 제시하기보다는 몇 가지 개별적 주제에 맞춰줘야 한다.

반면, 관광은 이용가치에 초점을 두는 경향이 있다. 관광업계의 대다수에게는 중간 세 요소(엔터테이닝, 방문객 관련, 따르기 쉽기)가 나머지 다른 요소들보다 선행된다. 문화관광 매력물에 대한 관리 도전과제는 엔터테인먼트 제공 그 이상의 것(mote than just)을 달성하려는 것이다. 관광객이 무언가를 심지어 잠재의식적으로라도 배울 수 있다면, 그 방문은 가치가 있는 것이다. Weiler와 Ham(2001)에 따르면, 방문객은 제시된 실제 정보의 대다수를 잊게 되겠지만, 장소의 중요성에 대한 최우선적 개념에 대한 의견을 여전히 개발시켜 나갈 것이다. 아마도 좀더 심도 깊은 경험을 위한 기회를 제공하는 것이 유람 및 목적추구형 방문객에게 있어서는 가치 있는 목적인 반면, 우연적 및 부수적 문화관광객에게 있어서는 그저 그만한 목표이다.

관리에 있어 더 큰 도전과제는 문화유산자원은 관광만을 위한 것보다 다양한 요구를 가진 수많은 "대중"을 위해 제공되어야 한다는 데 있다. 이러한 대중이나 지지자들이 자신의 생활의 중요한 측면으로서 유산을 "필요"로 하도록 고무시키기 위해서 유산자원의 제시에는 수많은 활동이 포함되어야 한다. 이같은 활동들에는 학교교육 프로그램 - 다양한 지지자들의 관심을 연관시키고 핵심 메시지 흡수를 도와주기 위해 다양한 기법의 해설을 갖춘 현장 학교(field school) 및 실험 같은 특별 활동들이 있다. 자원은 또한 과거의 특정 측면에 대한 연구를 더하게 하고 자원제시의 일부로서 이용될 수 있는 탐색활동에 영향을 받기 쉬울 것이다. 반면 다양한 이용자들이 다양한 관리 및 제시 요구들을 가지고 있을 것이다. 가령 대다수 역사자원들은 관광객만큼이나 소풍 온 학생들에게 이익이 될 것이다. 그러나 12세 이하 어린이들은 보통 어른용 재료를 제시하는 것으로는 긍정적인 경험으로 이어지지 않을 수 있기 때문에 색다른 프로그램을 요구한다(Tilden 1977: 9). 그러므로 문화유산관리시 자원 보존 및 관리계획 수립 초기 단계에서 이와 같은 이용자 그룹의 요구사항이 무엇인지를 알고 있어야 한다.

가. 사례 연구 : 관광과 지역 이용의 통합

자원의 소수 이용자로서의 관광이 이용된 사례 중 하나가 네팔의 수도, 카트만두(Kathmandu) 근교의 파슈파티나트(Pashupatinath) 힌두 사원이다(〈사진 14.1〉). 세계문화유산으로도 지정되어 있는 이 성지는 대륙보다는 작지만 섬보다는 큰 땅덩어리로 인도에서는 무엇보다도 중요한 의미를 지닌 최대 힌두교 성지로 잘 알려져 있다. 그것만으로도 언제나 관광객 수를 훨씬 뛰어 넘는 수의 순례자들이 이곳으로 모여 들고 있다. 이 성지에는 무언의 규칙이 존재하는데, 관광오퍼레이터와 지역 안내원은 순례자들이 이용하는 입구와는 다른 입구를 이용해야 하며, 본당을 보기 위해서는 방문객들을 다른 길로 안내해야 한다. 심지어 성지 내 일부 구역은 관광객 접근조차 금지되어 있다. 그 덕분에 순수하게 화장을 치루기 위해 이곳을 찾은 순례자들은 어떠한 방해도 받지 않고 의식을 진행할 수 있으며, 소가죽으로 만들어진 의류는 일체 금지라던가 힌두교도만이 들어갈 수 있는 곳에서 방문객 자신도 모르는 사이에 범할 수도 있는 신성모독 행위가 미연에 방지될 수 있다. 그러나 개별 여행자가 사전에 충분한 정보를 습득하지 못하거나 성지 내 안내문구가 부실해서 출입이 금지된 곳을 돌아다니게 될 경우 문제가 발생하기도 한다. 안내책자나 현장의 안내표지판, 기타 사이트 정보(입장시 방문객이 지켜야 할 에티켓을 강조한 브로슈어 등)에서의 자세한 정보가 부족하기 때문에 개별 관광객의 경우 다른 이용객, 순례자나 지역 신자들의 분노를 사게 되기도 한다.

또다른 예로 서부 아프리카의 작은 마을, 폼보리(Formbori)의 수공예직 여성들은 주위 다른 마을들이 관광객에게 수공예품과 기념품 물건을 팔아 수익을 올리고 있음을 알게 되었다. 폼보리의 여성수공예인들 역시 수공예품과 기념품의 판매와 생산을 증가시키고 싶었지만, 관광에 너무 많이 노출됨으로써 신성한 물건이 판매목적으로만 제공될 수도 있는 등 경제적으로 관광에만 너무 의존하게 될까봐 경계했다. 그래서 내놓은 결론이 수공예품 판매와 기념품 전시가 가능한 기념품점을 겸한 자그마한 박물관을 세우는 것이었다. 미국 국제개발협력처(U.S. Agency for International Development: USAID)를 비롯해 여러 국제지원기구들의 원조를 받아 박물관이 건립되었으며 대중의 커다란 환호를 받으며 1996

년 문을 열었다.

〈사진 14.1〉 네팔의 수도, 카트만두 근교에 위치한 파슈파티나트 힌두 사원

네팔의 수도, 카트만두 파슈파티나트 힌두 사원은 전 아시아대륙에 걸쳐 힌두교도에게 있어 종교적으로 매우 중요한 곳이다. 네팔에 있는 시바신(Shiva)의 사당 중 가장 성스러운 사당으로 네팔에서 중요한 세 곳 중의 하나로 많은 순례자들의 발길이 끊이지 않는다. 세계문화유산이기도 한 파슈파티나트 사원은 바그마티 강(the Bagmati River) 상류에 위치한 공장들로부터 흘러나오는 폐수 등의 외부 요인과 부실한 방문객 관리로 인해 스트레스를 받고 있다. 사원이 접해 있는 바그마티 강의 오염이 점차 악화되어 비가 오지 않는 건기에는 물줄기가 거의 마를 지경이다.

언제나 숭배자와 순례자 수가 관광객 수를 훨씬 넘어 사원관리자는 이들을 주요 이용자 그룹으로 보고 있다. 현재 바그마티 강의 남쪽이 관광객이 가장 많이 찾는 지역이며, 이 곳에서 비힌두교도인 일반 관광객들은 오직 멀리서나마 파슈파티나트 사원과 Guyeshwari 사원을 바라볼 수 있다. 단체 여행객은 보통 관광안내원을 동반하고 다니는데 관광안내원은 단체 여행객을 남쪽 입구로 안내하기 때문에 화장과 의식이 치러지는 강의 북쪽 지역의 사원단지의 대부분을 피해간다. 관광객은 또한 강의 남쪽 구역을 안내 받는데 그 곳에는 수많은 기념품 가게가 작은 언덕길을 따라 죽 늘어져 있으며 이 언덕길에서 파슈파티나트 사원의 안뜰을 건너다 볼 수 있으며 강둑에서 치루어지는 화장식을 멀리서나마 지켜볼 수 있다. 유명 관광안내책자인 'Lonely Planet'에서는 일부 관광객들이 화장식을 필름에 담느라 강을 가로질러 가까이 다가가는 등의 몰상식한 행동을 하는 사례를 보여 주고 있다(Lonely Planet 2000: 231).

문제는 사원 내에서 방문객이 지켜야 할 행동에 대한 정보를 현장에서 제공하지 못하고 있으며 관광객에게 사원에 대한 정보 및 해설을 업데이트해주지 못하고 있다

는 것이다. 단체 여행객을 안내하는 가이드의 능숙함과 안내책자에 실린 정보에 따라 행동하려는 개별 여행자의 능력에 사원은 전적으로 의존하게 된다. 기념품 가게 사이로 매우 기본적인 관광 안내 부스가 자리하고 있긴 하지만 그다지 유용한 정보를 제공하지는 않는다(du Cros· Johnston 2001).

그러나 얼마 지나지 않아 마을 사람들은 박물관에 대한 관광객 수요를 잘못 판단했으며, 수입이 비용에 미치지 못하고 있음을 알게 된 것이다. 방문하는 관광객이 꾸준하지 못하고 산발적이라 박물관 문이 열린 날보다 폐관하는 날이 더 많아졌다. 또한 많은 마을 사람들이 자신의 기념품을 박물관에 갖다 놓는 걸 꺼려했다. 결국 박물관은 완전히 문을 닫게 되었으며, 이내 흰개미떼가 들끓게 되었다.

이렇게 되자 마을 사람들은 모여 박물관이 직면한 상황에 대해 의논하기 시작했으며, 박물관을 관광매력물이 아니라 지역사회를 위한 중심부로 만들기로 결정했다. 그래서 박물관을 "문화은행(culture bank)"으로 재정비하는 계획을 세웠으며, 이로써 마을 사람들은 자신들의 기념공예품을 전시 및 관리를 위해 맡겨놓을 수 있게 되었고, 맡겨진 물건들은 대부를 받기 위한 담보 역할을 하게 되었다. 정부의 지원을 받아 박물관 건물 자체를 개량하고 흰개미를 구제했으며, 결국 서부 아프리카 박물관 프로그램 및 기타 원조 프로그램의 지원을 받아 박물관 담당 전문가를 두게 되었다. 이 문화은행은 5년쯤 후엔 자급자족할 수 있을 것으로 예상된다.

박물관의 역할을 하는 이 문화은행은 공예 워크숍, 콘서트, 연극 공연, 전통축제, 글쓰기 및 건강교실 등의 활동 프로그램을 갖춘 진정한 지역사회 및 문화센터로서의 역할을 하고 있다. 폼보리 문화은행 (The Fombori Culture Bank)은 점차 관광관련 아젠다를 추가함으로써 지역사회의 가치를 훼손하지 않는 지속적인 수입원을 제공하는 수단이 되어가고 있다. 폼보리 마을은 경제적으로 관광에 너무 의존하게 되는 덫에는 빠지지 않았기 때문에 물품의 합법/불법 판매 수익이나 정부의 끊임없는 원조/기금 중 어느 것도 필요하지 않았다(Crosby · Ebbe 2000).

이 사례에서 관광객은 초기에는 지역 유산관리자와 지역사회의 요구사항에

반하는 요구사항을 가지고 있는 것으로 나타났다. 관광객/투어 오퍼레이터는 좋은 거래를 할 수 있다거나 신성한 물건을 구입할 수 있지 않는 한 이 작은 마을에 별다른 관심이 없는 것 같다. 박물관이 처음 문을 열었을 때 거의 상업화되지 않은 상태일 때는 관광객의 관심을 크게 끌지 못했었다. 아이러니하게도 박물관이 지역의 요구사항에 초점을 맞추기 시작하고 박물관으로서 지역 전통을 보존하고 재현하기 위한 더 좋은 시설이 되고 나자 박물관은 관광객에게도 역시 소구하게 되었다. 그래서 일부 요구사항은 관광과 유산관리 사이에 겹칠 것이다.

2. 관광의 혜택으로서 수입의 보존을 위한 재투자

대다수 보존 관련 헌장 및 강령에서는 관광에서 비롯된 수입으로 보존을 위한 재투자라는 메커니즘의 중요성에 대한 직접적인 언급이 없다. 오직 1999 ICOMOS 문화관광헌장(1999 ICOMOS Cultural Tourism Charter)에서만 문화유산관리 관점에서 그러한 메커니즘관광은 관광편익 이상으로 중요하며(is beyond being a key benefit of tourism), 메커니즘 또한 관광부문이 충족시켜야 하는 의무라고 명시했다. 따라서 "관광 프로그램에서 비롯된 수입의 상당 부분을 유산장소(places)의 자연 및 문화 상황 등의 보호, 보존, 제시를 위해 할당되어야 한다"고 명시하고 있다(ICOMOS 1999 [제5조 3항]).

관광은 외부에서 발생된 재원을 국가/지역에 조달하는 하나의 방안으로서, 한 곳에 적의를 유발하지 않고서 외부 지원금을 직접적으로 유치하는 데는 수많은 방법들이 있다. 그러한 방법들 중 한 가지는 바로 관광 패키지부분 즉 요금을 부과하는 것으로 이는 자원관리 및 보전에 직접적인 수입이 가도록 하기 위해서이다. 네팔의 카트만두 계곡에 위치한 세계문화유산으로 지정된 바크타푸르(Bhaktapur) 시의 경우, 만약 입장료가 유산보존에 직접적으로 간다는 것을 안다면 방문객은 기꺼이 입장료를 지급할 것이라는 것을 조사를 통해 알 수 있었다(Bhaktapur Council 2000). 다른 곳에서는 유산장소나 박물관, 또는 역사공원 입장료나 숙박요금의 일부가 세금수입으로 발생할 수 있다. 접근가능한 절차 및 회계감사를 거쳐 보존 또는 문화신탁을 위한 보존조처를 시행하는 쪽으로 적립된 기금을 활용할 수 있을 것이다.

가. 자급자족의 중요성

자원의 부족으로 보류중인 관리/보존 계획이 존재하는 사례가 많다. 주요 관광매력물이 될 수도 있는 자원의 자급자족이나 경제적 지속가능성을 달성하는 것이 얼마나 중요할까? 일부 선진국가들에서 여전히 계속되고 있는 논쟁은 바로 국가 소유 유산자원에 대한 핵심 기금(core funds)이 실제로 얼마나 필요할까 하는 것이다. 국가 영향력하의 자원이 자체적으로 발생된 수익으로 일정 정도의 경제적 지속가능성이나 자급자족 달성이 가능한지에 대한 의견 차이가 주기적으로 발생하고 있다(du Cros 1996 ; Garrod · Fyall 1998 ; Peacok 1998 ; Elliott 1998).

국가 영향력하의 자원에 대한 질문은 다음과 같다. 만약 방문객에게 자원이용에 대해 직접적인 방식으로 요금을 청구하지 않는다면, 유지 및 연출을 위한 적정한 지원금(fund)으로 어떻게 자급자족할 수 있을까? 일부 유적지와 경관의 경우 관리 당국과 너무 밀접해 있어서 입장료를 징수할 수 없을지도 모른다. 또한 대다수 정부들은 기업의 후원과 부분 민영화를 추진해 오고 있으나 지금까지 유산 관리자로부터 호응을 받지 못하고 있다(Boniface · Fowler 1993 ; Austrian Heritage Commission 1998).

나. 사례: 하드리아누스 방벽(Hadrian's Wall)과 카카두 국립공원(Kakadu National Park)

재투자를 위해서, 아니면 수입 감소를 만회하기 위해 다른 유형의 활동들(예: 탄광업)이 제시될 때, 관리를 위한 자금의 자급자족을 위해서는 문화유산관리 원칙들을 검증해볼 수 있다. 세계문화유산 등 이미 관광매력물인 고고학적 장소들의 경우 현실세계라는 상황 속에 유산을 보존해 가는데 필요한 자금의 자급자족 압박여부가 주된 이슈이다(Boniface · Fowler 1993 : 89). 이같은 유산자원의 문화가치는 계속해서 지속가능한 방법으로 유지될 수 있을까?

Boniface와 Fowler (1993)는 경제와 지속가능성 정책이 어떻게 충돌을 일으키는지를 보여주고자 세계문화유산인 영국의 하드리아누스 방벽을 예로 들었다(《사진 14.2》). 1991년 방벽 근처의 탄화수소 채광을 위해 한 채광회사가 해당 지역의 계획수립 관청의 승인을 얻어 시험 삼아 시추공을 뚫었다. 국무부가 계획수립 과정에 개입하자 일반 대중의 문의가 잇따랐다. 의견수렴이 필요해졌다. 해당 계획수립 관청은 이 시점에서 당초 결정을 고수하겠지만 채광으로 인해 어느 자원이든지 발견해냈다면 채광허가를 해주지 않을 것이라고 선언했다. Boniface와 Fowler(1993)는 이같은 개발은 해당 장소의 관광으로의 이용과 전원 풍경과 양립하지 않는다고 생각했으며, 채광작업이 지하의 고고학적 자료들을 손상시킬 것이라는 점을 주목했다. Boniface와 Fowler는 자연자원뿐만 아니라 문화자원의 발굴과 고귀한 세계 유산의 계승 개념 간의 문화충돌이 일어날 경우 예기치 못한 결과를 초래하는 것이라는 주장이다(Boniface · Fowler 1993 : 89). 가령 이같은 목록이 민영화되었더라면, 똑같은 결과를 가져왔었을까? 정부가 최대한 그러한 정책을 채택했었더라면, 해당 장소유지를 위한 자금의 자급자족을 위해 탄광업자가 거둬들인 채광수입 중 얼마나 쓰여졌을까?

〈사진 14.2〉 영국, 하드리아누스방벽

영국 북부에 위치한 고대 로마시대 요새인 하드리아누스방벽. 세계문화유산임에도 불구하고 개발위협에 노출되어 있었다. 영국 관광산업에서의 하드리아누스방벽의 중요성과 높은 문화적 가치야말로 계속적인 보전에 대한 좋은 이유가 된다.

세계유산으로 등재된 카카두 국립공원의 일부는 예전에 우라늄 채굴에 이용되었으며, 오스트레일리아에서는 주빌루카 광산(Jubiluka Mine)을 직접 운영하자 이전 문제점들에 대한 대안을 발견할 수 있었을 것이다. 그러나 광산업체의 유산에 대한 재투자로는 광산에 대한 주요 반대자인 미라족(the Mirrar)의 눈에는 충분하지가 않을 것이다. 그렇다면 재투자를 끌어들이기 위해 광산이나 천연자원을 황폐케 하는 관광이 아닌 다른 문화적인 방법을 찾아야 한다.

3. 요금 및 세금부과

수입증대가 요금에 의해 이루어진다면, 어떤 종류의 요금이 부과되어져야 하는가? 또한 유산관리자의 목표가 자원을 가능한 한 많은 이들에게 제공하는 거라면, 유산장소에 대한 방문 압박을 완화하기 위해 높은 입장료를 이용하는 것이 합리적인 방문객 관리방법으로 보일까? 정부의 기금예산이 삭감될 경우 예전에는 무료 입장이었던 국가소유 박물관들이 입장료를 부과해야만 할까? 덜 중요한 물건들을 팔아 치워야(방출해야) 할까? 그러한 자원들에 대해서는 "접근하지 않도록(de-accesssioning)"하는 게 좋은지? 국고에 대한 수요가 많고 과세기반이 취약하여 공공관리되어 온 유산의 경우 이러한 문제들에 노출되어 있다(Garrod · Fyall 1998 ; Peacock 1998 ; Elliot 1998). 각 사례에서 무엇이 결정되든 간에 이러한 이슈들이 아주 새로운 거라서 현재의 개발계획 및 관행 코드로 충분히 커버될 수 없기 때문에 자원의 지속가능한 이용을 지지해야 한다. 따라서 실행 가능한 해결책을 찾기 위해서 다른 이해관계자, 특히 지역사회단체, 학교, 관광부문, 자선단체와의 신중한 협상이 필요하다.

가. 방문객 관리지원을 위한 보존조처

유산관리자 등은 유형유산의 보존정책 개발시 가능한 한 초기에 보존조처를 포함시키고 계속해서 조처의 효과를 지켜보는 것이 매우 중요하다는 사실을 발견하고 있다. 대다수 유산관리자와 박물관 전문가들은 방문객을 위한 유형자원의 상업화 계획 수립이 점차 주요 책임사항이 되어 가고 있음에 동의할 것이다. 공공부문 종사자들은 안내표지판 설치, 방문객센터 설립, 브로슈어 출간 및 배포, 전시회 개최, 자원봉사 및 교육 프로그램 개발, 기타 많은 활동 소개 등에서 그러한 일의 대부분에 대한 책임을 맡는다. 이 모든 것이 방문객 관리 및 보존조처와 얼마나 잘 통합되는 것이냐 하는 것이 제공 프로그램의 관건이다. 특히 민간 투어 패키지나 관광안내책자에서 사적으로나 독립적으로 제공할 경우 더욱 그렇다.

취약한 역사 건물과 고고학적 장소와 같은 유형 유산을 담당하는 대다수 유산관리자들은 이같이 중요한 단계에서 문화적 메시지보다는 보존 메시지에 집중하는 경향이 있다. 예를 들어 이들은 "해당 매력물이 과다 이용으로 피해입지 않도록 하기 위해서, 수요를 관리하기 위해서" 자신의 장소를 촉진하는 아이디어의 전달을 통제하기를 원한다(Muresan 1998 : 41). 자원을 한정 계층에서 더욱 독점적으로 또는 값비싸게 만드는 것은 이러한 과다 이용을 해결할 수 있는 두 가지 방법이다. 방문객의 협력을 끌어들이고 이유를 설명함으로써 방문객 만족 수준과 유산관리자의 보존 메시지 둘 다를 해결하게 될 것이다(Jacobs · Gale 1994).

유산관리자는 자원에 미치는 부정적 · 물리적 영향은 관광촉진과 현장 방문객 경험 간의 잘못된 매치로 인한 결과라는 사실을 인식하지 못한다. 예를 들면, Evans와 Fielding(1998)은 기자(Giza)의 피라미드(the Great Pyramids)의 관리에 대해 비난하면서 유산관리자들이 이 지역의 관광잠재력을 현실화하기 위해 별다른 노력을 하지 않았다는 것이다. 방문객 에티켓과 해당 장소의 문화적 가치와 관련하여 방문전이나 방문시보다 잘 설명된 현장정보가 제공될 경우, 이 정보를 통해 방문객 경험과 장소의 보존을 향상시키고 통제가능하다는 주장이다(Evans · Fielding 1998 : 86～91).

무형 유산의 제공과 관리계획 수립은 통합적이어야 할 필요가 있다. 방문객이 이러한 자원에 미치는 잠재적 영향력을 이해하기란 쉽지가 않다. 교통량이나 쓰레기 증가, 축제에서 좋은 자리를 잃게 됨으로써 강한 불만을 토로할 때처럼 지역사회에 미치는 영향을 예상할 수가 있다. 전통 고수자 및 다른 이들이 전통 지식, 기술, 문화적 표현을 어떻게 이용하는지에 대해 방문이 미치는 영향을 예상하기란 보다 까다롭다. 무형 유산의 이러한 측면들은 역동적이어서(dynamic), 총체적 균형(정지) 상태로 유지될 수가 없다. 반면, 이러한 측면들은 관광욕구에 의해 착취적으로나 완전하게 압도되어서는 안 된다. 유산관리자는 변화율의 감시는 지역사회의 강력한 관여로 유산의 이러한 측면을 관리하고자 하는 보존이나 문화정책의 중요한 부분임이 틀림없다(Truscott 2000).

나. 장소 정보 제공

방문전 준비란 경험 마케팅뿐만 아니라 방문객에게 경험 이해를 위한 준거체계를 방문객에게 제공하는 것이다. 오스트레일리아에서는 일부 유산관리자들이 일반 대중은 고고학에 대해 잘 알지 못하고 방문을 준비하기 때문에 조금이나마 배우고자 한다는 사실을 깨달았다. 유산관리자는 사람들로 하여금 역사와 고고학에 대해 보다 많은 것을 발견하도록 고무하는데 열심이다. 이러한 노력들은 오스트레일리아 토착지역에 고고학적 잔재물에 끼칠 영향을 피하고 전통소유자인 오스트레일리아 토착 원주민의 이해를 존중하기 위해 섬세함을 보이고 있다.

방문객 에티켓에 대한 관심 유도 때문에 자칫 경험을 제한시켜서는 안 되며, 대신 경험을 특별한 것으로 만드는 방법으로서 사용되도록 해야 한다. 따라서 권고되고 있는 보호조처 뒤에 숨은 문화적 이유에 대한 설명은 방문객의 이해와 지지를 요청하는데 있어 중요하다. 장소 관리자들이 방문객 관리 및 장소 촉진시 이용하는 인터넷은 점차 중요한 원천이 되고 있다. 인터넷을 통해 장소관리자들은 방문객들이 도착하기 전 다른 메시지에 노출되지 않고 직접적으로 교육할 수 있게 된다. 이는 또한 보다 피상적인 정보원을 무시하고 스스로 목적지에 대한 정보를 직접 알아내고자 하는 방문객들에게 혜택을 준다.

이들 방문객들은 다른 문화상황에 직면하는 것을 걱정하거나 목적지와 이용가능한 시설관련 모든 지역정보를 이용할 수 있다. 한 가지 예는 아리조나주의 호피족 인디언 보호구역(Hopi Reservation in Four Coners)의 아메리칸 인디언이 운영하는 웹사이트이다. 이 웹사이트에는 에티켓, 가져가야 할 것, 현존하는 시설, 지적재산권, 문화 민감성에 관한 정보를 게시하고 있으며, 이로써 방문객들이 이 보호구역에서 경험하게 될 유무형 유산을 존중하도록 가르치는데 도움이 되고 있다(Hopi 2000). 이같은 원리를 사용하는 또다른 예는 오스트레일리아의 몇몇 원주민 지역과 미국 내 레크리에이션 주위의 표지판으로 쓰레기 투기 금지나 제한구역 접근금지에 대해 방문객의 협력을 구하고 있다(Ballantyne 1998 ; Jacobs · Gale 1994 ; Pearson · Sullivan 1995).

다. 자원 해설

해설에 정말로 관여하는 것은 무엇인가? 장소나 박물관에서의 유형의 유물은 방문객 커뮤니케이션 및 지각에 있어 어떤 역할을 하는가? 장소가 방문객 경험과 연관될 것이라고 기대하는 지각의 주요 특징들에 대한 한 가지 기본적 정의를 『지각의 현상학(The Phenomenology of Perception)』 (1982)에서 철학자 Merleau-Ponty는 내리고 있다.

이 정의는 지각자인 주체, 지각되는 대상인 행동, 그리고 지각되는 내용으로 이루어진다. 한 장소에서의 방문객 경험은 유형 유산의 역학적 지각 그 이상이다. 만약 장소와 연관된 상황이나 설명이 별로 없을 때, 방문객은 이전 경험의 다른 측면과의 유추를 통해 이해하려는 경향이 있다. 만약 기본 배경 정보를 얻지 못할 경우, 방문객은 진공상태에서 해당 장소를 이해하려고 노력할 것이다. 여전히 최악인 것은 방문객이 향후 계속해서 축적된 고정관념과 잘못된 생각에 의지해야 할 것이다. 다시 말해서 만약 경험이 관광객을 위해 구체화시키지 못할 경우, 해당 관광객은 자신만의 요구에 맞춰 경험을 구체화할 것이다.

반대로 장소들은 중간매체들의 메시지에 의해 과다 해석될 수 있다. 과다 해석된 사례를 보여주기 위해 Uzzell(1989: 5)은 두 사람의 방문객들의 "유산경험" 대화를 구성해 보았다.

찰스 : 너 "Baldrick's Saxon Village"에 가 봤어? 사냥에서 20개의 스테레오와 레이저 불빛쇼가 멋지더라. 아만다와 헨리가 무척 좋아하더라구.

팀 : "Best of Times, Worst of Times" 전시회에서 본 처형 장면보다 별로였어.

Silverstone(1989)은 또한 일부 해석에서의 통합 및 정의의 결핍에 대해 걱정한다. "(미국) 유산산업은 대중 커뮤니케이션에 있고 현실과 환상, 신화와 모방

간의 경계선이... 점차 희미해지고 불분명해지고 있다”(Silverstone 1989: 189). 일부 국가에서의 중요 유산 매력물의 제시에서는 과거의 생활양식과 생활물품에 대해 부실한 메시지를 의사소통이 될 수 있도록 해설 프로그램에 신경을 쓰고 있는 경우도 있다(Uzzell 1989). 해설 및 관련 전략을 통한 유산 커뮤니케이션은 관련원문(text-bearing) 사인이나 박물관 라벨만큼 단순하더라도 여전히 효과가 있을 수 있다.

제시 전략들이나 매력물을 위해 채택된 제시는 전략의 효과를 감시하고 적절한 조사를 통해 새로운 정보를 추가시키면서 계속적으로 발전될 것이다. 지역사회 및 방문객 태도와 문화 변화 모두는 자원이 방문객에게 자원을 제시하는 방식에 영향을 미친다. 자원을 이러한 영향으로부터 완전히 분리시켜 해석하기란 불가능하기 때문이다. 지역사회 태도가 변화하고 뚜렷하게 구식으로 제시한 사례는 바로 저자들이 1999년 초에 방문했던 남아프리카공화국의 케이프타운(Cape Town)의 역사박물관이다. 이 곳 박물관의 한 갤러리에는 임시 라벨들이 붙어져 있었는데, 그 라벨들은 주요 전시품에서의 정보가 더 이상 토착 주민들의 현재 시각과 일치하지 않으며, 갤러리 전시 관련자료 업데이트를 위한 자금지원이 가능하지 않다는 것을 보여주고 있었다.

결국 일부 유산자원은 다른 유산자원에 비해 보다 복잡한 메시지를 전달하게 된다는 점에 주목하는 것이 가치 있다. 이런 유의 도전과제는 여러 가지 방식으로 발생할 수 있다. 한 가지는 자원이 시각적으로 역사적으로 복잡하다는 것이다. 예를 들면 영국 Bath의 Roman Baths의 경우이다. 잠재적으로 헷갈리는 장소인 이곳은 분명하게 라벨되어져 왔으며, 유물과 전해져 오는 이야기는 서로를 암시하고 있다. 또다른 도전과제는 방문객이 역사적 사건에 대해 한 가지 이상의 이야기와 해설 중에서 선택할 것이라고 예상될 때 발생할 수 있다(예: 시드니 박물관). 이같은 포스트모던적 접근방법이 항상 성공적인 것은 아니다. 여전히 유아기에 머물러 있고 방문객의 역사 이해 수준이나 정교함에 전적으로 의존하는 방법이긴 할지라도, 결국 유산자원 제시에서 가장 큰 도전과제는 자원을 매력물로 성공적으로 적절하게 변형시키는 것으로 이는 방문객을 어떻게 관여시키고 역사를 어떻게 해석하느냐에 달려 있다.

라. 사례 연구: 캔터베리 성당과 관광객을 위한 훌륭한 기억들

“최고의 실행” 장소 연출을 통한 상업화의 한 예는 바로 영국 켄트(Kent)의 캔터베리 성당(Canterbury Cathedral)이다. 성당의 유산관리자이기도 한 성직자들은 문화가치와 성당의 개발역사에 대한 기본적인 것 이상의 것을 제시해왔다. Canon Peter Brent 신부의 충고에 따르면, 방문객에게 훌륭한 기억들을 더해주는 이른바 거대한 경험제공이 무엇보다 중요하다고 한다(Brett 1999). 거대한 경험이란 유산 매력물이나 제공된 “환영” 시설에 처음 들어서는 것, 정보(예: 방문 전 정보, 방문객 에티켓 설명 등), 해설, 직원 서비스, 매력물과 지역환경 및 지역사회와의 관계 등의 측면들이 포함된다.

Brent 신부는 환영은 표지판보다는 사람들에 의해서 행해져야 한다는 사실에 주시한다. 왜냐하면 그러는 것이 보다 우호적이고 직원/자원봉사자의 안내 또한 처음부터 자원에 대한 정보를 제공할 수 있기 때문인 것이다. 이러한 직원은 철저하게 훈련받아야 하며 배지나 유니폼 등으로 해당 매력물과 일치시키는 것이 좋다. 시설들 또한 매력물의 문화가치를 손상하지 않는 범위 내에서 가능한 한 편안하고 편리할 필요가 있다. Brent 신부는 캔터베리 성당과 비교할 때 다른 일부 매력물들의 경우 쓰레기 투기 금지를 위해 음식물을 제한하려고 하는데, 이는 항상 별다른 효과를 보지 못하고 있음을 알고, 만약 방문객으로 하여금 쓰레기를 되가져 가도록 장려하지 못한다면 다른 전략을 찾아보는 게 가치 있을 것이라고 충고한다. 거기에다 시설들은 또한 사전 예약과 주차시설이 잘되어 있어야 한다.

정보는 해설과 구분되는데, 정보는 사람들에게 한 장소(무엇이 어디에 있고 그것이 무엇인지)에 대해 이야기해주는 것이고, 해설은 사람들에게 장소의 의미와 가치에 대해 이야기해준다. 다시 말해서 웹사이트, 여행사의 판매촉진 활동, 일반 정보 브로슈어의 지방 및 지역 배포는 중요하다. 따라서 캔터베리 성당에 근거하여 무료 전단지 정보와 적당한 그러나 공격적이지 않은 표지판(매력물의 복잡성과 매력물의 방문객 흐름 양상)을 설치해야 한다.

Brent 신부는 균형 잡힌 방식의 해설을 통해 어느 정도 방문객이 장소관리자에게 중요한 매력물에 대한 컨셉트를 알고 싶어하고 소개하고 싶어할 것이라는 사실을 예상해야 한다고 충고한다. 이야기는 또한 매력물의 역사적 및 문화적 발전의 지역적 측면과 매력물의 지역적/주제 상황과의 균형을 맞추어야 한다. 그러한 해설은 장소의 정신적 가치와 같은 매력물의 가치, 특히 희귀하거나 사회적으로 의미가 큰 유산자원일 경우, 비물리적 측면에 민감해야 한다. 이러한 분위기가 최신 해설 시청각 자료들에 밀려서는 안된다고 Brent 신부 (1999)는 말한다. 비록 이런 자료들이 매력물의 방문객센터와 같은 교육부문에서는 유용한 게 사실이다.

특별한 관심 중의 하나는 인간에 의해 안내받는 여행에서 제공되는 해설의 품질이다. 여행을 통제하는 이들은 잘 훈련받고 많은 정보를 가지고 있어야 한다. 만약 이것이 자원의 유산관리자의 통제하에 놓여져 있다면, 매력물관리 직원들은 잘 훈련받고 정기적으로 훈련을 업그레이드 해나가야 한다. 예를 들면, 가이드는 매력물이 새롭게 발견되어졌을 때는 여행일정에 정보를 추가시켜야 한다.

마. 고려해보아야 할 그 밖의 이슈들

유산자원과 지역사회와의 관계는 매력물이 관리되는 방법에 있어서 지역사회를 하나의 이해관계자로 포함시키는 관계이어야 한다. 이렇게 함으로써 매력물의 지역 촉진과 지역사회에 미치는 부정적 영향(쓰레기 투기 및 주차 번거로움) 방지에 도움이 될 것이다. 무형 유산의 토착관리인과 밀접하게 연관된 매력물은 매력물 관리에 깊게 관여하는 출신그룹의 전통 보유자를 확보하고 있어야 하며, 문화 감수성 맥락에서의 방문객 에티켓에 대한 정보가 이용 가능해야 한다. 이 같은 관여는 또한 해당 장소가 갖는 정신에 관한 고유성을 더하며, 방문객은 기억에 남을 만한 방식으로 매력물의 존재를 마음에 가득 담게 된다(Moscardo 1996).

추억하는 것(souveniring)은 특정 유형자원의 유산관리자에게는 커다란 문제일 수 있다. 추억하는 것은 사람들이 가져가는 부정적인 아닌 긍정적 측면이 되도록 관리되어져야 한다. 무료로 이용가능하거나 쉽게 구매할 수 있는 기념품이 권장되고 촉진되어야 한다. 이것은 매력물로부터 유형유산의 파편을 제거한다기보다 이러한 아이템을 추가시킨다면 보다 매력적이 될 수 있다. 반면, 긍정적인 무형의 조언이나 훌륭한 기억은 방문으로부터 얻게 되는 최고의 유산이며, 문화유산관리와 관광 모두를 지속가능한 문화관광의 달성을 위해 방문객과 함께 추구해야 하는 과제이다.

끝맺음말

문화관광의 미래의 위력은 어느 정도일까? 관점에 따라서는 극히 낙관적일 수도 비관적일 수도 있다. 반면, 문화관광은 관광의 가장 빠른 성장분야이기도 하다. 문화관광에 대한 수요가 높고, 성장을 계속할 것으로 예상되며, 관광객들 또한 보다 정교하고, 보다 많은 사람들이 범세계적으로 여행을 할 여유가 생길 것이다. 또다른 면은, 각국 각 지역이 집단적으로 보유하고 있는 문화유산, 수많은 자료와 같은 문화관광자원들이 여러 가지 이유로 위협받고 있다. 전쟁, 자연재해, 인구증가, 개발압력, 관리기법 부족, 다수의 관할구역인 경우 분명한 정책적 가이드라인 결여, 압력 사용과 같은 모든 것들이 이 분야의 스트레스로 작용한다.

그러나 관광은 문화유산관리와는 강력하고 밀접한 관계에 있고 문화유산자원을 지속적으로 사용하기 위해서도 강력한 도구임은 분명하다. 문화유산자원을 경제적·비경제적 수입창출을 위한 제공은 자원의 가치와 그 자원의 독특한 속성을 보존하려는 욕구인식을 보다 크게 하게 된다. 더욱이 관광은 자원의 보존을 위한 자금을 제공해주게 되는데, 입장료와 같은 직접적인 경우와 세금과 같은 간접적인 경우가 있다. 이 책을 통해 계속 주장해 온 것은, 문화유산자원의 관광잠재력을 인식하고, 관광객의 경험을 유형화시켜 사용자들이 선호하는 형태로의 전환이 자원관리자가 해야 할 과제이고, 그를 통해 자원들은 유지 혹은 회복도 가능하게 한다. 그렇게 함으로써 보다 광범위한 목표관리를 달성하는 데 관광을 사용할 수 있다.

각계각층으로부터 온갖 달콤한 얘기를 많이 들어왔지만, 언제나 관광의 잠재력은 이를 충족시키지 못하고 있다. 관광은 경쟁자로서 비협력자로 취급받고 있다. 또한 이 책을 통해 이런 이유 몇 가지를 주장하고 있다. 간단히 말해 관광과 문화유산관리는 여전히 독립적 기능을 가지고 있다. 관광과 문화유산 관계자들은 해당 자원을 공유하지만, 서로 다른 이유와 목적 대문에 그 지원에 대한 가치추구가 다르다. 결과적으로, 관광과 문화유산관리는 상품개발, 상품마케팅 과정에서 상이한 역할을 가정하고 있다.

문화유산 관리자와 자원보유자는 있는 그대로의 자료들을 제공한다. 그렇다면 관광산업은 가공하지 않은 자원들을 관광상품으로 변형을 하여, 잠재관광객들에게 이용을 유도할 수 있도록 의사소통의 메시지의 역할을 가정하고 있다. 보존의 목표와 상품개발과 촉진의 역할이 통합적으로 이루어질 때 비로소 지속가능 관광이 실현될 수 있다.

이 책 속에서 동반자 관계가 이 과업을 달성하는 데 기본적으로 필요함을 역설해 왔다. 문화관광자원의 확인, 개발, 촉진을 이해당사자 간에 상처 없이 어떻게 하면 융합할 수 있을 것인가에 관해서도 논의하고 있다. 이 책은 이 질문에 대답하기 위한 체제로 구성하였다. 한 쪽에서 다른 한 쪽을 동기부여시키는 요인이 무엇인가를 이해할 때 협력 구축이 가능하다. 관광과 문화유산관리의 정당한 요구와 관심 역시 이해를 해야 하며, 문화관광 속에서 서로 간의 역할을 이해해야 한다. 덧붙여, 소비자에 대한 이해도 촉진시켜야 한다. 이 기초 구축을 위해 집필진들은 문화자원의 관광잠재력을 조심스럽게 확인하고 특색을 살려 나가려고 노력하였다. 문제는 자원의 물리적 혹은 사회적 특성으로 인한 한정된 사용이 과제이다.

끝으로, 관광과 문화유산관리의 동반자관계의 성공적인 구축은 상호 유익한 목표달성을 실천하겠다는 신뢰를 바탕으로 해야 한다. 이 책을 통해 저자들의 바람은 과거 동반자관계 구축에 금기시되었던 많은 장애물들을 극복했으면 한다. 또한 관광산업 내에서 문화유산 관리의 정당한 관심과 문화유산관리 부문 내에서의 관광의 정당한 관심, 이 양자의 협력을 통한 이점들을 이해했으면 하는 바람도 있다. 문화관광자원 중심의 지속가능한 방법으로 관리를 할 때 생존가능하며, 관광과 문화유산관리가 동반자 관계에서 문제를 풀어갈 때만이 이루어질 수 있는 것이다.

참고문헌

Aaker, David (1995). Strategic market management, Fourth edition. John Wiley and Sons, Brisbane.

Acott, T. G., La Trobe, H. L., and Howard S. H. (1998). An evolution of deep ecotourism and shallow ecotoursm. Journal of Sustainable Tourism 6(3): 238-252.

Adande, A.(1995). Plea for a traditional arts and crafts museum. In Ardouin, C. and Arinze, E.(Eds.), Museums and the community in West Africa (68-82). West African Museums Programme and Villiers Publications, London.

AHC(Australian Heritage Commission)(1998). Looking after heritage places : A guide for local communities. Australian Heritage Commission, Canberra.

AHC and TCA (1999). Draft Heritage tourism guidelines. Australian Heritage Commission and Tourism Council of Australia, Canberra.

Allcock, John B. (1995). International tourism and the appropriation of history in the Balkans. In Lanfant, Marie-Francoise, Allcock, John B., and Bruner, Edward M. (Eds.), International tourism: Identity and change (100-112). Sage Publications, London.

Ambrose, Timothy and Paine, Crispin (l993). Museum basics. ICOM and Rout-ledge, London.

Anonymous (l998). Study released examining the correlation between cultural tourism and shopping. Hotel Online Special Report. Available a http://www.hotel-online.com/Neo/News/PressReleasesl998-4th/Dec98-Taubman.html>, 7.

Anonymous (1999a). Cultural/heritage tourism-Searching for the real experience. California Division of Tourism, Sacramento. Available at <http://gocalif.ca.gov/reserch/historic.html>.

Anonymous (1999b). Like culture, will shop, survey finds. Lodging Hospitality 55(9):17.

Anonymous (l999c). Quebec City: World Heritage Treasure Incentive (Canada's Destination Supplement), 35-38.

Anonymous (l999d). Study says Pennsylvania's rich heritage attracts l2% of total leisure expenditures. Hotel Online Special Report 3. Available at <http://www.hotel-online/Neo/News/PressReleases1990_3rd/Aug99_PAtourism.html.>, 3.

Anonymous(n.d.). Cultural tourism: Where do we go from here? Delaware Valley Grantmakers, Philadelphia. Available at <http://www.libertynet.org/dvg/gpca.html> (retrieved June 6, 2000).

Antolovic, Jadran (l999). Immovable cultural monuments and tourism. In Cultural Tourism Session Notes XII Assembly (103-118). ICOMOS, Mexico.

Ap, John (l999). Arts/cultural tourism. Position paper prepared for the Arts/Cultural Tourism Working Group. Hong Kong Tourist Association and Hong Kong Arts Development Council, Hong Kong Polytechnic University, 16.

Ardouin, Claude and Arinze, Emmanuel (l995). Museums and the community in West Africa. West African Museums Programme and Villiers Publications, London.

Ashworth, Gregory (l995). Managing the cultural tourist. In Ashworth, G. J. and Dietworst, A. (Eds.), Tourism and spatial transformation: Implications for policy and planning, (265-284). CABI Publications, Wallingford.

Ashworth, Gregory (l999). Tourism in the communication of senses: 'Place' displacement in New Mexico. Tourism Culture and Communcations 1(2): l15-128.

Ashworth, Gregory and Tunbridge, J.E. (2000). The tourist-historic city: Retro- spect and prospect of managing the heritage city. Pergamon, New York.

Australia lCOMOS (l998). Cultural heritage places policy. Australia ICOMOS, Canberra.

Australia lCOMOS (2000). Australia ICOMOS Web site. <http://www.icomos.org/australia/>.

Australian Heritage Commission (l997). Australia's national heritage: Options foridentifying heritage places of national significance. Discussion paper. Australian Heritage Commission, Canberra.

Australian Heritage Commission and Tourism Council Australia (l999). Draft heritage tourism guidelines. Discussion paper. Australian Heritage Commission and Tourism Council, Canberra.

Bachleitner, Reinhard and Zins, Andreas H. (l999). Cultural tourism in rural communities: The resident's perspective. Journal of Business Research44(3): 199-209.

Bahaire, Tim and Elliott-White, Martin (1999). Community participation in tourism planning and development in the historic city of York, England. Current Issues in Tourism 2(2/3): 243-276.

Ballantyne, Roy (1998). Interpreting "visions": Addressing environmental educa- tion goals through interpretation. In Uzzelll, David and Ballantyne, Roy (Eds.), Contemporary issues in heritage and environmental interpretation. (77-97). The Stationary Office, London.

Bazin, Clause-Marie (1995). Industrial heritage in the tourism process in France. In Lanfant, Marie-Francoise, Allcock, John B., and Bruner, Edward M.(Eds.), International tourism: Identity and change (113-126). Sage Publications, London.

Belk, Russell W. and Costa, Janeen Arnold (1995). International tourism: An assessment and overview. Journal of Macromarketing 15(2): 33-49.

Bell, D. (1997). The historic Scotland guide to international conservation charters. The Stationary Office, Edinburgh.

Belland, Greg and Boss, Erin (1994). Cultural and historical sites: Assessing the tourism potential. ICOMOS Canada 3(3), available at <http://www.icomos.org/ canada/bulletin/vol3_no3_belland_e.html>.

Bennett, Tony (1993). History on the rocks. In Frow, John and Morris, Meagan (Eds.), Australian Cultural Studies: A Reader (222-240). Allen and Unwin, Sydney.

Bernstein, Judith and Awe, Susan C. (1999). Wired travelers: Tourism and tourism Web sites. MCB Press, 16. Available at <http://www.emerald-library.com/brev/24027dfl.htm>.

Berry, S. (1994). Conservation, capacity, and cashflows—Tourism and historic building management. In Seaton, A. V. (Ed.), Tourism: State of the Art (712-718). John Wiley and Sons, Chichester.

Bhaktapur Council (2000). Harmonious hobnobs between heritage and tourism: The success story of Bhaktapur. Report to UNESCO by Bhaktapur Council. Available online at UNESCO Web site: <http://www.unescobkk.org/culture/ bhaktapur/Casestudy.pdf>.

Bharadwaj, S. G., Varadarajan, P. R., and Fahy, J. (1993). Sustainable competitive advantage in service industries: A conceptual model and research propositions. Journal of Marketing 57(4): 83-89.

bibliography

Bickford, Anne (1983). The patina of nostalgia. Australian Archaeology, 13: 1-7. Bird, Drayton (2000). Marketing insights and outrages: A collection of pithy pieces from Marketing magazine. Kogan Page, London.

Birkhead, Jim, De Lacy, Terry, and Smith, Laurajane (1992). Aboriginal involvement in parks and protected areas. Australian Institute of Aboriginal and Torres Strait Islander Studies, Canberra.

Blackwell, C. (1997). Tourism and cultural tourism: Some basic facts. Preservation Issues 7(3), available at <http://www.umsl.edu/selvices/library/blackstudies/culttour-htm> (retrieved June 6, 2000).

Bond, Marybeth (1997). Women travelers: A new growth market. PATA, Singapore, 5.

Boniface, Priscilla (1998). Tourism culture. Annals of Tourism Research 25(3):746-749.

Boniface, P. and Fowler, P. (1993). Heritage and tourism in "the Global Village." Routledge, London.

Bonn, M. A. and Brand, R. R. (1995). Identifying market potential: The application of brand development indexing to pleasure travel. Journal of Travel Research 34(2) : 31-35.

Boorstin, D. (1964). The image: A guide to pseudo events in America. Harper and Row, New York.

Bowes, Bob(1994). Culrural tourism: Are we on the brink? ICOMOS Canada 3(3), available at <http://www.icomos.org/canada/bulletin/vol3_no3_bowes_e.html> (retrieved June 6, 2000).

Boylan, Patrick J.(1992). Museums 2000 and the future of museums. In Boylan,

P.J.(Ed.), Museums 2000: Polititics, people, professionals and profit (pp. 1-21). Museums Association. In conjunction with Routledge, London.

Brett, Reverend Peter C. (1999). Principles of visitor management and care for historical sites, with special reference to Canterbury Cathedral. In Cultural Tourism Session Notes XII Assembly(83-92). ICOMOS, Mexico.

Brooks, Graham (1993). Visitation to major heritage sites - Some essential plan- ning considerations. Proceedings of the ICOMOS 10th General Assembly on Cultural Tourism, Sri Lanka, 14-19.

Brooks, Graham (2000). ICOMOS Tourism Charter. Paper given at UNESCO Bhaktapur Workshop, April. Available online at <http://www.unescobkk.org/culture/bhaktapur/index.htm>.

Brown, Linden (l997).Competitive marketing strategy. Nelson, Melbourne. Budowski, Gerardo (l976). Tourism and conservation: Conflict, coexistence orsymbiosis? Parks 11(4): 3-6.

Budowski, Gerardo (I977). Tourism and conservation: Conflict, coexistence orsymbiosis? Environmental Conservation 3: 27-31.

Bull, Adrian (l991). The economics of travel and tourism. Pitman, Melbourne. Burgess, L., Limb, M., and Harrison, C. M. (l988). Exploring environmental values through the medium of small groups. Environmental and Planning Analysis 2O: 457-476.

Byrne, Dennis (l991). Western hegemony in archaeological heritage management. History and Anthropology 5: 269-276.

Campbell, B. (l994). Aboriginal cultural tourism: The market. ICOMOS Canada Bulletin 3(3), available at <http://www.icomos.org/canada/bulletin/ vol_no3_campbell_e.html> (retrieved June 6, 2000).

Cantacuzino, Sherban (l995). Towards the sustainable city. In ICOMOS ethics, principles and methodology (pp. 7-l4). ICOMOS, Paris.

Cass, Ginny and Jahrig, Shannon (l998a). Heritage tourism: Montana's hottest travel trend. Montana Business Quarterly 36(2): 8-18.

Cass, Ginny and Jahrig, Shannon (l998b). The united people's powwow and cultural rendezvous: A cultural event. Montana Business Quarterly 36(2): 17.

Chacko, Harsha E. (1997). Positioning a tourism destination to gain a competitive edge. From Asia Pacific Tourism Association Journal, as cited in HotelOnline Ideas and Trends. Available at <http://www.hotel-online- com/Neo/Trends/Asia PacificJoural/PositionDestination.html>.

Chavas, J. P., Stoll, J., and Sellar, C. (1989). On the commodity value of travel time in recreational activities. Applied Economics 21: 711-722.

Cheung, Sydney C. H. (l999). The meanings of a heritage trail in Hong Kong. Annals of Tourism Research 26(3): 570-588.

Clarke, J. (1997). A framework for approaches to sustainable tourism. Journal of Sustainable Tourism 5(3): 222-233.

Clements, Christine J,, Schultz, John H., and Line, David W. (1993). Recreation,tourism and local residents. Journal of Parks and Recreation Administration 1(4): 78-91.

Coathup, David C. (1999). Dominant actors in international tourism. International Journal of Contemporary Hospitality Management 11(2/3): 69-72.

Bibliography

Cohen, Eric (1972). Toward a sociology of international tourism. Social Research39: 164-182.

Cohen, Eric (1979). A phenomenology of tourist experiences. Sociology 13: 170-201.

Conlin, Michael V. (1996). Revitalising Bermuda: Tourism policy and planning in a mature destination. In Harrison, L. and Husbands, W. (Eds.), Practicing responsible tourism (80-102). John Wiley and Sons, Brisbane.

Copley, Paul and Robson, Ian (1996). Tourism, arts marketing and the modernist paradox. In Robinson, Mike, Evans, Nigel, and Callaghan, Paul (Eds.), Tourism and culture: Image, identity and marketing (15-34). The Centre for Travel and Tourism/British Education Publishers, Sunderland, UK.

Costa, Jorge and Feronne, Livio (1998). Sociocultural perspectives on tourism planning and development. Virtual Conference Centre, MCB Press, 14 Available at<http://www.mcb.co.uk/services/conferenc /jan98/eit/paper4-3. htm>.

Craik, Jennifer (1997). The culture of tourism sites. In Rojek, Chris and Urry, John (Eds.), Touring cultures: Transformations of travel and theory (113-136). Routledge, London.

Craik, Jennifer (1999). Interpretive mismatch in cultural tourism. Tourism Culture and Communications 1(2): 115-128.

Craine, K. (1999). Incorporating cultural tourism into National Tourism Week activities. Tourism Industry Association of America, Washington. Availuble at <http://www.tia.org/caledar/ntwcultural.stm>, 2.

Crosby, Todd Vincent and Ebbe, Katrinka (2000). The Culture Bank: A community-based museum provides micro-credit. The Urban Age Magazine, Cultural Heritage Issue, World Bank Web site, September 6, 2000. Available at <http://www.world bank.org/html/fpd/urban/urb_age/ culture/mail.html>.

Cuattingguis, Nana (1993). Cultural tourism in Sweden. In International Scientific Symposium on Cultural Tourism, ICOMOS 10th General Assembly, Sri Lanka (43-50). ICOMOS International Committee, Paris.

Cumming, Valerie, Merriman, Nick, and Ross, Catherine (1996). Museum of London. Scala Books and the Museum of London, London.

Dambiec, Dieter (2000). Indigenous peoples' folklore and copyright law. University of Queensland Web site, November2, 2000<http:/www. ozemail. com.au/-dambiec/indigenous-llm-essay.html>.

Dana, Leo P. (1999). The social cost of tourism. Cornell Hotel and Restaurant Administration Quarterly 40(4): 60-63.

Daniel, Y. P. (1996). Tourism dance performance: Authenticity and creativity. Annals of Tourism Research 23(4): 780-797.

Davidson, Jim and Spearritt, Peter (2000). Holiday business: Tourism in Australia since 1870. Melbourne University Press, Melbourne.

de Kadt, E. (1979). Tourism: Passport to development. Oxford University Press, New York.

Derrett, R. (1996). The tourism culture of cultural tourism: Planning through community consultation. In Robinson, M., Evans, N., and Callaghan, P. (Eds.), Tourism and cultural change(61-74). Centre for Travel and Tourism, Business Education Publishers, Sunderland, UK.

Dev, C. S., Morgan, M. S., and Shoemaker, S. (1995). A positioning analysis of hotel brands—Based on travel-manager perceptions. Cornell Hotel and Restaurant Administration Quarterly 36(6): 48-55.

Diamond, A. H. (1993). Chaos science. Marketing Research: A Magazine of Management and Applications 5(4): 8-14.

Dianassouba, T. M. (1995). Proposed centre of popular arts and traditions embracing the local museum at Boundiali. In Ardouin, C. and Arinze, E. Museums and the community in West Africa (95-99). West African Museums Programme and Villiers Publications, London.

Dickinson, Rachel (1996). Heritage tourism is hot. American Demographics 18(9):13-14.

Dienne, D. (1994). Routes as part of our cultural heritage. In ICOMOS and Ministry of Culture, Spain (Eds.), Routes as part of our cultural heritage (45-48). Meeting of Experts, ICOMOS and Ministry of Culture, Madrid.

DKS (1999). Pennsylvania heritage tourism study, D. K. Shiffet and Associates, prepared for Pennsylvania Department of Conservation and Natural Resources, 63, plus appendixes.

Dodd, T. H. (1995). Opportunities and pitfalls of tourism in a developing wine industry. International Journal of Wine Marketing 7(1): 5-16.

Dodson, Rob and Clarke, Alan (1999). Multiculturalism: A dynamic approach to tourism policy and management. In Heung, Vincent and AP, John (Eds.), Tourism 2000: Asia Pacific's role in the new millenium (pp. 230-237). Conference Proceedings of the Asia Pacific Association, Hong Kong.

bibliography

Doggett, L. (l993). Multi-cultural tourism development offers a new dimension in travel. Business America 114(8): 8-10.

Domicelj, Joan (l995). A question of authenticity: Cultural diversity. In Larsen, Knut (Ed.), Proceedings of the Nara Conference on Authenticity in relation l to the World Heritage Convention (pp. 301-304). UNESCO World Heritage Centre (France), Agency for Cultural Affairs (Japan), ICCROM (Italy), and ICOMOS (France).

Drezner, T. and Drezner, Z. (I996). Competitive facilities: Market share and location with random utility. Journal of Regional Science 36(1): 1-15.

D'Sa, Eddie (1999). Wanted: Tourists with a social conscience. International Journal of Contemporary Hospitality Management 11(2/3): 64-68.

du Cros, Hilary (1996). Committing archaeology in Australia. Doctoral thesis. Monash University, Melbourne.

du Cros, Hilary (l999). Planning and developing sustainable cultural heritage tourism: Flying the Australian way. Conference paper no. l6 presented to International Conference on Heritage and Tourism in Hong Kong, December.

du Cros, Hilary (2000). Planning for sustainable cultural heritage tourism in Hong Kong. Unpublished report to the Lord Wilson Heritage Trust, Hong Kong.

du Cros, Hilary (2001). A new model to assist in planning for sustainable cultural heritage tourism. International Journal of Tourism Research, 3(2): l65-170.

du Cros, Hilary and Johnston, Chris (2001). Tourism tracks and sacred places. Conference paper given at the ICOMOS Making Tracks: Heritage RoutesConference, Alice Springs, May.

Duan, Song-Ting and Duan, Ling (2000). Dayan Ancient City, Lijiang. Unpublished report to UNESCO.

Eden, G. (1990). Gordon River reprieve. Australian Ranger Bulletin 5(4): 11-l2. Elliot, Gerald (l998). Museums and galleries: Storehouses of value? In Peacock, A. (Ed.), Does the past have a future? The political economy of heritage (117-l34). The Institute of Economic Affairs, London.

English Heritage Web site (2000). Conservation areas, January l5, available at<http:/www.english-heritage.org.uk/knowledge/conservation/management.asp>.

EPCG (l995). Packaging and selling to the United States. Economic Planning Group of Canada for Tourism Canada, Ottawa

Evans, Katie and Fielding, Lindsay (1998). Giza (Egypt). In Shackley, Myra (Ed.), Visitor management: Case studies from World Heritage sites (82-99). Butterworth-Heinemann, London.

Evans, M. R., Fox, J. B., and Johnson, R. B. (1995). Identifying competitive strategies for successful tourism development. Journal of Hospitality and Leisure Marketing 3(1): 37-45.

Faulkner, Bill and Russell, Rosslyn (1997). Chaos and complexity in tourism: In search of a new perspective. Pacific Tourism Review 1(2): 93-102.

Fodness, Dale and Murray, Brian (1997). Tourist information search. Annals of. Tourism Research 24(3): 503-523.

Formica, Sandro and Uysal, Muzaffer (1998). Market segmentation of an international cultural-historic event in Italy. Journal of travel Research 36(Spring): 16-24.

Foster, Douglas (1985). Travel and tourism management. MacMillan, London. Fowler, P. (1996). Heritage tourism, tourism heritage - Towards a respectful relationship. In Robinson, M., Evans, N., and Callaghan, P.(Eds.), Tourism and cultural change (75-78). Centre for Travel and Tourism, Business Education Publishers, Sunderland, UK.

Fyall, Alan and Garrod, Brian (1996). Sustainable heritage tourism: Achievable goal or elusive ideal? In Rosinson, M., Evans, N., Callaghan, P. (Eds.), Managing cultural resources for tourism (50-76). Business Education Publishers, Sunderland, UK.

Galla, Amareswar (1995). Authenticity: Rethinking heritage diversity in a plu ralistic framework. In larsen, Knut (Ed.), Proceedings of the Nara

Conferenceon authenticity in relation to the World Heritage Convention (315-322). UNESCO World Heritage Centre (France), Agency for Cultural Affairs (Japan), ICCROM (Italy), and ICOMOS (France).

Gallagher, Mary Lou (1995). Taking a stand on hallowed ground. Planning 61(1):10-15.

Garrod, Brian and Fyall, Alan (1998). Beyond the rhetoric of sustainable tourism. Tourism Management 19(3): 199-212.

Garrod, Brian and Fyall, Alan (2000). Managing heritage tourism. Annals of Tourism Research 27(3): 682-708.

Getz, Don (1993). Impacts of tourism on residents' leisure: Concepts, and a longitudinal case study of Spey Valley, Scotland. Journal of Tourism Studies 4(2): 33-44.

bibliography

Getz, Don (1994). Residents' attitudes towards tourism: A longitudinal case study of Spey Valley, Scotland. Tourism Management 15(4): 247-258.

Ghose, Sarah (1992). The people's participation in science museums. In Boylan, Patrick (Ed.), Museums 2000 (84-89). Museums Association and Routledge, London.

Gilbert, David C. (1992). Touristic development of a viticultural region in Spain. International Journal of Wine Marketing 4(2): 25-32.

Giles, Dari (1995). Heritage tours for conventioners. Black Enterprise 25(8): 96-98.

Goodrich, Jonathan N. (1997). Cultural tourism in Europe. Journal of Travel Research 35(3): 91.

Gorman, A. (1988). Tourism: Trojan horse or white knight? The role of social impact analysis. In Faulkner, B. and Fagence, M. (Eds.), Frontiers of Australian tourism: The search for new perspectives in policy development and research (I99-210). Bureau of Tourism Research, Canberra.

Goudie, Simon, Khan, Farieda, and Killen, Darryll (1996). Tourism beyond apart- heid. In Well, Patricia (Ed.), Keys to the marketplace: Problems and issues in cultural and heritage tourism (65-86). Hisarlick Press, Middlesex, UK.

Goulding, Christina (1999). Interpretation and presentation. In Leask, Anna and Yeoman, Ian (Eds.), Heritage visitor attractions. An operations management perspective (54-68). Cassells, London.

Gratton, C. and Richards, G. (1996). The economic context of cultural tourism. In Richards, G. (Ed.), Cultural tourism in Europe (71-86). CAB International, Oxon, UK.

Greer, T. and Wall, G. (1979). Recreational hinterlands: A theoretical and empirical analysis. In Wall, G. (Ed.), Recreational land use in southern Ontario (227-246). Dept. of Geography Publication Series #14, Waterloo Univercity, Waterloo, Canada.

Hall, C. Michael (1999). Rethinking collaboration and partnership: A public policy perspective. Journal of Sustainable Tourism 7(3/4): 274-289.

Hall, C. Michael and McArthur, Simon (1998). Integrated heritage management, The Stationery Office, London.

Hannahuss, Stuart (1999). Postmodernism and the heritage experience. Library Management 20(5): 295-302.

Hawkins, Donald E. (1994). Ecotourism: Opportunities for developing countries.

In Theobald, William F. (Ed.), Global tourism. The next decade(261-273). Butterworth Heinemann, Melbourne.

Hayword, K. Michael and Walsh, Laurel J. (1996). Strategic tourism planning in Fiji: An oxymoron, or providing for coherence in decision making? In Harrison, L. and Husbands, W. (Eds.), Practicing responsible tourism (103-122). John Wiley and Sons, Brisbane.

Henderson, Joan (1999). The challenges of heritage conservation in the new millenium: Singapore's Chinatown. In Heung, Vincent and Ap, John (Eds.), Tourism 2000: Asia Pacific's role in the new millenium (94-103). Conference Proceedings of the Asia Pacific Association, Hong Kong.

Hiam, Alexander (1990). The vest pocket CEO: Decision making tools for executives. Prentice-Hall, Englewood Cliffs, NJ.

Hollingshead, Keith (1996). Culture and capillary power: Texas and the quiet annihilation of the past. In Robinson, Mike, Evans, Nigel, and Callaghan, Paul(Eds.), Tourism and culture: Image, identity and marketing(49-98). The Centre for Travel and Tourism/British Education Publishers, Sunderland, UK.

Hollingshead, Keith (1999). Tourism as public culture: Horne's ideological com mentary on the legerdomain of tourism. International Journal of Tourism Research 1(4): 267-292.

Holloway, J. C. and Robinson, C. (1995). Marketing for tourism, Third edition. Longman, Harlow.

Hong Kong Leisure and Cultural Services Department (2000). Hong King Heritage Museum: Branch Museums. Pamphlet published by the Hong Kong Leisure and Cultural Services Department.

Hopi Cultural Preservation Office (2000). Hopi visitor information Web site, February 11, 2000. Available at <http:/www.nau.edu/～hcpo-p/visit/>.

Hovinen, Gary R. (1995). Heritage issues in urban tourism: An assessment of new trends in Lancaster County. Tourism Management 16(5): 381-388.

Hughes, Howard L. (1996). Redefining cultural tourism. Annals of Tourism Research 23(3): 707-709.

Hughes, Howard L. (1998). Theatre in London and the interrelationship with tourism. Tourism Management 19(5): 445-452.

Human, Brian (1999). Kodachrome icons: Photography, place and the theft of identity. International

Bibliography

Journal of Contemporary Hospitality Management 11(2/3): 80-84.

ICOMOS (1976). ICOMOS Cultural Tourism Charter (first version). ICOMOS, Paris.

ICOMOS (1978). The Venice Charter. ICOMOS, Paris.

ICOMOS (1993), Cultural tourism. Tourism at World Heritage cultural sites: The site manager's handbook. Unpublished report to the International Scientific Committee 10th General Assembly. International Specialized Committee on Cultural Tourism, Columbo.

ICOMOS (1994). The Venice Charter. ICOMOS Scientific Journal Series No. 4. ICOMOS, Paris.

ICOMOS (1999). Cultural Tourism Charter. ICOMOS, Paris. Web site February 2, 2000, available at <http://www.icomos.org>.

ICOMOS (2000). Cultural Tourism International ICOMOS, available at <http://www.international-icomos.org/icomos/e-touris.htm> (retrieved June 6, 2000).

ICOMOS Australia (1994). The Australia ICOMOS charter for the conservation of places of cultural significance (the Burra Charter). In Marquis-Kyle, P. and Walker, M. (Eds.), The illustrated Burra Charter (69-71). Australia ICOMOS, Canberra.

IDCCA (1997). Illinois Heritage Tourism Program. Illinois Department of Commerce and Community Affairs, Bureau of Tourism, Chicago.

Ito, Nobuo (1995). "Authenticity" inherent in cultural heritage in Asia and Japan. In Larsen, Knut (Ed.), Proceedings of the Nara Conference on authenticity in relation to the World Heritage Convention (35-46). UNESCO World Heritage Centre (France), Agency for Cultural Affairs (Japan), ICCROM(Italy), and ICOMOS (France).

Jackson, E. and Wong, R. (1982). Perceived conflict between urban cross country skiers and snowmobilers in Alberta. Journal of Leisure Research: 42-62.

Jackson, Mervyn S., White, Gerard N., and Schmierer, Claire L. (2000). Predicating tourism destination choices: Psychographic parameters versus psychological motivations. CAUTHE 2000 Conference Proceedings, (57-63). La Trobe University/Bureau of Tourism Research, Canberra.

Jackson, Mervyn S. (2000). Predicting Australian mass tourism flow using Hofstede's cultural model. CAUTHE 2000 Conference Proceedings, (47-56). La Trobe University/Bureau of Tourism Research, Canberra.

Jacob, G. R. and Schreyer, R. T. (1980). Conflict in outdoor recreation: A theoretical perspective. Journal of Travel Research 12(4): 368-380.

Jacobs, Jane and Gale, F. (1994). Tourism and the protection of Aboriginal cultural sites. Australian Heritage Commission, Special Publication Series No. 10, Canberra.

Jafari, Jafar (1996). Tourism and culture: An inquiry into paradoxes. Proceedings of the Round Table Debate on Culture, Tourism, Development: Crucial issues for the 21st Century (43-47). UNESCO, Paris.

Jamieson, Walter (1994). The challenge of cultural tourism. ICOMOS Canada 3(3), available at <htpp://www,icomos.org/canada/bulletin/vol_3_jamieson_e.html> (retrieved June 6, 2000).

Jamieson, Walter (1995). The use of indicators in monitoring: The economic impact of cultural tourism initiatives. ICOMOS Canada 4(3), available at <http:www.icomos.org/canada/bulletin/vol_4_no3_jamieson_e.html> (retrieved June 6, 2000).

Jansen-Verbeke, Miriam (1998). Tourismification and historical cities. Annals ofTourism Research 25(3): 739-741.

Jarrett, I. (1996). Hard-earned recognition. Asian Business 32(5): 26-27. Johansson, Per and Montagari, Reza (1996). The value of travel time: An empirical study using repeated samples of non-business trips. Tourism Economics 2(4): 353-368.

Johnston, Chris (1994). What is social value? Discussion paper. Australian Heritage Commission Canberra.

Jokilehto, Jukka (1995). Authenticity: A general framework for the concept. In Larsen, Knut (Ed.), Proceedings of the Nara Conference on authenticity in relation to the World Heritage Convention (17-36). UNESCO World Heritage Centre (France), Agency for Cultural Affairs (Japan), ICCROM (Italy), and ICOMOS (France).

Jones, Clive B. (1998). The new tourism and leisure environment, Economic Research Associates, 16 pp. Available at <http://wwww.hotel-online.com/Neo/ Trends/ERA/ERANewEnvironment.html>.

Jones, Clive B. and Robinett, John (1998). The future of theme parks in international tourism, Economic Research Associates, 11 pp. Available at <http://wwww.hotel-online-com/Neo/Trends/ERA/ERARolethemeparks-html>.

Jordan, Troy (1999). Back to the future. Asian Business 35(6): 23.

JOST (l999). Journal of Sustainable Tourism, Special Issue on Collaboration and Partnerships, 7(3/4).

Joyce, Paul and Woods, Adrian (1996). Essential strategic management. Butter-worth Heinenmann, Oxford.

Kaplan, F. (l994). Museums and the making of "ourselves": The role of objects in national identity. Leicester University Press, London.

Kavanagh, Gaynor (1994). Museum provision and professionalism, Routledge,London.

Kemmerling Clack, Jan (I999). Cultural tourism: An overview of impact, visitors and case studies. In Moisey, R. N., Nickerson N. P., and Klenosky, D. B. (Eds.), Navigating global waters-30th annual conference proceedings, travel and tourism research association (l54-159). Boise, Idaho.

Kerr, Alastair (1994). Strange bedfellows: An uneasy alliance between cultural conservation and tourism. ICOMOS Canada 3(3). Available at <hnp://www.icomos.org/canada/bulletin/vol3_no3_kerr_e.html> (retrieved June 6, 2000). Kerstetter, D., Confer, J., and Bricker, K. (l998). Industrial heritage attractions: Types and tourists. Journal of Travel and Tourism Marketing 7(2): 91-104.

King, Brian, Pizam. Abe, and Milman, Ady (1993). Social impacts of tourism: Host perceptions. Annals of Tourism Research 20: 650-665.

Koffi, A. (1995). Sociohistorical factors for improved integration of local Museums: Zaranou and Bonoua. In Ardouin, C. and Arinze, E. (Eds.), Museums and the community in West Africa (87-97). West African Museums Programme and Villiers Publication London.

Korean National Commission (2000). A case study of Hahoe Village in Andong,

Korea. Unpublished report to UNESCO.Kotler, Phillip and Turner, Ronald E. (l989). Marketing management. Prentice-Hall, Scarborough.

Larsen, Knut (Ed.) (l995a). Proceedings of the Nara Conference on authenticity in relation to the World Heritage Convention. UNESCO World Heritage Centre (France), Agency for Cultural Affairs (Japan), ICCROM (Italy), and ICOMOS (France).

Larsen, Knut (l995b). The test of authenticity and national heritage legislation. In Larsen, Knut (Ed.), Proceedings of the Nara Conference on authenticity in relation to the World Heritage Convention (363-364).

UNESCO World Heritage Centre (France), Agency for Cultural Affairs (Japan), ICCROM (Italy), and ICOMOS (France).

Leask, Anna and Fyall, Allan (2000). World Heritage sites : Current issues and future implications. In Robinson, Mike, Evans, Nigel, Long, Phillip, Sharpley, Richard, and Swarbrooke, John (Eds.), Reflections of international tourism. Tourism and heritage relationships: Global, national and local perspectives (287-300). Centre for Travel and Tourism and Business Education Publishers, Ltd., Sunderland.

Leask, Anna and Yeoman, Ian (1999). Heritage visitor attractions: All operations management perspective. Cassel, London.

Leiper, Neil (1990). Tourist attraction systems. Annals of Tourism Research 17: 367-384.

Leon, Warren and Rosenzweig, Roy (l989). History museums in the United States: A critical assessment. Board of Trustees of the University of Illinois, Illinois.

Lewis, Robert (1984). Theoretical and practical considerations in research design. Cornell Hotel Restaurant Administration Quarterly 24(4): 25-35.

Liu, Juanita, Sheldon, Pauline J., and Var, Turgut (1987). Resident perceptions ofthe environmental impacts of tourism. Annals of Tourism Research 14: 17-37.

Lonely Planet (2000). Nepal. Lonely Planet Publications, Melbourne.

Lord, Gail Dexter and Lord, Barry (l999). The manual of museum planning, Second edition. The Stationary Office, London.

Lowenthal, David (I985). The past is a foreign country. Cambridge University Press, Cambridge.

LowenthaI, David (1995). The changing criteria of authenticity. In Larsen, Knut(Ed.), Proceedings of the Nara Conference on authenticity in relation to the World Heritage Convention (pp. 121-l36). UNESCO World Heritage Centre (France), Agency for Cultural Affairs (Japan), LCCROM (Italy), and ICOMOS (France).

Lowenthal, David (1998). Selfishness in heritage. In Uzzsll, David and Ballantyne, Roy (Eds.), Contemporary issues in heritage and environmental interpretation (26-36). The Stationary Office, London.

MacCannell, Dean (1973). Staged authenticity: Arrangements of social space in a tourist setting. America Journal of Sociology 79: 585-603.

Macintosh, Barry (1999). The National Parks Service and Cultural Resources. Cultural Resource Management 22(4): 40-44.

Bibliography

Madrigal, Robert (1993). A tale of tourism in two cities. Annals of Tourism Research 20: 336-353.

Manning, R. E. (1985). Crowding norms in backcountry settings: A review and synthesis. Journal of Leisure Research 17(2): 75-89.

Marquis-Kyle, Peter and Walker, Meredith (1992). The illustrated Burra ter. Australia ICOMOS and the Australian Heritage Commission, Canberra.

Mason, Gary (1996). Manufactured myths: Packaging the exotic for visitor consumption. In Robinson, Mike, Evans, Nigel, and Callaghan, Paul (Eds.), Tourism and culture: Image, identity and marketing (121-137). The Centre for Travel and Tourism/British Education Publishers, Sunderland, UK.

McBryde, Isobel (1992). The past as symbol of identity. Antiquity, 66: 261-266. McDollald, George F. and Alsford, Stephen (1989). Museum for the Global Village: The Canadian Museum of Civilization. Canadian Museum of Civilization, Hull.

McIntosh, Alison J. and Prentice, Richard R. C. (1999). Affirming authenticity:Consuming cultural heritage. Annals of Tourism Research 26(3): 589-612.

McIntosh, Robert W. and Goelder, Charles R. (1990). Tourism principles, practices, philosophies, Sixth edition. John Wiley and Son, New York.

McKean, J., Johnson, D., and Walsh, R. (1995). Valuing time in travel cost demand analysis: An empirical investigation. Land Economics 71(1): 96-105.

McKercher, Bob (1992). Tourism as a conflicting land use: Northern Ontario's outfitting industry. Annals of Tourism Research 19(3): 467-481.

McKercher, Bob (1993). Some fundamental truths about tourism: Understanding tourism's social and environmental impacts. Journal of Sustainable Tourisml(1): 6-16.

McKercher, Bob (1996). Understanding attitudes to tourism in protected areas. In Richins, H., Richardson, J. and Crabtree, A. (Eds.), Taking the next steps (229-234). The Ecotourism Association of Australia, Brisbane.

McKercher, Bob (1998a). The effect of distance decay on visitor mix at Victorian coastal destinations. Pacific Tourism Review 2(3/4): 215-223.

McKercher Bob (1998b). The effect of market access on destination choice. Journal of Travel Reserach 37(August): 39-47.

McKercher, Bob (1998c). The business of nature-based tourism. Hospitality Press, Melbourne.

McKercher, Bob (1999). A chaos approach to tourism. Tourism Management 20(4): 425-434.

McKercher, Bob and Chow, Billie S. M. (2001). Cultural distance and cultural tourism participation. Pacific Tourism review 5(1/2): 21-30.

McKercher, Bob and Davidson. Penny (1995). women and commercial adventure tourism: Does the industry understand its dominant market? In Faulkner, B.,Fagence, M., Davidson, M., and Craig-Smith, S. (Eds.), Tourism research and education in Australia (129-140). Bureau of Tourism Research, Canberra.

McKercher, Bob and du Cros, Hilary (1998). I climbed to the top of Ayers Rock and still didn't see Uluru! In Faulkner, D., Tideswell, C., Weaver, D. (Eds.), Progress in Tourism and Hospitality Research 1998 (376-386). CAUTHE/BTR Canberra.

McKercher, Bob and du Cros, Hilary (1999). The fundamental truths of cultural tourism. In Heung, V. C. S., AP, J., and Wong, K. K. F. (Eds.), Tourism 2000, Asia Pacific's Role in the New Millennium (272-279). APTA, Hong Kong.

McKercher, Bob and Robbins, Bill (1998). Business development issues affecting nature-based tourism operators in Australia. Journal of Sustainable Tourism 6(2): 173-188.

Mercer, D. (1996). Native peoples and tourism: Conflict and compromise. In Theobald, W. F. (Ed.) Global tourism: The next decade (124-146). Butterworth Heinemann, Melbourne.

Merleau-Ponty, M. (1982) (C. Smith, trans.). The phenomenology of perception. Routledge and Kegan Paul, London.

Middleton, Victor (1994). Marketing travel and tourism, Second edition. Butterworth Heinemann, Oxford.

Mill, Robert C. and Morrison, Alastair (1985). The tourism system. Prentice-Hall International, London.

Miller, Julie (1997a). Cultural tourism worthy of note. Hotel and Motel Management 212(15); 7.

Milkr, Julie (1997b). Travel trends point to market stronghold. Hotel and Motel Management 212(8): 1, 28.

Milman, Ady and Pizam, Abe (1988). Social impacts of tourism in Central Florida. Annals of Tourism Research 15: 19-24.

Mitchell, Vincent M. and Greatorex, Michael (1990). Consumer purchasing in foreign countries: A perceived risk perspective. International Journal of Advertising 9: 295-307.

Morrison, Alison (1998). Small firm cooperative marketing in a peripheral tourism region. International Journal of Contemporary Hospitality Management 10(5): 191-197.

Moscardo, Gianna (1996). Mindful visitors: Heritage and tourism. Annals of Tourism Research 23(2): 376-397.

Muresan, Alexandra (1998). The fortified church of Biertan (Transylvania). In Shackley, Myra (Ed.), Visitor management: Case studies from World Heritage sites (26-45). Butterworth-Heinemann, London.

Nishimura, Yukio (1994). Changing concept of authenticity in the context of Japanese conservation history. In Larsen, Knut (Ed.), Proceeding of the Nara Conference on authenticity in relation to the World Heritage Convention (175-184). UNESCO World Heritage Centre (France), Agency for Cultural Affairs (Japan), ICCROM (Italy), and ICOMOS (France).

NTHP (1999). Getting started: How to succeed in heritage tourism. National Trust for Historic Preservation, Washington, 45 pp.

O'Grady, R. (1981). Third World Stopover, World Council of Churches, Geneva. Orbasli, Aylin (2000). Tourists in historic towns. E · FN Spon, London.

Otake, Tomoko (1997). Heritage area seeks respect from tourists. Japan Times Weekly 37(1): 12. Paige, John and McVeigh, Mary (1999). Planning for jazz. Cultural Resource Management, 8: 20-22.

Palmer, Catherine (1999). Tourism and symbols of identity cities. Tourism Management 20: 313-321.

Parks Australia (1999). Uluru-Kata Tjuta National Park, draft plan of management. Parks Australia and Ulura-Kata Tjuta Board of Management, Canberra.

Parks Canada (1994). Guiding principles and operating policies, Parks Canada.Canadian Heritage, Ottowa.

Parlett, G., Fletcher, J., and Cooper, C. (1995). The impact of tourism on the old town of Edinburgh. Tourism Management 16(5): 355-360.

Peacock, Alan (1998). The economist and heritage policy: A review of the issues. In Peacock, A. (Ed.), Does the past have a future? The political economy of Heritage (1-26). The Institute of Economic Affairs, London.

Pearce, Douglas (1989). Tourism development, Second edition. Longman, London. Pearce, Phillip L. (1995). From culture shock and culture arrogance to cultural exchange: Ideas towards sustainable sociocultural tourism. Journal of Sustainable Tourism 3(3): 143-154.

Pearce, P. L. (1996). Tourism-resident impacts: Examples, explanations and emerging solutions. In Theobald, W. F. (Ed.), Global tourism: The next decade (pp. 103-124). Butterworth Heinemann, Melbourne.

Pearson, Michael and Sullivan, Sharon (1995). Looking after heritage places: The basics of heritage planning for managers, landowners and administrators.. Melbourne University Press, Melbourne.

Peleggi, Maurizio (1996). National heritage and global tourism in Thailand. Annals of Tourism Research 23(2): 432-448.

Petzet, Michael (1995). "In the full richness of their authenticity"-The test of authenticity and the new cult of monuments. In Larsen, Knut (Ed.), Proceedings of the Nara Conference on authenticity in relation to the World Heritage Convention (pp. 85-100). UNESCO World Heritage Centre (France), Agency for Cultural Affairs (Japan), ICCROM (Italy), and ICOMOS (Frannce).

Picard, Michel (1995). Cultural heritage and tourism capital: Cultural tourism in Bali. In Lanfant, Marie-Francoise, Allcock, John B., and Bruner, Edward M. (Eds.), International tourism: Identity and change (44-66). Sage Publications, London.

Pigram, John J. (1984). Tourism in the coastal zone: The question of public access. In O'Rourke (Ed.), Contemporary issues in Australian tourism (1-14). IAG, Sydney.

Pinkley, R. L. (1990). Dimensions of conflict frame: Disputant interpretations of conflict. Journal of Applied Psychology 75(2): 117-126.

Plog, Stanley (1974). Why destination areas rise and fall in popularity. The Cornell HRA Quarterly 1(4): 55-58.

Prentice, Richard (1993). Tourism and heritage attractions. Routledge, London. Prentice, Richard C., Witt, Steven F., and Hamer, Clare (1998). Tourism as experience: The case of heritage parks. Annals of Tourism Research 25(1): 1-24.

Prideaux, Bruce, and Kininmont, Lee-Jaye (1999). Tourism and heritage are not strangers: A study of opportunities for rural heritage museums to maximise tourism visitation; Journal of Travel Research 37(February): 299-303.

bibliography

Quirk, P. J. (l989). The cooperative resolution of policy conflict. American Political Science Review 83(3): 905-92l.

Readings on Cultural Respect (2000). Web site available at <http://www.lhanksville.org/sand/intellect/NAbibBell.html>(retrieved February l4, 2000).

Richards, Greg (l996a). Introduction: Cultural tourism in Europe. In Richards, G. (Ed.), Cultural tourism in Europe (pp. 3-l8). CAB International, Oxon, UK. Richards, Greg (l996b). Production and consumption of European cultural tourism. Annals of Tourism Research 23(2): 261-283.

Richards, Greg (l996c). The scope and significance of cultural tourism. In Richards, G. (Ed.), Cultural tourism in Europe (pp. l9-46). CAB International, Oxon, UK.

Richardson, John I. (l996). Marketing Australian travel and tourism. Principlesand pmctice. Hospitality Press, Melbourne.

Richelieu, David Anthony (l999). San Antonio, Texas, to develop new historic-, cultural-tour programs. San Antonio Express News, October 18. Available online at <http://www.hotel._online.com/Neo/News/I999_Oct_l5/k.SNT. 940274l l8.html>.

Ries, A. and Trout, J. (l986). Positioning. McGraw-Hill, New York.

Ries, A. and Trout, J. (l993). The 22 immutable laws of marketing. Harper Collins, London.

Ritzer, George and Liska, Allan (1997). "McDisneyization" and "post-tourism" : Complementary perspectives on contemporary tourism. In Rojek, Chris and Uny, John (Eds.), Touring cultures: Transformations of travel and theory (96-111). Routledge, London.

Robb, John G. (1998). Tourism and legends: Archaeology and heritage. Annals of Tourism Research 25(3): 579-596.

Robinson, Mike (l999). Collaboration and cultural consent: Refocusing sustainable tourism. Journal of Sustainable Tourism 7(3/4): 379-397.

Rojek, Chris (1997). Indexing, dragging, and the social construction of tourist lsites. In Rojek, Chris and Urry, John (Eds.), Touring cultures: Transformations of travel and theory (52-74). Routledge, London.

Rosenbaum, Alvin (1995a). Cultural resources and sustainable tourism: The end of tourism as we know it. Lecture for the International Institute of Tourism Studies, George Washington University, 8 pp. Available at <http://www.al. net/endtourism.html> (retrived June 6, 2000)

Rosenbaum, Akin (1995b). A regional development strategy: National heritage tour pp. Available at <http://www.al.net/Strategy-html> (retrieved June 6, 2000).

Rössler, Mechtild (l994). Cultural landscapes, itineraries and canals for the World Heritage list. In ICOMOS and Ministry of Culture, Spain (Eds.), Routes as part of our cultural heritage (59-70). Meeting of Experts, ICOMOS and Ministry of Culture, Madrid.

Rowe, M. (l996). Beyond heads in beds. Lodging Hospitality 52(l): 42-44.

Rudd, Michelle A. and Davis, James A. (l998). Industrial heritage tourism as Bingham Canyon Copper Mine. Journal of Travel Research 36(3): 85-89.

Russell, Roslyn, and Faulkner, Bill (l999). Movers and shakers: Chaos makers in tourism development. Tourism Management 20(4): 4l1-423.

Ryan, Chris (2000). Tourist experiences, phenomenographic analysis, post-positivism and neural network software. International Journal of Tourism Research 2(2): 119-l32.

Ryan, Chris and Dewar, Keith (l995). Evaluating the communication process between interpreter and visitor. Tourism Management 16(4): 295-303.

Schweitzer, Carol (l999). The hot ticket to cool meetings. Association Management 5l(8): l2l-l30.

Seaton, Tony V. and Bennett, Marion M. (1996). The marketing of tourism products: Concepts, issues and cases. International Thompson Business Press, Boston.

Selwitz, R. (l998). Multi-branding opportunities need special strategies. Hotel and Motel Management 2l3(9): 34-36.

Shackley, Myra (l998). Preface. In Shackley, M. (Ed.), Visitor management: Case studies from World Heritage sites (p. xiii). Butterworth Heinemann, Oxford.

Sharples, Liz, Yeoman, Ian, and Leask, Anna (l999). Operations management. In Leask, Anna anti Yeoman, Ian (Eds.), Heritage visitor attractions: An operations management perspective (22-38). Cassell, London.

Sharpley, Richard (2000). The consumption of tourism revisited. In Robinson, Mike, Long, Philip, Evans, Nigel, Sharpley, Richard, and Swarbrooke, John (Eds.), Motivations, behaviours and tourist types (38l-392). Centre for Travel and Tourism/Business Education Publishers.

Silberberg, Ted (l995). Cultural tourism and business opportunities for museums and heritage sites. Tourism Management 16(5): 36l-365.

Bibliography

Silva, Roland (1994). The significance of the Venice International Charter for the conservation and restoration of monuments and sites, with special reference to eastern countries (40- 44). Reprinted in ICOMOS, The Venice Charter, 1964-1994. ICOMOS, Paris.

Silverstone, Roger (1989). Heritage as media: Some implications for research. In Uzzel. D. (Ed.), Heritage interpretation, Volume 2 (pp. 138-148). Belhaven lPress, London.

Singh, T. V., Thuens, H. L., and Go, F. (Eds.) (1989). Towards appropriate tourism: The case of developing countries. European University Studies, Peter Lang, Frankfurt.

Sizer, Stephen R. (1999). The ethical challenges of managing pilgrimages to the Holy Land. International Journal of Contemporary Hospitality Management 11(2/3): 85-90.

Sjögren, Tomas and Brännäs, Kurt (l996). Recreational travel time conditional on supply, work travel time, and income. Tourism Economics 2(3): 268-275.

Sletvold, Ola (l996). Viking heritage: Contexts and commodification. In Robinson, Mike, Evans, Nigel , and Callaghan, Paul (Eds.), Tourism and culture: Image, identity and marketing (2l7-230). The Centre for TraveI and Tourism/British Education Publishers, Sunderland, UK.

Snepenger, David, Meged, Kelli, Snelling, Mary, and Worrall, Kelly (1990). Information search strategies by destination naïve tourists. Journal of Travel Re- search 29(l): l3-l6.

Sofield, T. and Li, S. (l998). Tourism development and cultural policies in China. Annals of Tourism Research 25(2): 362-392.

Speanitt, Peter (l991). Money, taste and industrial heritage. In Rickard, J. and Speanitt, P. (Eds.), Packaging the past? Public histories (33-45). Melbourne University Press and Australian Historical Studies, Melbourne.

Squire, Sheugh J. (l996). Literary tourism and sustainable tourism: Promoting 'Anne of Green Gables' in Prince Edward Island. Journal of Sustainable Tourism 4(3): 119-l34.

Stalker, P. (l984). Visions of poverty, visions of wealth The New Internationalist, l42(December): 7-9.

Stebbins, Robert A. (1996). Cultural tourism as serious leisure. Annals of Tourism Research 23(4): 948-950.

Stewart, Susan I. and Vogt, Christine A. (1999). A case-based approach to understanding vacation planning. Leisure Sciences 21: 79-95.

Stocks, Jayne (1996). Heritage and tourism in the Irish Republic-Towards a giant theme park. In Robinson, Mike, Evans, Nigel, and Callaghan, Paul (Eds.), Tourism and culture: Image, identity and marketing (251-260). The Centre for Travel and Tourism/British Education Publishers, Sunderland, UK.

Stovel, Herb (1998). Risk preparedness: A management manual for world cultural heritage. ICCROM, Rome.

Sugaya, H. Bill (1999). Cultural tourism－International policies and perspective. Presentation made to the International Conference on Heritage and tourism, Hong Kong.

Sugaya, H. Bill and Brooks, Graham (1999). Heritage development and tourism. In Cultural Tourism Session Notes XII Assembly (1-14). ICOMOS, Mexico.

Swarbrooke, J. (1995). The development and management of visitor attractions. Butterworth Heinemann, Oxford.

TC (1991). Investigative study on the cultural tourism sector. Tourism Canada, Ottawa.

TCA (1998). Our heritage－It's our business－TCA action plan. Tourism Council of Australia, Sydney.

Temple, Helen (1988). Historical archaeology and its role in the community. Master's thesis, University of Sydney.

Tighe, Anthony J. (1986). The arts/tourism partnership. Journal of Travel Research 24(3): 2-5.

Tilden, Freeman (1977). Interpreting Our heritage, Third edition, University of North Carolina Press, North Carolina.

Timothy, Dallen J. (1997). Tourism and the personal heritage experience. Annals of Tourism Research 24(3): 751-754.

Titchen, Sarah (1996). World Heritage Newsletter No. 10, Cultural Landscapes: Uluru-Katatjuta. Available at <http://www.unesco.org/whc/news/10newsen.htm#story4>.

Truong, T. and Hensher, D. (1985). Measurement of travel time values and opportunity cost model from a discrete-choice model. The Economic Journal 95(June): 438-451 .

bibliography

Truscott, Marilyn (1994). Heritage places, past, present and future. Department of Communications and the Arts, Canberra.

Truscott, Marilyn (2000). Intangible heritage values in Australia. ICOMOS News10(1): 4-11.

Tufts, Steven and Milne, Simon (1999). Museums: A supply side perspective. Annals of Tourism Research 26(3): 613-631.

Tunbridge, J. E. and Ashworth, Gregory (1996). Dissonant heritage: The management of the past as a resource in conflict. John Wiley and Sons, Chichester.

TVS (1995). Cultural tourism: Statistical bulletin July 1995. Tasmanian visitor survey, Hobart, Tasmania. Available at <http://www.tased.edu.au/aststas/pucsspct.html> (retrieved July 19, 1999).

UNESCO (1996). More about the World Heritage Convention. Web site available at <http:/www-unesco.org/whc/ab_conve.htm#debut>.

UNESCO (1998). Draft decisions recommended by the program and external relations commission, 155th Session of the Executive Board. November 2 1998, Resolution 3.5.5. World Heritage Committee, Kyoto, Japan.

UNESCO (1999). Interim report on the project concerning the proclamation by UNESCO of masterpieces of oral and intangible heritage of humanity. Report of the 157th Session of the Executive Board, UNESCO, Paris.

UNESCO (2000a). Managing Living Human Treasures, February 11, 2000. Available at <http://www.unesco.org/culture/heritage/intangible/treasures/html_eng/method.htm>.

UNESCO (2000b). Living Human Treasures, available at <http://www.unesco.org/culture/legalprotection/index.html>.

UNESCO and Nordic World Heritage Office (1999). Sustainable tourism and cultural heritage. A review of development assistance and its potential to promote sustainability UNESCO and Nordic World Heritage Office, Norway.

UNESCO World Heritage Centre (2000). World Heritage Convention, available at <http://www.unesco.org/whc/>.

UNESCO World Heritage Centre (2001). News, available at <http://www.unesco.org/whc/>.

Urry, John (1990). The tourist gaze. Sage, London.

U.S. Department of the Interior (1993). Code of Federal Regulations 36 CFR Part/title 65, National Historic Landmarks Program. U.S. Department of the Interior, Washington.

U.S. Department of the Interior (1995). How to apply the National Register criteria for evaluation. National Register Bulletin 15, U.S. Department of the Interior, National Park Service. Cultural Resources, Washington.

USICOMOS (1996). The ICOMOS International Committee on Cultural Tourism. US/ICOMOS Newsletter Number 6, Special Edition.

Uzzell, David (1989). Introduction: The visitor experience. In Uzzell, D. (Ed.), Heritage interpretation, Volume 2 (pp. 1-15). Belhaven Press, London.

Uzzell, David and Ballantyne, Roy (Eds.) (1999). Contemporary issues in heritage and environmental interpretation: Problems and prospects. The Stationary Office, London.

Van der Borg, J., Costa, P., and Gotti, G. (1996). Tourism in European heritage cities. Annals of Tourism Research 23(2): 306-321.

Van der Borg, J. and Russo, A. P. (1998). Tourism management in European cities: Networking practices and sharing experiences. In Van Borg, J. and Russo, A. P. (Eds.), Tourism management in heritage cities (1-22). UNESCO, Venice.

VICNET (1996). Cultural Tourism Industry Group home page. Available at <http://home.vicnet.net.au/～ctig/> (retrieved November 15, 1999).

Vogt, Christine A. and Fesenmaier, Daniel R. (1998). Expanding the functional information search model. Annals of Tourism Research 25(3): 551-578.

Vukonic, Boris (1996). Marketing culture as a tourist commodity. In Robinson, Mike, Evans, Nigel, and Callaghan, Paul (Eds.), Tourism and culture: Image, identity and marketing (289-296). The Centre for Travel and Tourism/ British Education Publishers, Sunderland, UK.

Wager, Jonathon (1995). Developing a strategy for the Angkor World Heritage site. Tourism Management 16(7): 515-523.

Wallace, M. (1994). The future of history museums. In Kavanagh, G. (Ed.) Museum provision and professionalism (pp. 71-81). Routledge, London.

Walle, Alf H. (1993). Tourism and traditional people: Forging equitable strategies. Journal of Travel Research 31(3): 14-19.

Waller, J. and Lea, S. E. G. (1999). Seeking the real Spain? Authenticity in motivation. Annals of tourism Research 26(1) : 110-129.

Walsh, R., Sanders, L., and McKean, J (1990). The consumptive value of travel time on recreational. Journal of Travel Research summer: 17-24.

Wang, N. (1999). Rethinking authenticity in tourism experience. Annals of Tourism Research 26(2): 349-370.

Warren, Karen (1989). A philosophical perspective on the ethics and resolution of cultural property issues. In Maunch Messenger, Phyllis (Ed.), The ethics of collecting cultural property: Whose culture? Whose property? (1-26). University of New Mexico Press, Albuquerque.

Weil, S. (1994). The proper business of a museum: Ideas or things? In Kavanagh, G. (Ed.), Museum provision and professionalism (82-89). Routledge, London.

Weiler, Betty and Ham, Sam (2001). Tour guides and interpretation in ecotourism. In D. Weaver (Ed.), The Encyclopedia of Ecotourism (pp. 549-564). CABI publications London.

Weiler, Betty and Richins, Harold (1995). Extreme, extravagant and elite: A profile of ecotourists on earthwatch expeditions. Tourism Recreation Research, 20(1): 29-36.

Welgemoed, Marietha (1996). The tourist guide as culture broker: A South African scenario. In Robinson, Mike, Evans, Nigel, and Callaghan, Paul (Eds.), Tourism and culture: Image, identity and marketing (pp. 297-302). The Centre for Travel and Tourism/British Education Publishers, Sunderland, UK.

Wertheim, Marion E. (1994). Market research for heritage attractions. Journal of vacation Marketing 1(1): 70-74.

Wheeler, Marion (1995). Tourism marketing ethics: An introduction. International Marketing Review 12(4): 38-49.

Whytock, John K. (1999). National historic sites and national parks in Canadian heritage tourism. Presentation made to the International Conference on Heritage and Tourism, Hong Kong.

Wood, Sean (1999). Fort Worth, Texas, uses cowboy culture to lure foreign tourists. Fort Worth Star-Telegram, October 13. Available online at <http://www.hotel.online.com/Neo/News/1999_Oct_13/k.FTT.939921277.html>.

World Bank (2000). Web site, April 5, 2000, available at <http://wbln0018.worldbank.org/essd/kb.nsf/>.

World Monuments Fund (2000). Web site available at <http://www.columbia.edu/cu/mca/wmf/html/programs/aboutwmf.html>.

World Monuments Watch (2000). List of 100 most endangered sites. Available online at <http://worldmonuments.org/html/programs/watch. html>.

WTO (1985). The states' role in protecting and promoting culture as a factor in tourism development and the proper use and exploitation of the national cultural heritage of sites and monuments for tourists. World Tourism Organization, Madrid.

WTO (1994). National and regional tourism planning. World Tourism Organization, Routle, New York.

WTO (1995). Accra Declaration on the WTO-UNESCO Slave Route Programme. World Tourism Organization, Madrid.

Zeppel, Heather (1992). Cultural tourism in Australia: A growing travel trend. Material Culture Unit/Department of Tourism, James Cook University, Townsville, Australia.

Zeppel, Heather and Hall, C. Michael (1991). Selling art and history: Cultural heritage and tourism. Journal of Tourism Studies 2(1): 29-45.

역자소개

조명환은 동아대학교 경영대학 관광경영학과를 졸업하고 동 대학원에서 상학석사 학위를 받았고, 계명대학교 대학원에서 경영학 박사학위를 취득했다. 학회활동으로는 한국관광·레저학회 회장을 역임했고, 현재는 사단법인 한국관광학회 회장직을 수행하고 있다. 해외연구활동으로는 일본릿쿄대학에서 객원교수로 활동한 바 있다.

저술활동으로는 번역서 『여성화시대 마케팅발상』(1993), 『문화관광론』(1999)이 있고, 저서로는 『국제관광과 문화』(2000)가 있다.

공저로는 『관광학의 이해』(2001), 『이벤트·컨벤션관리론』(2002), 『현대여가사회의 이해』(2003), 『글로벌리더로서 관광을 말하라』(2008)가 있으며, 대학에서는 관광문화론과 여가산업론 그리고 문화관광론을 강의하고 있다.

문화유산관광자원관리론

2008년 8월 25일 인 쇄
2008년 8월 30일 발 행

譯 者 조 명 환

發行人 (寅製) 秦 旭 相

發行處 백산출판사

서울시 성북구 정릉3동 653-40
등 록 : 1974. 1. 9. 제1-72호
전 화 : 914-1621, 917-6240
FAX : 912-4438
http://www.baek-san.com
edit@baek-san.com

값 17,000원
ISBN 978-89-6183-114-7 93980